网络营销 复合型人才培养系列

U0734121

INTERNET MARKETING

# 网络营销

## 从入门到精通 微课版

许耿 李源彬 / 主编

谢芳 / 副主编

人民邮电出版社

北京

**图书在版编目（CIP）数据**

网络营销：从入门到精通：微课版 / 许耿，李源
彬主编． -- 北京：人民邮电出版社，2019.1（2020.8重印）
（网络营销复合型人才培养系列）
ISBN 978-7-115-49543-3

Ⅰ．①网… Ⅱ．①许… ②李… Ⅲ．①网络营销
Ⅳ．①F713.365.2

中国版本图书馆CIP数据核字（2018）第227959号

## 内 容 提 要

　　网络消费群体的扩大和人们消费习惯的变化，让网络营销逐渐成为市场营销的主流方式之一。本书从网络营销的主要途径和渠道出发，介绍了网络营销基础、传统的网络营销模式、微博营销、微信营销、社群营销、视频与直播营销、内容营销与口碑塑造、其他网络营销模式，以及网络营销变现等内容，以帮助网络营销从业人员能够更好地利用各种营销渠道开展活动、运营产品、获得竞争优势，并最终实现网络营销的变现。

　　本书以网络营销实用基础知识为写作导向，可作为各类网络营销培训机构和高等院校网络营销课程的教材，也可作为从事网络营销相关工作人员的参考书。

◆ 主　　编　许　耿　李源彬
　　副 主 编　谢　芳
　　责任编辑　刘　尉
　　责任印制　焦志炜

◆ 人民邮电出版社出版发行　　北京市丰台区成寿寺路 11 号
　　邮编　100164　电子邮件　315@ptpress.com.cn
　　网址　http://www.ptpress.com.cn
　　大厂回族自治县聚鑫印刷有限责任公司印刷

◆ 开本：700×1000　1/16
　　印张：15.25　　　　　　　　2019 年 1 月第 1 版
　　字数：294 千字　　　　　　2020 年 8 月河北第 6 次印刷

定价：49.80 元

读者服务热线：**(010) 81055256**　印装质量热线：**(010) 81055316**
反盗版热线：**(010) 81055315**
广告经营许可证：京东市监广登字 20170147 号

# 前言
## PREFACE

在信息技术的推动下，网络营销的发展越来越迅速，越来越多元化。不管是个人还是企业，都开始寻求基于互联网的创业形式。对传统企业而言，互联网可以拓宽原本的商业市场，提供更多的销售机会；对互联网企业而言，不断出现的新型网络营销形式带来了更大的营销空间，更方便企业开发新的营销机会；对个人而言，互联网可以提供多渠道、多模式的创业机会，便于最大化地实现个人价值。

随着越来越多的企业和个人加入网络营销的队伍，网络营销的势力不断发展壮大，社会对网络营销人才的需求也不断增加。不管是通过互联网自主创业的人员，还是有志于网络营销相关工作的人员，只有紧跟网络营销的步伐，才能真正在未来的市场营销中占有一席之地。本书从网络营销实用基础知识的角度出发，系统全面地介绍了当前网络营销的发展趋势和相关的营销策略及方法，帮助企业和相关从业人员不断提升自己的技能，提升网络营销的综合竞争力。

## 📖 本书内容

本书共有9章，包括网络营销基础、网络营销模式、网络营销变现3个板块。读者在学习过程中要循序渐进，注重理论与实践结合，以更好地掌握本书所述的内容。

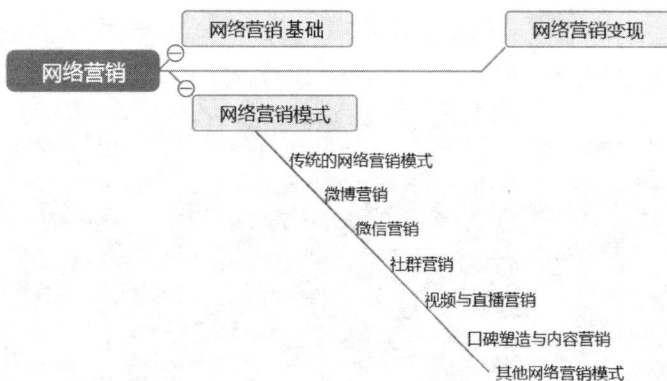

```
                  ┌─ 网络营销基础 ────────── 网络营销变现
      网络营销 ──┤
                  └─ 网络营销模式
                            传统的网络营销模式
                            微博营销
                            微信营销
                            社群营销
                            视频与直播营销
                            口碑塑造与内容营销
                            其他网络营销模式
```

## 📖 本书特色

作为网络营销的学习教材，与目前市场上的其他同类教材相比，本书具有以下特点。

（1）案例丰富。本书的每个章节均以案例导入的方式引导读者进行学习，并在介绍相关知识的过程中穿插对应的案例。案例以文字与图片相结合的形式进行展示，具有较强的可读性和参考性，可以帮助读者快速理解与掌握相关内容，加深对知识的理解。

（2）理论与实践结合。本书在讲解理论知识的同时，在每节后均设置"任务实训及考核"栏目，帮助读者在学习完知识后迅速实践，以加强记忆与运用效果。

（3）资源丰富。本书在需要重点讲解的内容处配有微课，读者可扫码学习延伸知识；本书还提供PPT课件、教学大纲等相关教学资源，优化教学效果。

本书由四川现代职业学院许耿、四川农业大学李源彬任主编，江西环境工程职业学院谢芳任副主编。第1章、第2章、第4章、第6章由许耿编写，第3章、第5章、第8章由李源彬编写，第7章、第9章由谢芳编写。

本书在编写过程中，参考了网络营销的同类书籍和相关资料，在此谨向这些资料的作者致以诚挚的谢意。由于时间仓促和作者水平有限，书中难免存在不足之处，欢迎广大读者、专家给予批评指正。

编　者

2018年6月

# 目录
CONTENTS

# 网络营销基础

　　网络营销随着互联网的发展而出现，建立在网络、通信和数字媒体技术的基础上，在现如今的企业整体营销战略中所占比重非常大，并广泛扩展到各行各业。各种搜索工具、电商平台、社交工具、移动智能设备的快速发展，更为网络营销提供了广阔发展的空间，为未来的营销方式带来了更多方向和可能。

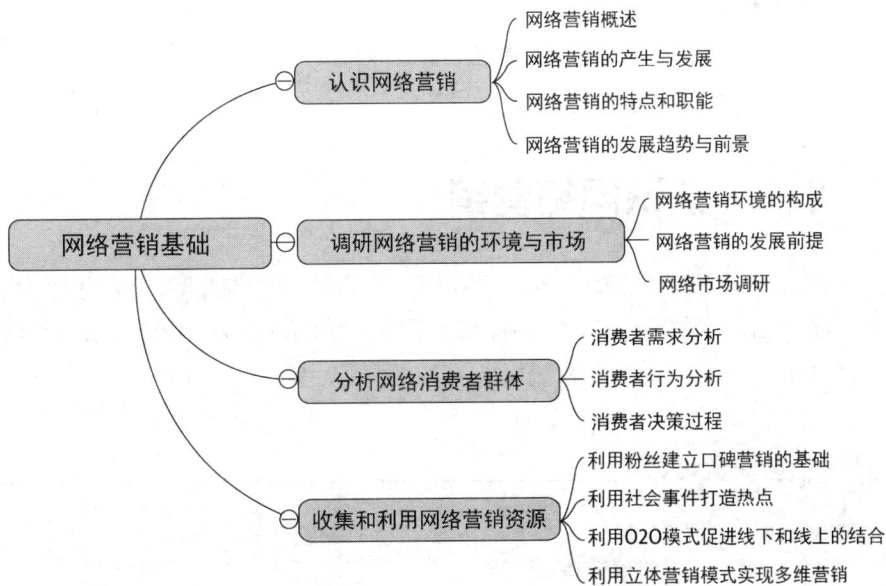

网络营销基础
- 认识网络营销
  - 网络营销概述
  - 网络营销的产生与发展
  - 网络营销的特点和职能
  - 网络营销的发展趋势与前景
- 调研网络营销的环境与市场
  - 网络营销环境的构成
  - 网络营销的发展前提
  - 网络市场调研
- 分析网络消费者群体
  - 消费者需求分析
  - 消费者行为分析
  - 消费者决策过程
- 收集和利用网络营销资源
  - 利用粉丝建立口碑营销的基础
  - 利用社会事件打造热点
  - 利用O2O模式促进线下和线上的结合
  - 利用立体营销模式实现多维营销

**案例导入**

网络营销发展至今，不管是途径、形式，还是思维，都在持续发生着巨大的变化。电子商务市场近年来更是频频刷新历史营销数据。

从2006年开始，我国网络零售额就一直呈现高速增长趋势，2016年10月至2017年9月的12个月时间，我国网络零售额达到近6.6万亿元，为中国历年网络零售额同期的最高纪录。其中，实物商品网络零售额近5.08万亿元，服务网络零售额近1.49万亿元，在社会商品总零售额中占比达到13.6%，同比提高近3个百分点，分享经济、O2O等各类商业模式持续壮大，也为服务网络零售额增长提供了巨大的助力。

2016年的"双十一"购物狂欢节，阿里巴巴实现了1207亿元的销售额，2017年则实现1682亿元的销售额，事实上自2009年开始，几乎每一年的"双十一"销售额都呈扶摇增长之势。阿里巴巴依靠自身平台和资源优势，吸引了大量国内外品牌企业进驻天猫商城并不断刷新每一年的销售纪录，速卖通在跨境电商领域也逐渐发展覆盖至全球230多个国家。

电子商务市场的蓬勃发展反映了消费市场的发展趋势。在互联网经济时代，传统的、单一的营销模式已经无法满足消费市场的需求，网络营销逐渐成为企业整体营销体系中的核心战略，只有懂得完善网络营销建设，懂得迎合消费人群心理的企业，才可能得到更好的发展。

**【思考】**

（1）什么是网络营销？网络营销有哪些形式？

（2）阿里巴巴开辟境外市场，对网络营销市场和未来发展会产生哪些影响？

# 1.1 认识网络营销

网络营销自出现时起，就对市场环境、营销观念和营销策略造成了巨大的冲击。构建于互联网的网络营销，不仅拓展了传统市场营销的方式和渠道，而且也对改善企业营销环境、培养核心竞争力、实现经营目标具有重要意义。

**课堂讨论**

针对下列问题展开讨论：

（1）网络营销有哪些特点？

（2）网络营销未来有哪些发展趋势？

网络营销是以互联网（包括移动互联网）为基础，利用网络媒体、社交平台的交互性，来辅助企业实现营销目标的一种方式。不管是企业营销人员，还是从事营销相关工作的人员，都应该全面认识网络营销的基本概念，结合互联网开展营销实践活动，这样才能取得理想的营销效果。本节将对网络营销概述、网络营销的产生与发展、网络营销的特点与功能、网络营销的发展趋势与前景等知识进行介绍，帮助用户认识网络营销，为了解网络营销环境打下基础。

## 1.1.1 网络营销概述

网络营销作为一门新兴学科，目前并没有完整统一的定义，原则上，网络营销是以互联网媒体为传播平台，以其他媒体为整合工具，对产品和服务所做的一系列经营活动。网络营销建立在互联网的基础之上，借助互联网来满足顾客需求，它不是对某种方法或某个平台的应用，而是包括规划、实施、运营和管理等内容，贯穿于企业开展网络活动的整个过程。

传统企业为什么
要介入网络营销

### 1. 网络营销不独立存在

在了解网络营销的概念时，首先必须明确网络营销不是独立存在的。随着营销环境的不断变化和发展，营销方式也在逐步发生转变，网络营销作为企业整体营销战略的一个组成部分，不能脱离一般营销环境而独立存在，甚至在很多情况下，网络营销理论都是传统营销理论在互联网环境中的应用和体现。

### 2. 网络营销不等于网络销售

目前的网络营销活动多用于实现产品销售、提升品牌形象，从本质上讲，网络营销是一种手段和方式，而网络销售则是网络营销发展到一定程度时可能产生的结果。此外，提升品牌形象、改善服务状态、提升消费者的忠诚度、扩展对外信息发布和传播渠道等，都是网络营销可能带来的结果。

### 3. 网络营销不等于电子商务

网络营销是一个整合的营销过程，包含各种营销模式和策略，网上调查、网络市场研究、目标市场选择、网络策划、网络宣传、网络分销等都属于网络营销的范畴。而电子商务的核心是电子化交易，强调的是交易方式和交易过程。网络营销和电子商务均基于互联网而开展，网络营销可以为促成电子化交易提供服务支持，是电子商务中的重要环节，起到重要的信息传递作用。

## 1.1.2 网络营销的产生与发展

网络营销是建立在互联网的基础上的，20世纪90年代初，互联网技术在全球范围内得到了快速发展，各大公司开始利用互联网技术为用户提供信息服务与拓展公司业务，并以新的方式和理念，通过一系列网络营销策划，探索与发展出了新的营销模式。

### 1. 网络营销的产生

网络营销的产生是多方因素影响的结果，技术、消费观念、消费心理、市场环境等都对网络营销的产生和发展起到了巨大的促进作用。

- **技术：** 在互联网为全球信息沟通提供渠道的时候，商业贸易将互联网传输大量信息数据的功能挖掘了出来，并迅速在商业应用上展现出可观的发展前景，网络营销开始逐步出现并冲击着传统的营销模式。针对网络市场特征实施的营销活动，更有效地促成了个人和组织的交易活动。而随着互联网影响的进一步扩大，人们对网络营销的理解进一步加深，网络营销推广的优势和形势也开始慢慢扩大，并快速在各个行业和领域普及。

- **消费观念：** 传统市场营销观念向现代市场营销观念的转变，让消费者成为营销的核心和主导，工业化和标准化的市场不再是主流，消费者需求更加多样化、个性化，消费者不仅能对商品购买做出选择，同时更希望个性化需求得到满足。同时，网络时代信息获取的便捷性，增强了消费者的消费主动性，也方便消费者进行对比，增加了消费者对商品的信任感。

- **消费心理：** 随着消费活动的逐步升级，消费的便利性、趣味性开始成为影响消费者网络消费行为的主要因素。网络营销低成本的特点，让网络商品和服务具有很大的价格优势，而价格也是影响消费者网络消费行为的主要因素。

- **市场环境：** 对于企业而言，网络营销可以有效降低店面租金、库存等运营成本，缩短运作周期，增强企业在市场中的竞争力。同时，网络营销更方便采集消费者数据，制定更精准的营销策略，从而取得更理想的营销效果。

### 2. 网络营销的发展阶段

我国网络营销起步较晚，大致在1997年前后，一些企业才开始尝试运用网络营销手段。我国网络营销虽然起步较晚，但发展非常迅速，互联网技术的逐渐成熟和政府的大力支持，使网络营销发展至今，已经成为任何企业都无法舍弃的营销手段。从1994年至今，我国网络营销大致经历了5个发展阶段。

- **萌芽阶段（2000年前）：** 1994年，我国国际互联网正式开通，此时我国的网络营销并没有清晰的概念。1997年，第一个商业性网络广告的出现，逐渐打开网络营销的大门。1999年，以阿里巴巴为代表的一批B2B网站的诞生，极大地推动了网络营销的发展，网络营销开始走向实际应用。

- **发展应用阶段（2001~2004年）：** 2001年之后，网络营销正式进入实质应用和发展时期。该阶段网络营销的主要表现为：网络营销服务市场初步形成、企业网站建设发展迅速、网络广告形式和应用不断发展、E-mail营销市场改善、搜索引擎销售向深层次发展、网上销售环境日趋完善。

- **高速发展阶段（2005~2009年）**：网络营销高速发展阶段中最突出的特点是第三方网络营销服务市场的蓬勃兴起，网站建设、网站推广、网络营销顾问等业务均获得了快速发展，网络营销服务市场的规模不断扩大，网络营销的专业水平、人们对网络营销的认识和需求层次持续提升，网络营销资源和网络营销方法不断涌现。

- **向社会化转变阶段（2010~2015年）**：2010年之后，网络营销进入全员营销时代，社会化媒体性质的网络营销蓬勃兴起，建立于智能移动设备的营销重要性不断增强，传统营销模式开始衰落，移动营销逐渐崛起。

- **多元化与生态化阶段（2016年后）**：2016年以后，网络营销向开放式转变，传统网络营销方法不断调整和创新，向多元化与生态化模式转变，信息社交化、用户价值、用户生态思维、社会关系资源等成为影响网络营销的主要因素。

## 1.1.3 网络营销的特点与职能

市场营销的本质是组织和个人之间进行信息广泛的传播和有效的交换，然而与传统营销相比，构建于互联网的网络营销由于互联网的特性，衍生出很多独特鲜明的特点和功能。

### 1. 网络营销的特点

网络营销随着互联网的变化而发展，相比传统市场营销手段，网络营销主要具有以下特点。

- **交易的跨时空性**：互联网具有跨越时间和空间约束的信息传播功能，网络营销以互联网为载体，凭借互联网的功能，使跨时间、跨空间的交易皆成为可能，企业不仅有了更灵活的时间和更大的空间进行营销活动，还能随时随地提供全球性营销服务，创造更多营销价值。

- **交互的便捷性**：互联网的信息沟通功能不仅方便企业展示商品目录、提供商品信息，还方便用户对产品信息进行搜索、认识、对比和咨询。企业和用户的双向沟通更加快速，反馈更加及时，客户在更信赖和认可企业的同时，企业还能通过互联网准确了解市场和用户情报，合理进行产品测试和开发，为用户提供更有效的服务。

- **消费方式的个性化**：网络营销打破了传统营销的限制，以消费者为核心和主导的营销方式更加人性化，客户可以根据自己的需求选择服务，在信息提供和交互沟通的基础上，更有利于双方建立长期友好的营销关系。

- **形式的多元化**：互联网的传播方式非常多元化，文字、声音、图像、视频等，每一种都可以为网络营销人员提供更多的方向。

- **资源的整合性**：网络营销是对各种营销工具和手段的系统化整合，企业可以借助互联网统一规划和协调所有营销活动，并整合各种营销工具，全方位、立体化地进行营销传播。

- **传播的高效性**：在数据时代，企业不仅可以储存信息并及时提供信息供用户查询，同时信息获取的数量和精确度都得到了极大的提升，企业可以快速对市场需求的变化做出反应，以适应不断变化的市场。

- **信息交换的经济性**：利用互联网进行信息交换，可以节约多个方面的营销成本，如店面租金和人工费用等。

### 2. 网络营销的职能

网络营销自萌芽开始即在国内得到快速的发展，而在实际应用中，网络营销主要表现出以下基本职能。

- **网络品牌推广**：网络营销的重要任务之一就是在互联网上建立并推广企业的品牌，以及让企业的线下品牌在线上得以延伸和拓展，为企业利用互联网建立品牌形象提供了有利的条件。网络品牌价值是网络营销效果的表现形式之一，企业可以通过网络品牌的价值转化实现持久的顾客关系和更多的直接收益。

  网络营销对品牌和口碑的塑造

- **网站推广**：获得访问量是网络营销的基础，对于中小企业而言，由于经营资源有限，发布新闻、投放广告和开展大规模促销活动等宣传机会比较少，因此通过互联网手段进行网站推广就显得更为重要。而对于大型企业而言，网站推广也是提高知名度、塑造品牌形象的重要途径之一。

- **信息发布**：网络营销的基本思想就是通过各种互联网手段，将企业营销信息以高效的手段向目标用户、合作伙伴和其他公众等群体传递。互联网不仅为企业发布信息提供便捷的途径，还可以利用各种网络营销工具和网络服务商的信息发布渠道向更大的范围传播信息。

- **销售促进**：市场营销的最终目的是增加市场份额，网络营销也不例外，各种网络营销方法均直接或间接具有促进销售的效果。此外，网络营销对于促进线下销售同样具有很大的价值，这也就是很多线下企业开展网络营销的原因。

- **网上销售**：网上销售是企业销售渠道在网上的延伸，一个具备网上交易功能的企业网站本身就是一个网上交易场所。网上销售渠道建设并不限于企业网站和专业的电子商务平台，随着网络营销不断向多元化方向发展，市场上也将继续涌现新的网上销售形式。

- **顾客服务**：从形式最简单的FAQ（常见问题解答）到各种即时信息服务，互联网为网络营销的客户服务提供了更加方便的手段。在线顾客服务具有成本低、效率高的优点，在提高顾客服务水平方面具有重要作用，同时也直接影响网络营销的实际效果。

- **顾客关系**：顾客关系对于开发顾客的长期价值至关重要。以顾客关系为核心的营销方式成为企业创造和保持竞争优势的重要策略，网络营销为建立顾客关系、提高顾客满意度和顾客忠诚度提供了更为有效的手段；通过网络营销的交互性和良好的服务手段，增进顾客关系成为网络营销取得长期效果的必要条件。

- **网上调研**：利用网络进行市场调研具有调查周期短、成本低的特点，网上调研不仅为制订网络营销策略提供支持，也是整个市场研究活动的辅助手段之一，合理利用网上调研手段对于市场营销策略具有重要价值。网上调研与网络营销的其他职能具有同等地位，既可以依靠其他职能的支持而开展，同时也可以相对独立进行，网上调研的结果反过来又可以为更好地发挥其他职能提供支持。

## 1.1.4 网络营销的发展趋势与前景

互联网是一个辐射面广、交互性强的媒体，它的飞速发展不仅让网络营销逐渐崛起，其方便、实惠的营销形式还逐渐改变了人们的生活。越来越多的行业和领域开始开辟新的网络营销模式，网络营销的思维模式开始逐渐发生变化。

最开始的网络营销思维主要表现为技术思维，即以技术为导向，注重网站建设和推广技术的本身。后来逐渐发展至流量思维，这个时期网站流量就是网络营销的重要指标，也是网站运营的核心目标。新时期的网络营销开始体现粉丝思维和生态思维，以人为本，关注用户价值，重点建立用户与用户之间、用户与企业之间的价值关系网络，创造客户价值成为网络营销的出发点和落脚点。

- **大数据营销**：科技的发展为大数据营销提供了极大的助力，大数据营销成为企业发展中必不可少的战略之一。运用大数据技术，结合各种媒介资源，对线上和线下资源进行整合，可以全面利用起企业资源，实现精准营销。

- **内容营销**：在消费者掌握信息自主选择权的今天，被动地向消费者传递信息已经不再是营销重点，生产和利用价值内容吸引目标消费人群的主动关注才是现在的营销趋势。做好品牌内容，充分利用社交媒体，从用户关注的海量内容中脱颖而出，才是营销的关键。

- **移动端营销：** 相比于PC端，移动端与消费场景的距离更近。2017年"双十一"购物狂欢节总销售额中，移动端支付占比超过90%。越来越多的企业意识到移动端社交媒体战略的重要性，开始分析移动端用户的消费模式，此后移动端也将继续作为网络营销的主流端口成为企业和品牌之间的主要战地。

- **社会化媒体营销：** 在经历了论坛、博客、社交网站等形式之后，社会化媒体营销也开始呈现多元化趋势。随着社会化媒体的不断发展，信息发布和获取成本大大降低，社会化媒体营销也发展出更丰富的可能性，信任度高、口碑效应、多级传播、门槛低等特点，使其成为各个企业最为关注的领域。

未来的网络营销核心依然是以人为中心，以用户价值为中心，网络营销不再单纯地以入口、流量为目标，而是必须打造一个以客户为核心的价值关系网络，整合各种多媒体媒介和工具，实现多元化、立体化的营销。

### 专家指导

在现在的网络营销思维中，不仅营销模式在不断发生改变，网络广告理念和模式也在不断推陈出新，在现有网络广告模式的基础上，原生广告、程序化购买广告将迎来新的发展。

## 1.1.5　任务实训及考核

根据介绍的相关知识，完成表1-1所示的实训任务。

表1-1　实训任务

| 序号 | 任务描述 | 任务要求 |
| --- | --- | --- |
| 1 | 介绍网络营销的产生背景 | 分析技术、消费观念、消费心理、市场在网络营销产生阶段时的表现 |
| 2 | 分析网络营销的发展前景 | 结合网络营销不同阶段的特点，总结并分析每个阶段中具有代表性的网络营销现象 |

填写表1-2所示的内容并上交，考查对本节知识的掌握程度。

表1-2 任务考核

| 序号 | 考核内容 | 分值（100分） | 说明 |
|---|---|---|---|
| 1 | 简单描述什么是网络营销 | | |
| 2 | 列举网络营销的特点 | | |
| 3 | 简述网络营销的职能 | | |

# 1.2 调研网络营销的环境与市场

网络营销产生于一定的环境背景之下，又因环境因素的影响而不断发展和变革。企业如果想制订正确而全面的营销策略，必须在市场研究的基础上，对营销环境的变化和发展趋势进行调研和分析。

**课堂讨论**

针对下列问题展开讨论：
（1）网络营销发展的前提是什么？
（2）网络营销环境是如何构成的？

网络营销环境和市场的调研和分析是制订网络营销策略的前提，特别是社会化媒体网络时代，网络营销的发展受到诸多方面的作用和影响，从营销环境变化的判断和预测，到市场大数据的采集和分析，每一个环节都直接影响着最终的营销效果。本节将对网络营销环境的构成、网络营销的发展前提、网络营销市场调研等知识进行介绍，让用户进一步认识和了解网络营销市场。

## 1.2.1 网络营销环境的构成

网络营销环境是指影响企业营销策略制订和实施的不可控的虚拟市场因素，根据对企业网络营销活动影响的直接程度，可分为网络营销宏观环境与网络营销微观环境两部分。

### 1. 网络营销宏观环境

网络营销宏观环境是对企业网络营销活动产生间接影响的各种因素的总称，主要包括政治法律、经济、社会文化、科学技术、人口等环境因素。

（1）政治法律环境

企业在从事网络营销活动之前，必须把握相关的法律法规，并以其为基准。网络营销的各个环节，都需要依靠相关的法律法规加以规范，同时每一项相关政策措施也都在影响着网络营销的发展。

（2）经济环境

经济环境不仅包括经济体制、经济增长、经济周期与发展阶段、经济政策体系等内容，同时也包括收入水平、市场价格、利率、汇率、税收等经济参数和政府调节取向等内容。经济环境对网络营销市场具有广泛而直接的影响，宏观经济直接制约社会购买力，影响消费者的收入水平和市场价格。只有个人收入水平不断提高，计算机和智能终端广泛普及，人们的消费规模逐渐提升，网络市场才能不断开放，形成规模效应并获得更多发展。

（3）社会文化环境

社会环境是网络营销所针对的不同国家、地区、民族之间差别明显的风俗习惯、消费观念、伦理及家庭观念与国际化环境结合后形成的独特社会和人文环境。企业存在于一定的社会环境和网络环境中，受其制约和影响，必须重视各种社会因素，研究不同区域、不同环境下的消费者购买观念和行为，了解消费者对网络营销的认识与反馈，做好适当的消费引导，使网络营销向个性化价值取向发展。

文化环境对网络营销的影响主要来自于人文文化环境影响和网络文化环境影响两个方面，企业应该分析不同国家或地区在不同历史文化背景下形成的网络使用倾向的差异性，根据当地人文文化特色和网络文化特色，因地制宜地制订和实施营销策略。

（4）科学技术环境

科学技术促进经济社会的不断发展，技术环境是互联网发展的核心动力，企业环境的变化与科学技术的发展有着非常紧密的关系，特别是在网络营销时期。数字技术的提高丰富了企业网络营销的方式，让企业更便于发现和把握市场需求变化。移动网络技术的发展让更多人参与到网络营销的环境中，扩大了网络市场规模。数据挖掘技术的进步，为网络营销提供了更精准的预测和判断，为全面营销策略的制订奠定基础，大大增强了营销效果。技术环境的每一次变化都必然会推动网络营销思维和模式的变革。

（5）人口环境

从企业营销的角度看，市场是有现实或潜在需求且有支付能力的人的集合，人是企业营销活动的直接和最终对象，在其他条件固定的情况下，人口决定着市场容量和潜力，人口结构影响着消费结构和产品构成。从网络营销的角度看，网民数量、网民结构特征、网民对网络的态度、网民增长趋势等也直接影响着企业网络营销策略的制订。网络营销企业应该通过对网民数量、结构等内容进行分析，发现营销机会，在了解网络营销人口环境的基础上制订行之有效的营销策略。

**2．网络营销微观环境**

网络营销微观环境又称行业环境因素，是与企业网络营销活动联系比较密切的各种因素的总称，包括企业、供应商、营销中介、顾客、竞争者等企业开展网络营销过程中的上下游组织机构。

（1）企业

企业制订网络营销策略不仅需要洞察外部环境和条件，还需要内部的合作和支持。不管是企业最高管理层、财务、研究与开发、采购、生产，还是专门的营销部门，都应该密切配合、协调合作，保证企业营销活动的顺利开展。此外，企业最高管理层对网络营销的认知态度、企业产品和服务质量、企业网络营销自媒体运作等也是影响企业内部环境的主要因素，都将对企业网络营销活动的具体实施产生直接影响。

（2）供应商

供应商是指向企业提供生产经营所需的原料、设备、能源、资金、劳务等生产资源的公司或个人。企业与供应商的关系既受宏观环境影响，又制约着企业的营销活动，当供应商所提供的生产资料成本较高时，会直接影响企业的生产成本，同时供应商的供货质量、稳定性、及时性等服务水平也直接影响企业的营销与运营水平。

（3）营销中介

营销中介主要负责协调企业促销和分销其产品给最终购买者，经销商、经纪人、代理商以及仓储、运输、银行、保险、网络服务机构等服务商等均属于营销中介，而网络环境中的营销中介更加多样化。消费者可以通过在线销售自由地选购商品，生产者、批发商、零售商和网上销售商也可以建立自己的网站营销商品。网上销售不仅使企业间、行业间的分工模糊化，随着更多新业务方式的出现，其也促进了网络营销过程中各种中介机构的产生和发展。对于大部分企业而言，中介服务能力越强、业务分布越广泛、合理，营销企业对微观环境的适用性和利用能力就越强。

（4）顾客

顾客是企业产品销售直接或最终的营销对象，企业的营销活动一直以满足顾客需求为核心。互联网不仅给企业提供了广阔的市场营销空间，同时也增强了消费者选择商品的广泛性和可比性，因此在网络购物活动中，不同类型的顾客通常会表现出不同的购买目的、购买需求和购买特点，企业不能控制顾客的购买行为，但却可以通过分析顾客的网络消费行为，精准地提供给顾客所需求的服务，通过有效的营销活动处理好与顾客的关系，从而促进产品的销售。

（5）竞争者

竞争是商品经济活动的必然规律，在互联网经济大趋势的刺激下，越来越多的企业加入了网络营销的队伍，而网络环境下，网络市场中竞争者的优缺点都可以通过网络呈现出来，随着相似业务出现的数量越来越多，不可避免地形成了企业之间的竞争。竞争可以促进企业改善自身的不足，在开展网上营销活动的过程中，学会识别和确认竞争对手，分析竞争对手的目标和策略，分析竞争对手的资源、团队、能力和反应模式，都是企业在网络营销中克敌制胜的好方法。

**专家指导**

与网络营销宏观环境相比，微观环境虽然也不可控制，但具有一定的规律性，特别是企业营销观念、消费者的需求和购买行为等，都基于一定的经济社会环境而形成和变化。

## 1.2.2　网络营销的发展前提

网络营销的发展受客观环境的制约和限制，不同的营销时代下，制约网络营销发展的条件不同，而信息技术、互联网企业、网络用户、网上支付等均是影响网络营销发展的主要条件。

### 1. 信息技术的发展

信息技术是互联网发展的原动力，网络营销基于信息技术的不断进步和创新而得到持续快速的发展，智能化、技术化、多元化已经是新形势下网络营销最显著的特征。

- **4G网络技术的发展**：网络营销随着信息技术的发展而发展，大数据、云计算、物联网、4G网络、人工智能、智能光网络、VR/AR等新技术的每一次进步，都会对人们的生活和工作产生重大影响，继而促进网络营销思维和模式的革新。4G网络随着数据通信与多媒体业务需求的发展，适应移动数据、移动计算及移动多媒体运作的需要而兴起，其超高的数据传输速度不仅推动了支持无线网络的电子设备的发展，也为企业的网络营销带来更多机遇和挑战。在越来越突出人机互动的及时性、便捷性的今天，移动智能、关联数据、语义网络构建等技术促使人与网络之间的互动更加高效便捷，信息快速、大范围地传播丰富了原有的信息传递形式，也让一些新兴的互联网企业依靠互联网新技术迅速发展起来。此外，在网络新技术的影响下，企业网络营销渠道更容易连成整体，互联互通，打破信息孤岛，实现资源的合理配置和高效利用，促进营销渠道的发展。随着网络技术和相关配套设置的不断进步，互联网的优势也将陆续深入各个领域。

- **移动智能终端的发展：** 随着移动智能终端的普及，各大传统企业、电商企业纷纷抢占移动端市场，越来越多的营销模式开始向移动端转移，消费者逐渐告别PC端消费，衣、食、住、行、社交等各项活动都通过移动端展开。在这样的背景下，移动智能终端及其相关辅助设备和辅助技术的发展，为网络营销提供了新的方向和助力。

### 2．互联网企业的兴起

互联网企业是互联网经济时代下的一种新型企业，是网络营销发展的推动者，以网络为基础进行经营活动，并向市场提供商品和服务。其提供的服务包括综合门户类网站、电子商务平台、搜索引擎平台、即时通信工具等多种类型。

- **综合门户类网站：** 综合门户类网站是指主要提供新闻、搜索、聊天、邮箱、影音资讯、电子商务、网络社区、网络游戏、免费网页等服务的网站，如新浪、网易、天涯、腾讯和搜狐等。综合门户类网站不仅为用户提供了丰富的服务，还为网络营销提供了发展的土壤。
- **电子商务平台：** 电子商务平台是为企业或个人提供网上交易洽谈的平台，企业可充分利用电子商务平台提供的网络基础设施、支付平台、安全平台、管理平台等共享资源，有效地、低成本地开展自己的商业活动。电子商务平台是直接联系企业与消费者的纽带，也是消费者进行网络消费的直接场所，淘宝、京东、亚马逊、eBay等均是现在非常具有代表性的电子商务平台。
- **搜索引擎类网站：** 搜索引擎是指从互联网上搜集信息，为用户提供检索服务的系统。建立搜索引擎类网站是比较传统的一种网络营销手段，比较具有代表性的搜索网站有百度、Google等。
- **即时通信工具服务提供商：** 即时通信是一个终端服务，允许两人或多人使用网络即时传递文字信息、档案、语音与视频交流，如QQ、微信、秒拍等。提供即时通信服务的互联网企业很多，这些服务既能为广大用户提供广阔的社交平台，也丰富了网络营销的模式。

### 3．网络用户的不断增加

网络用户是网络营销效果的直接影响因素，网络用户越多，网络营销的市场越大。据统计，截至2017年6月，我国网民规模达到7.51亿，互联网普及率为54.3%。

我国手机网民规模达7.24亿，手机网民占比达 96.3%。网络用户增长是带动企业网络营销活动的重要动力，而网络用户上网时长增加、上网设备多样化也对网络营销活动的开展起到了极大的促进作用。

### 4．网上支付的发展

网上支付是以金融网络为基础，以商用电子化工具和各类交易卡为媒介，以现代计算机技术和通信技术为手段，通过互联网以电子信息传递的形式来实现资金流通和支付的一种手段。自网络营销出现开始，网上支付就逐步成为我国支付市场和支付体系的重要组成部分，并不断发展和应用到人们生活的各个方面。

网上支付属于电子支付的一种，是在电子支付的基础上发展起来的。而随着网络技术和信息技术的不断更新，移动端开始成为网络用户的主要活动平台，移动支付作为电子支付方式的另一种表现形式，开始快速、广泛地应用到线上线下的各个方面。移动支付为用户提供了更加简单、快捷的支付方式，更加符合消费者的支付需求，同时也为企业开展网络营销活动提供了更多方向和途径。

## 1.2.3　网络市场调研

网络市场调研是网络营销工作的关键环节，网络市场调研就是基于互联网系统进行营销信息的收集、整理、分析和研究的过程，一定阶段、一定地区内的市场竞争状况、产品情况、顾客需求和购买行为变化、目前营销策略的效果、未来市场成长的机会和潜力等都可以通过市场调研取得基础数据资料。企业通过对详细的市场调研数据进行分析，可以解决市场营销难题，为企业制订产品计划、营销目标和价格策略等提供科学依据。

### 1．网络市场调研的对象

网络市场调研的对象主要包括消费者、竞争者、合作者等相关人群。企业通过对目标人群进行调研，可以分析市场的营销机会，及时调整营销策略。

（1）消费者

不同的网络市场拥有不同的消费人群，不同的消费人群会体现出不同的特征和差异性。企业在进行市场调研时，应该通过网络跟踪目标消费人群的购买行为，调查其购买意向，收集消费者对企业、产品、服务、支付、配送、性价比等各方面的意见，综合整理以供参考。

（2）竞争者

网络营销环境下的企业竞争者不仅包括现有竞争关系的企业，还应该包括潜在竞争者、商品替代者等，分析不同类型的竞争者带来的威胁，了解竞争者的营销动向、产品生产、企业管理等信息，结合自身消费者的对比反馈，进行数据的详细收集，然后分析出自身的威胁和机会，作为制订出更合理有效的营销策略的依据。

（3）合作者等相关人群

企业的联盟企业、供应商、第三方代理等提供的行业评估信息也可以为企业的网络营销策略提供有价值的信息数据。

**2．网络市场调研的步骤**

网络市场调研具有一定的独特性，其调研步骤主要包括以下5点。

（1）明确问题与确定调研目标

网络市场调研的首要条件是明确调研的问题与目标，即调研什么、为什么调研。然后再根据这个目标来确定调研的范围、内容和方法，制订详细的调研计划。如谁最有可能在网上使用企业的产品或服务、谁最有可能购买企业的产品或服务、在同类型的行业中谁已经开展了网络业务、竞争对手对企业的客户影响如何、客户对竞争对手的印象如何、企业的日常运作要受哪些法律法规的约束、如何依法运营等。

（2）制订调研计划

明确调研目标后，即可根据目标来制订出有效的信息调研计划。调研计划是对调研本身的具体设计，传统市场调研计划主要包括调研的目的要求、调研对象的范围与数量、调研样本的选择及抽样、调研项目与内容等。一般情况下，网络市场调研计划主要包括确定资料来源、调研方法及手段、抽样方案和联系方法等。

（3）收集信息

互联网没有时间和空间限制，企业可以在全国甚至全球范围内进行信息收集。网络中的信息丰富且繁杂，企业需要采用合适方法才能找到需要的信息，从而将之有效地用于网络市场调研。网上搜索、在线问卷等方法均可用于收集所需信息。

（4）分析信息

完成信息的收集后就需要调研人员对信息进行分析，从庞大的数据中提炼出与调研目标相关的信息，作为后续工作的依据。分析信息需要借助一些数据分析技术，如交叉列表分析技术、概括技术、综合指标分析和动态分析等，或者采用国际上较为通用的SPSS、SAS等分析软件。不管采用哪种方法进行分析，均要保证分析的速度、准确与真实性，因为网络信息时代，信息的传播非常迅速，如果竞争对手比你更快占据了市场，企业将失去既有的优势。

（5）撰写报告

网络市场调研的最后一个阶段是撰写调研报告。这需要调研人员把调研情况与市场营销策略结合起来，按照标准的调研报告的书写格式撰写。

网络调研报告的内容主要包括标题、目录、引言、正文、结论、启示及建议和附录等。其中正文的内容就是对本次调研的主要说明，如调研目的、调研方法和调研数据统计分析等。

### 3．网络市场调研的方法

调研人员在网络上既可直接进行一手资料或原始信息的调研，也可利用互联网的媒体功能与搜索引擎收集二手资料，即间接网络调研。

（1）网络市场直接调研的方法

按调研的思路不同，直接调研的方法可细分为以下4种。

- **网上观察法**：网上观察是通过相关软件和人员记录网络浏览者浏览网页时的浏览内容和行为。
- **专题讨论法**：专题讨论法的平台有Usenet新闻组、电子公告牌（BBS）和邮件列表讨论组等。
- **在线问卷法**：在线问卷法是指请求浏览其网站的每个人通过填写在线问卷来参与企业的各种调查。企业也可将在线问卷工作委托给专业公司。
- **网上实验法**：在网络页面上或者新闻组上设计并发布（或利用E-mail传递）几种不同的广告内容与形式，对比各个广告内容与形式带来的效果，以收集市场行情资料。

（2）网络市场间接调研的方法

网络市场间接调研是指利用互联网收集与企业营销相关的二手资料信息，包括市场、竞争者、消费者和宏观环境等诸多信息，是企业应用最多的网络市场调研方式。网上查找资料主要有以下3种方法。

- **利用搜索引擎查找资料**：搜索引擎提供一个从互联网中搜索信息的入口，根据搜索者提供的关键词对互联网信息进行检索，筛选出与关键词相关的信息。
- **访问相关网站收集资料**：各种专题性或综合性网站中都提供了一些特定的资料，若知道需要的资料可以从哪些网站中获得，就可以直接打开并访问这些网站。
- **利用网上数据库查找资料**：通过网上数据库来了解所需的信息，有些网上数据库需要付费，如用于市场调查的数据库在国外一般都需要付费。

## 1.2.4  任务实训及考核

根据介绍的相关知识，完成表1-3所示的实训任务。

表1-3　实训任务

| 序号 | 任务描述 | 任务要求 |
|------|----------|----------|
| 1 | 分析影响网络营销环境的因素 | 从宏观和微观两个方面进行分析 |
| 2 | 分析网络营销发展的条件 | 从不同角度分析哪些因素会对网络营销的发展起到积极促进作用 |
| 3 | 分析网络市场调研的基本步骤 | 简述进行网络市场调研时需要进行哪几个主要步骤 |
| 4 | 分析网络市场调研的方法 | 从直接调研和间接调研两个方面说明网络市场调研的主要方法 |

填写表1-4所示的内容并上交，考查对本节知识的掌握程度。

表1-4　任务考核

| 序号 | 考核内容 | 分值（100分） | 说明 |
|------|----------|----------------|------|
| 1 | 简述网络营销环境的构成 | | |
| 2 | 简述网络市场调研的步骤和方法 | | |

## 1.3　分析网络消费者群体

对消费者行为和心理进行的分析，可以帮助企业更好地进行消费者定位，并制定符合消费者购物意向的网络营销策略，提升消费者的购物欲望，增加企业销售额。

**课堂讨论**

针对下列问题展开讨论：
（1）你在进行网络消费时主要有哪些消费心理？
（2）你进行网络消费的决策过程是怎样的？

互联网的快速发展推动了网络消费的发展，与传统市场的消费者相比，网络市场的消费者在购物过程中占据了更主动的地位，拥有更自由、更丰富的权利，因此企业必须分析消费者网络消费的特点，分析其消费规律，充分了解影响消费者购物行为的因素，才能做到有的放矢，获得更多消费者，扩大市场。本节将对消费者需求、消费者行为和消费者决策过程等知识进行介绍，让用户进一步认识和了解网络消费者。

## 1.3.1　消费者需求分析

　　消费心理是消费者因为一定原因而产生购买行为的一系列心理活动，不同年龄、性别、经济状况、生活环境的消费者通常会产生不同的消费需求，一个消费者可能同时存在多个消费需求。企业对消费者的消费心理进行研究，可以更加准确地定位消费者的购买行为，从而制定更加符合消费者需求的营销策略。

- **好奇型：** 好奇心是一种普遍的社会现象，几乎每个人都会有一定的好奇心，但不同的人好奇心的强烈程度不同，因此也会导致不同的购买行为。好奇心旺盛的消费者一般比较喜欢追求新奇的事物，有强烈的求知欲，通常希望企业能够提供更多知识性、趣味性、娱乐性的信息。
- **实惠型：** 实惠型消费者追求商品的物美价廉，商品功能实用且价格便宜更容易赢得他们的青睐。企业应该注重商品的功能和实用性，通过不断提高商品的性价比，提高商品的功效，或在适当的时候进行适当的优惠活动来吸引这类消费者。
- **个性和品牌型：** 个性和品牌型消费者更注重商品的个性化或品牌价值，针对这类消费者，企业可以为其提供更多个性化服务，或者提升品牌吸引力。
- **从众型：** 从众是指个体在社会群体的无形压力下，不知不觉或不由自主地与多数人保持一致的社会心理现象。这类消费者通常喜欢选择热度更高、用户更多的服务和产品。对于这一类型的消费者来说，企业可以通过增加产品或服务热度的方法来满足消费者的需求。
- **习惯型：** 很多消费者在购物的过程中都会产生一定的习惯，比如偏向于购买某种品牌的商品、只购买价格不超过某个范围的商品等。这一类型的消费者一般会在自己心中制定一个"心理预期"，当商品的实际价格或功能不能满足或超过预期时，就会另谋其他产品。
- **方便和享受型：** 网络消费是一种非常方便的消费形式，可以帮助消费者节约很多时间和劳动成本，同时还能带给消费者购物乐趣。针对方便和享受型消费者，企业可以从消费者的角度出发，设计更简洁的购物流程、更丰富的购物类型，投其所好地吸引消费者。

## 1.3.2　消费者行为分析

　　网络市场的发展影响着消费者的消费观念和消费需求，消费者的需求越来越多元化、个性化、理性化，消费行为也更加成熟。消费者的购买行为受购买意向左右，购买意向指消费者选择某种商品的主观倾向，表示消费者愿意购买某种商品的可能性。一般来说，影响消费者购买意向的因素主要有以下3点。

- **环境因素：** 环境因素会影响消费者的购买意向，如在冬季雾霾天，空气污染严重，防霾口罩在该时段就会比其他时段的人气更高，环境促使消费者产生消费行为。又如某热播剧引起人们对某个商品的关注，受该热播剧的影响，购买该商品的人也会急剧增多。
- **商品因素：** 商品的价格、质量、性能、款式、服务、广告和购买方便与否等因素将直接影响消费者的购买行为，甚至个性化、差异化等因素也成为促进消费者购买行为的重要条件。如很多电子商务平台的商品，不仅品种丰富多样，而且价格低廉，符合很多消费者物美价廉的消费需求。
- **消费者个人及心理因素：** 消费者由于自身购买能力、购买习惯等不同，会产生不同的购买意向，并且消费者的心理和实际的需求各不相同，也会产生不同的购买动机。如京东采取厂家直销的模式，质量更有保障，当消费者在购买金额较大的产品时，京东更具有竞争优势。此外京东的仓储物流服务一直备受业内好评，提供"限时达""次日达""极速达""夜间配"和"自提柜"等多种模式的配送服务，为消费者的网络消费提供了极大的便利，也能满足对物流速度需求高的消费者。

综合以上因素，消费者在电子商务模式下的消费行为是不断变化的，因此，要想了解消费者的购买意向，就要重视消费者信息的收集、分析并发现消费者的消费规律、研究消费者在电子商务网站上发生购买行为的原因。

# 1.3.3　消费者决策过程

消费者的决策过程即消费者购买行为形成和实现的过程，从购买需求到购买意向，再到形成购物行为，这期间主要会经历诱发需求、收集信息、比较选择、购买、评价5个阶段。

## 1．诱发需求

消费者的需求往往是在内外因素的共同刺激下产生的，内部因素指消费者自身对某产品或服务的需要，如天气变化引发对衣服的需求。外部因素指消费者所处环境、所接受的信息促使消费者产生的需求，如频繁被网友提及的网红品牌，消费者便会对该产品产生需求。对于企业网络营销而言，该阶段的主要目的是设计需求诱因，刺激和唤醒消费者的需求。

## 2．收集信息

消费者有了需求之后，为了满足这个需求，就会通过各种渠道来收集和了解该产品或服务的相关信息，此时企业就需要了解不同信息来源对消费者购买行为的影响程度，有针对性地设计合理恰当的信息传播策略。

**3．比较选择**

消费者在了解产品和服务的信息后，通常还会对其进行选择比较，一是比较产品和服务的基本属性、品牌文化、功能效用等，二是比较产品价值与自身的购买能力。在比较选择环节，消费者参考的信息多源于网络，所以企业在该阶段应该正确详细地描述自己的产品和服务，丰富产品信息，打动和吸引消费者。

**4．购买**

消费者在完成产品和服务的对比后，对备选产品产生偏爱，形成购买意向，就会进入购买决策阶段。在该阶段，企业形象、产品质量、支付手段都是非常重要的影响因素，因此企业应该提升消费者对企业和品牌的信任度，提供更安全、快捷的支付方式。

**5．评价**

评价是消费者购买产品和服务之后的一种行为体现，主要是对产品和服务的使用感受，包括产品服务是否理想、服务是否周到等。评价影响着消费者的重复购买行为，企业应该在该阶段广泛、开放地收集消费者的评价，及时了解消费者的意见和建议，同时积极减少消费者购物后的心理失调感，处理好消费者的不满情绪，提高消费者的满意度，甚至可以与消费者建立长期沟通机制，主动联系和沟通消费者。

## 1.3.4　任务实训及考核

根据介绍的相关知识，完成表1-5所示的实训任务。

表1-5　实训任务

| 序号 | 任务描述 | 任务要求 |
|---|---|---|
| 1 | 分析网络消费者的购物需求 | 从消费者消费心理的角度了解和分析消费者的购物需求 |
| 2 | 分析网络消费者的购买行为 | 分析在实际购物过程中，会对消费者的消费行为产生影响的因素 |
| 3 | 了解消费者的决策过程 | 分析在实际的网络购物过程中，消费者要做出完整的购物决策，需要经历哪几个阶段 |

填写表1-6所示的内容并上交，考查对本节知识的掌握程度。

表1-6　任务考核

| 序号 | 考核内容 | 分值（100分） | 说明 |
|---|---|---|---|
| 1 | 列举消费者的网络消费需求 | | |
| 2 | 列举影响消费者网络消费行为的因素 | | |
| 3 | 简述消费者的购买决策过程 | | |

# 1.4　整合和利用网络营销资源

　　企业开展网络营销活动的目的是做有效果、有价值的营销。而一个有效果、有价值的营销离不开资源的支持，因此必须要懂得合理整理和分配各种资源，将各种分散的资源充分利用起来，形成一个互相联动促进的整体，才能最大地发挥作用。而在整合资源的过程中，不管是培养粉丝、打造热点话题，还是选择营销模式，都需要提前做好大量详细的准备工作。

**课堂讨论**

针对下列问题展开讨论：
（1）怎么利用粉丝打造口碑营销？
（2）什么是O2O营销模式？

　　网络营销的发展促进了营销资源的多样化，除了核心技术、营销经验、品牌声誉、客户关系等传统资源外，粉丝口碑、热门事件、营销模式等都是非常有价值的网络营销资源。企业能否对这些营销资源进行有效的整合利用，往往决定着最终的营销质量。本节将对粉丝营销、热点打造、O2O模式、立体营销模式等进行介绍。

## 1.4.1　利用粉丝建立口碑营销的基础

　　传统的企业服务模式以产品和服务本身为重心，用户只能选择和接受这种产品和服务，难以与企业产生更多的联系。而现代企业服务模式将重心转移到用户上，并使产品和用户之间建立起一种情感联系，粉丝开始成为企业重点培养的对象。从本质上说，现在的商业竞争就是对粉丝的竞争，核心因素是流量。一个拥有庞大粉丝群体的品牌，往往更容易实现新产品的快速传播，进而打开销售局面。

### 1．获取粉丝画像

在网络营销的市场上，"粉丝"的定义不再局限于娱乐圈，只要是有明显、固定、规律等共同特征的特定群体，就可以称为粉丝，任何一个兴趣、事物、话题的参与者都可以成为粉丝。拥有粉丝意味着可以进行精准营销，粉丝群体的兴趣爱好，往往能带来极大的行动力和购买力，对互联网文化生产和线上线下消费产生巨大的影响。当个人、品牌或企业拥有一批忠实的粉丝后，将更容易在市场中站稳脚跟，比如罗永浩的锤子手机、罗振宇的逻辑思维等，都与粉丝效应密切相关。

粉丝画像伴随着大数据的应用而产生，与传统的线下会员管理、问卷调查、购物篮分析相比，大数据使企业可以通过互联网便利地获取用户更为广泛的反馈信息，从而精准、快速地分析出用户的行为习惯、消费习惯。粉丝画像即通过粉丝特点为其添加相应的标签，标签通常是人为规定的高度精练的特征标识，如年龄段标签（18~24岁）、地域标签（江浙沪）等，标签可以完美地概括出用户的信息全貌，方便企业理解每个用户，并准确判断用户偏好。

比如星巴克的粉丝画像，据大数据分析，星巴克忠实粉丝多为成熟青年，在江浙沪、北京、广东等地分布较集中，爱吃爱玩爱运动，偏爱餐饮、房产、健康美容、旅游、出行、汽车服务、办公等线上应用，同时，线下消费需求也较为强烈。

了解粉丝标签，就能了解用户的特定需求，就能为品牌和企业挖掘更多有价值的新用户，同时根据粉丝的行为特征开展有效果的营销活动，利用产品和服务拉拢庞大的消费群体。

### 2．营造良好的粉丝口碑

在现在的网络营销环境下，大部分制作企业都开始大打粉丝牌，不管是"卖技术""卖品质"，还是"卖情怀"，归根结底，就是打造口碑，只有拥有好口碑才能发挥粉丝的作用，通过粉丝引导粉丝，壮大消费者团队。打造粉丝口碑比较常见的两种方式是利用在线社群和社会化媒体平台。

（1）在线社群

社群是有共同爱好和目标的人所组成的群体，其最大的特点就是社交性，通过社交将群成员联系起来，提高群成员的活跃度和参与度，增加感情联系。当然，社群的成功离不开管理，很多社群都是通过专门的运营团队进行科学、合理的运营，才能发挥自身的价值。

粉丝经济的核心在于社群，很多比较典型的粉丝营销案例都是从社群开始的。以小米手机为例，从聚集科技男开始，逐步形成一个百万级数成长的新生代社群并迅速壮大，这个社群是小米最初的运营核心。围绕这个核心社群，小米甚至重构了从产品定位、研发设计、产品迭代更新、营销推广与客户关系到售后服务等整个商业模式。

小米社群运营的第一步是品牌定位。将目标用户定位至发烧友圈子，根据产品特点，吸引铁杆粉丝，然后逐步积累粉丝，滚大雪球。

第二步是让用户参与产品设计。小米在积累了一定粉丝后，开始根据粉丝需求设计产品，邀请铁杆粉丝参与内测，再根据粉丝意见完善产品设计和性能。

第三步是量产和预售。小米召开产品发布会，结合目标人群聚集的平台和社会化营销渠道进行宣传，并开始线下渠道的发售。

第四步是与"米粉"真正联系到一起。在小米手机量产和预售阶段，粉丝团就是小米的营销后盾和推广人员，小米将成千上万个粉丝联结在一起，形成一个规模巨大的社群，培养起范围更广的粉丝口碑。对于小米而言，硬件或许不赚钱，但硬件可以把粉丝联结起来，产生更大的后续价值。

随着网络营销的不断发展，在线社群已不再是单纯的社区、论坛发帖模式，现在的在线社群更加注重群成员互动，让用户测试产品、提出意见，刺激用户主动做出口碑宣传。

（2）社会化媒体平台

要打造粉丝口碑，就需要与粉丝建立联系，现在很多的社会化媒体平台都具有即时沟通功能，可以与粉丝进行近距离的沟通，并将营销信息精准地传递给消费者，为消费者提供更多的便捷服务，引导更多粉丝参与企业的互动和品牌的传播。

正因为如此，很多企业都开始广泛利用微博、微信等社交工具拉近粉丝与企业的距离。与在线社群一样，社交平台的粉丝营销也需要进行科学的管理，逐步积累运营过程中的数据，进而指导实践。以微博为例，在微博这个传播范围非常广的社交平台，分析粉丝的行为偏好意义重大，只有对粉丝进行标签化，记录粉丝与微博互动的行为特征，才能知道怎样引导粉丝来营造口碑。如企业对发布的每条微博进行活动、新闻、行业信息、科技等多维度标签定义，根据不同维度下微博的互动情况，分析不同背景下的粉丝互动偏好，用以指导后续运营。对粉丝"投其所好"，通过粉丝传播实现营销价值的最大化，使口碑产生裂变。

**3．建立完善的粉丝反馈机制**

粉丝对企业品牌黏性和忠诚度高，对扩大品牌影响力可以起到重要的推动作用。但粉丝这个群体也具有很大的不确定性，甚至部分粉丝还具有盲目从众的特点，很容易被其他事物所吸引，粉丝行为只有在企业有意识的约束和引导下才能正确传播，促进企业的发展。

要管理好粉丝资源，除了要注重企业自身产品和服务质量的提升外，粉丝的反馈信息也是企业必须关注的重点。粉丝对企业的忠诚度越高，同时也对企业的预期越高，如果企业无法满足粉丝的预期，就很容易流失粉丝，这就要求企业必须建立一个科学完善的粉丝反馈机制，及时观察、分析、监督和掌握粉丝行为。

在监督和反馈过程中，企业可以结合线上和线下两种途径建立多种形式的反馈渠道，及时全面地了解反馈信息，分析并处理反馈信息。

## 1.4.2 利用社会事件打造热点

社会事件通常是指广大受众喜欢主动关注的事件，自带热度和传播性，是企业进行网络营销的天然素材。

热点话题营销

**1. 利用事件营销**

事件营销是比较常用的一种网络营销模式，指企业通过策划、组织和利用具有价值的人物和事件，引起媒体、社会团体和消费者的兴趣和关注，从而提高企业产品和服务的知名度、美誉度，树立良好的品牌形象，促成产品或服务销售的一种手段和方式。对于企业来说，容易吸引用户关注，同时有利于提升品牌形象的事件主要包括3种类型。

- **公益活动：**公益活动是对打造口碑非常有利的一种事件营销类型，企业通过参与公益活动不仅能够引起用户关注，提高人们的品牌的认知度和美誉度，还能树立良好的品牌形象。比如可口可乐的"一个能打电话的瓶盖"活动，为了解决迪拜当地南亚劳工打不起电话的困境，可口可乐开发了一款可以用可乐瓶盖当通话费的电话亭，并把这些电话亭放到工人生活区，让工人们可以用可口可乐瓶盖免费进行3分钟的国际通话。

- **热点事件：**在事件营销中，热点事件一直是网络营销重要的借力对象。热点事件通常具有受众面广、突发性强、传播速度快等特点，合理利用热点事件可以为企业节约大量的宣传成本，同时带来爆炸性的营销效果。随着硬广告的宣传推广效果不断下降，现在的企业更加偏向于比较受广大群众关注的新闻或信息，并开发出形式多样的软性宣传推广手段。比如2014年"科比超过乔丹"这一新闻成为热门话题时，京东曾经推出一则文案：之所以会超越传奇，是因为成功者都在他人看不见的地方流下过无数辛劳的汗水。我知道洛杉矶每一天凌晨四点的样子——科比·布莱恩特。我知道北京每一天凌晨四点的样子——配送小哥。

- **危机公关：**一般来说，企业面临的危机主要包括两个方面，一方面是危害社会或人类安全的重大事件，如自然灾害、疾病等；另一方面是企业自身因管理不善、同行竞争或外界特殊事件引起的负面影响。当出现危机情况时，合理的公关手段不仅可以提升企业形象，增加用户对企业的信任，还可能改变消费者的观念，打开市场。比如网友在网上暴露海底捞某分店后厨卫生状况不佳的信息后，海底捞立刻发表声明，对旗下所有分店进行详查和整改，并对出问题的分店做出了处理，既接受了用户的批评，又表明了改正错误的态度，赢得了大量用户的好感。

### 2．利用名人效应

名人效应是一种利用名人达成引人注意、强化事物、扩大影响的效应，相当于品牌效应。名人效应在生活中的应用非常广泛，比如通过名人代言来刺激消费，通过名人出席慈善活动带动社会人群的关怀等。名人效应可以迎合大多数人的心理，提高产品的附加值，还可以培养消费者对产品的感情和忠诚度，因此很多企业都喜欢借助名人效应来提升营销效果。在借助名人效应时，需要注意以下几点。

- **名人粉丝与产品用户属性相同：**当名人粉丝与产品用户的属性相同时，不仅可以提高用户对产品的信任度，提升产品口碑，同时更容易促成用户的购买行为。
- **名人精神与企业或产品文化一致：**借助名人效应来宣传产品，也是从侧面说明该名人与企业或产品拥有相同的精神、信念和价值观，如果名人所传递的精神与企业或产品的精神不符，很容易模糊产品的形象和定位，使宣传效果大打折扣。
- **借名人营销开展活动：**在互联网上进行营销活动的目的，是为了将影响力传递和扩散出去，借助名人的影响力引导消费者转发分享，可以向更多用户传递产品价值。在开展活动时，比较常见的刺激消费者分享的手段是抽奖，通过为用户提供直接奖励有效提高转发率。

## 1.4.3　利用O2O模式促进线下和线上的结合

什么是O2O

线上到线下（Online To Offline，O2O），是指将线下的商务机会与互联网结合，让互联网成为线下交易的平台。O2O是连接线上、线下资源的纽带，是互联网时代下的一种新型网络营销模式，让消费者在享受线上优惠价格的同时，又可享受线下贴身服务。

O2O模式是一种三赢的营销模式，对商家来说，O2O模式为商家了解消费者购物信息提供了渠道，方便收集消费者购买数据，更好地维护并拓展客户，进行精准营销。同时，O2O模式还可以在一定程度上降低商家对店铺地理位置的依赖，减少租金支出。对消费者而言，O2O可以提供丰富、全面、及时的商家折扣信息，价格实惠，订购方便。对服务提供商而言，O2O模式可带来大量更有黏性的消费者，进而争取到更多的商家资源。本地化程度较高的垂直网站，还能借助O2O模式为商家提供更多增值服务。

### 1．O2O模式下的营销思路

O2O模式最大的特点之一是线上和线下优势的完美结合，把互联网与地面店铺完美对接，实现互联网落地。一般来说，O2O模式在营销实践中主要表现出3种思路。

- **线下体验，线上消费**：O2O的主流模式是通过打折、提供信息、服务预订等方式，把线下商店的消息推送给互联网用户，从而将其转换为线下客户，餐饮、健身、娱乐等本地服务多采用该模式。
- **线下消费，线上体验**：这种形式被广泛应用于传统的线下企业中，在现在互联网营销的大趋势下，很多传统的线下企业开始需求互联网上的发展，搭建自己的电子商务平台，将线下流量引至线上，打开线上市场。
- **线下体验，线上验证，线下消费**：很多大型平台本身不生产商品，但作为第三方服务商为消费者和商户建立沟通渠道，留存客户转化销量，帮助商户维护消费者关系，如苏宁、国美等。

### 2．O2O模式下的消费流程

O2O模式与消费者直接在店铺消费的传统模式不同，O2O模式的消费过程包括线上和线下两个部分。线上平台为消费者提供消费指南、优惠信息、便利服务（预订、在线支付、地图等）和分享平台，线下商户则专注于提供服务。一般来说，O2O模式下的消费流程主要包括5个阶段。

（1）引流

线上平台是线下消费的入口，可以引导大量有消费需求的消费者进行线下消费。常见的O2O平台引流入口包括：大众点评等消费点评类网站、百度地图等电子地图、微信等社交类应用。

（2）转化

线上平台为消费者提供商铺的详细信息，包括商户信息、产品信息、优惠信息、便利服务等，方便消费者进行搜索和对比，并引导消费者选择线下商户，完成消费决策。

（3）消费

消费者利用线上平台获得的服务信息，直接到线下商铺接受服务，完成最终的消费。

（4）反馈

消费者将自己在线下店铺消费的体验反馈到线上平台，帮助其他消费者做出消费决策。线上平台可以对消费者的反馈信息进行整理和分析，形成更加完整的本地商铺信息库，吸引更多消费者使用在线平台。

（5）存留

线上平台为消费者和本地商户提供沟通渠道，维护消费关系，促使消费者产生重复消费行为。

## 1.4.4 利用立体营销模式实现多维营销

立体营销是一种多角度、多方位、多层次、多渠道的全新网络营销模式，更加灵活化、多维化。立体营销以营销为中心，从单一化向多元化、立体化、体系化转变，同步线上线下，结合多种资源进行全方位推广，可以提高营销的有效转化，从而达到最佳的营销效果。

立体营销是整合线上线下的全媒体营销渠道，将长战略和短战略相结合，自销和经销相结合，品牌营销和商品促销相结合。传统营销通常以广告投入和市场公关活动为主，而立体营销则是一个完整的营销过程，活动过程中的所有活动、思维、创意、操作，甚至企业战略、文化、策划、生产、销售、渠道、资金、收益等各个环节，都可以归纳到整个营销的范畴。

### 1．立体化营销模式

与单一的、固定的营销模式相比，立体化营销模式的特点主要体现在灵活、多维方面，可以满足企业多方面的营销需求。立体化营销模式主要包括以下5方面。

- **多维化的产品结构：**包括产品的功能、性质、卖点必须多样化，从而更好地满足大众对产品的不同需求。
- **多元化的价格体系：**不同消费条件的消费者通常表现出来的消费能力不同，产品应该兼顾上、中、下3个价位，并构建灵活的促销体系。
- **多层次的客户对象：**产品应该能够吸引和满足不同消费层次、不同区域的客户群体，满足多层次的客户要求。
- **多重并进的销售渠道：**销售渠道是立体化营销中非常重要的部分，企业在制定网络营销策略时，要同时考虑线上线下结合的多种销售模式、多种销售渠道和多种灵活的销售体系。
- **多方位的推广宣传：**立体化营销的推广宣传必须多方式、多时段，不能满足于传统推广模式，媒体、图书、杂志、网站、电视、海报、路边广告、会员、促销等均可以结合使用。

### 2．立体化营销基本要素

不同行业开展立体化营销时，其要求和操作会有一些差异，但同时也具备一些共同的基本要素。

- **调研：** 调研是营销的基础，只有了解了消费者、竞争者以及目标市场，才能够制订出更精准的营销计划。
- **策划：** 策划即对营销流程进行设计，包括企业战略、经营思路、产品链、资金链条、跨媒体等多个环节，策划阶段最核心的要求是创新。
- **产品：** 传统营销模式是先有产品再有营销，而立体化营销模式下，产品的形成应该以营销为核心，也就是说在产品形成之前就应该提前考虑营销问题，形成多方面兼顾的综合性营销。
- **渠道：** 营销渠道包括销售渠道和营销受众的网络，应该将渠道和受众紧密联系起来，同时区分对手的渠道，充分分析受众和竞争对手的特点。
- **促销：** 促销是吸引消费者关注、促进购买的一种手段。在进行立体化营销模式的促销时，应该与消费者保持充分的互动，追求促销效果的最大化。
- **经营：** 立体化经营要求在原有产品的基础上不断扩展服务，利用附加服务扩展经营内容。
- **反馈：** 在完成产品的投入和推广后，应该对市场反应进行调查，积极收集数据，对前期的战略、策略和执行结果进行验证。
- **调整：** 根据反馈情况调整和完善原有计划，并进一步制订新的规划。

立体化营销的各个要素之间并不是相互独立的，它们互相影响，甚至不分先后，比如渠道建设和产品促销彼此作用，产品的形成和推广可以同步进行。

### 3. 立体化营销战略

立体营销战略是一个体系的建设，是一种企业战略。按照时间和空间的差异，可以将立体化营销战略分为长战略和短战略2种类型。

（1）长战略

长战略指在营销中企业产品定位战略上的总体规划和执行，主要由调研、规划、策划、执行、反馈和调整等部分组成。长战略的时间跨度很长，一般表现为一个品牌的整个创立过程，包括品牌名称、市场定位、宣传渠道、宣传内容、品牌内涵、品牌维护等。长战略的地域跨度很大，可以延伸至全国甚至全球，对有基础的大型企业来说，视野越大，获得的市场越大，营销限制更少，参考目标更多。长战略的逻辑跨度是一个完整的周期，包括品牌的诞生、品牌的发展、品牌的退化、品牌的消亡整个过程，在策划长战略时，应该考虑如何延长品牌的生命和收益价值，如何创新品牌。

（2）短战略

短战略与传统营销比较类似，指小规模的市场营销活动，也可以指某项单一的市场营销活动，主要包括市场广告投放和市场公关活动2类，渠道广告投放、渠道媒体广告、渠道市场公关和媒体市场公关等都属于短战略范畴。短战略的目的是获得目标受众的关注、参与、消费和合作，其时间跨度比较短，相当于一次活动的整个过程，包括活动预案、活动调研、活动策划、活动执行等。短战略的地域跨度也比较小，如地区、商场、媒体或会场等，通常有具体的地址。

## 1.4.5 任务实训及考核

根据介绍的相关知识，完成表1-7所示的实训任务。

表1-7 实训任务

| 序号 | 任务描述 | 任务要求 |
| --- | --- | --- |
| 1 | 了解粉丝画像 | 试着分析"可口可乐"的粉丝画像，提炼出比较具有代表性的用户标签 |
| 2 | 如何营造粉丝口碑 | 介绍营造粉丝口碑的途径，并简单说明营造口碑的基本思路 |
| 3 | 了解O2O营销的思路和流程 | 以本地服务为例，说明O2O营销的主要流程 |
| 4 | 了解立体营销战略 | 简单说明立体营销的思路和立体营销体系 |

填写表1-8所示的内容并上交，考查对本节知识的掌握程度。

表1-8 任务考核

| 序号 | 考核内容 | 分值（100分） | 说明 |
| --- | --- | --- | --- |
| 1 | 列举利用粉丝建立口碑营销的主要过程 | | |
| 2 | 列举事件营销的常见类型 | | |
| 3 | 列举典型的O2O营销模式 | | |
| 4 | 列举立体营销的战略类型 | | |

## 拓展学习

研究网络营销环境是开展网络营销活动的基础，只有了解了网络市场，才能制定出更加准确的营销策略，实现预期的营销效果。下面将对网络营销市场调研的常见问题进行解答，帮助用户更好地进行市场调研。

## 一、与传统的市场调研相比，网络市场调研有哪些特点？

与传统市场调研方法相比，网络市场调研具有及时性、共享性、便捷性、经济性、交互性、充分性、可靠性、客观性、无时空和地域的限制性、可检验性和可控制性的特点。

- **网络调研信息的及时性和共享性：** 网络中信息传播的速度非常快，任何连接到网络中的用户都能快速地接收到来自各方的信息，通过网络统计分析软件可以快速看到调研的结果，这种方式大大提高了市场调研的效率。并且网络的开放性让任何网民都可以主动参与调研，自主查看调研结果，充分体现了网络调研的共享性。

- **网络调研方式的便捷性和经济性：** 网络市场调研只需要一台能够上网的计算机就能开展调研工作，无论是调研者还是被调研者都能通过网络进行交流，交流方式十分方便。并且，还能省去传统调研方式中大量的人力、物力、财力和时间资源，调研过程不会受到外界环境的影响，调研结果也省去了大量人工处理与分析工作，十分经济、便捷。

- **网络调研过程的交互性和充分性：** 由于网络的交互性，在进行网络调研的过程中，消费者可以主动对产品或服务的设计、定价和服务等一系列内容发表自己的意见，避免了传统调研方式因问题不合理而出现的结果偏差。同时，网络调研方式还具有留置问卷、邮寄问卷等传统调研方式的优点，被访问者可以充分自由地发表自己的看法。

- **网络调研结果的可靠性和客观性：** 由于网络调研的被调研者一般都对企业的产品或服务比较感兴趣，调研的针对性很强，参与调研的用户也会相对认真地回答相关问题，调研结果的可靠性较高。并且，网络调研不受其他人为因素的干扰，调研结果的准确性较高，这种方式能够最大限度地保证调研结果的客观性。

- **网络调研无时空和地域的限制性：** 网络调研基于互联网环境进行，很好地解决了传统市场调研出现的区域与时间限制。

- **调研信息的可检验性和可控制性：** 通过互联网，调研人员可以方便地进行网络调研信息的收集，并对收集信息的质量进行系统的检验和控制。其次，可以对调研内容附加全面规范的指标解释，防止因被调研者对内容理解不当或调研人员解释口径不一致造成的调研结果偏差。网络调研的结果由计算机依据设定的检验条件和控制措施自动实施，保证调研复核检验的准确性和客观公正性。

## 二、设计市场调研问卷时有什么注意事项?

问卷调研的质量直接影响着企业能否高效地收集到所需的市场信息,因此在设计市场调研问卷时,需要注意以下几个方面。

- 提高问卷的内容质量,包括清晰地划分问题类型、合理地设置问题数量、简明清楚地表达问题等。
- 充分重视被调研者的个人信息安全,保护被调研者的隐私,明确告知被调研者该调研的目的。
- 通过技术手段对被调研者遗漏的问题进行提醒,防止恶意的重复参与行为。
- 合理设置调研奖项,刺激被调研者的热情,吸引更多被调研者参与调研。
- 及时测试并修正问卷中不合理的问题,认真总结用户对调研各项的实际反映。

# 实战与提升

学生通过本章知识的学习,对下列问题展开讨论与练习,在巩固所学知识的同时,拓展视野,进一步提高自己的能力。

(1)假设某企业新研发了一款"照相手机"产品,上市之前需要提前对市场环境进行调研,讨论该企业可以通过哪些方式、哪些渠道来进行市场调研,如何设计调研问卷?

**提示:**从问卷调研的对象、方法和步骤的角度出发进行讨论,还可以搜索网络上相关产品的调研问卷进行分析。

(2)分析该"照相手机"产品的目标消费人群,了解他们的消费需求和购物动机,讨论如何诱发他们的需求,使其产生购买行为?

**提示:**先分析该产品目标消费人群的特征,包括爱好、年龄、性别、阶层、生活方式、经济状况等,再讨论可以通过哪些渠道、哪些方式来诱发他们的购物需求。

# 第2章 传统的网络营销模式

## 学习目标

　　企业在开展网络营销的过程中，通常会根据不同的营销需求和市场需求，选择不同的技术和营销方式。传统网络营销模式是网络营销前期比较常见的营销方式，甚至直到现在也被很多商家采用，电子邮件营销、论坛营销、博客营销、IM营销和搜索引擎营销等都属于传统的网络营销模式。

## 学习导图

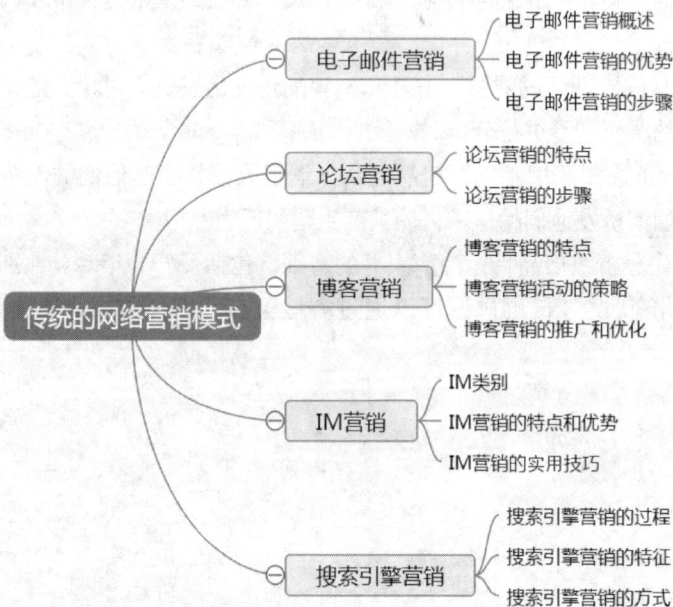

　　优衣库是一家在日本零售业和世界服装零售业皆名列前茅的跨国服装，在全球拥有成百上千家连锁门店。2002年优衣库进驻中国，经过几年的发展，就实现了销售额在中国区的快速增长，门店数量也得到快速扩张。

　　随着国内网民规模急剧扩大，网络购物成为年轻群体的主流购物方式。为了加强对国内二、三线城市的覆盖，2009年4月23日，优衣库淘宝旗舰店正式上线，进驻淘宝网当天，销售额即突破30万元，11月2日，优衣库的单日网络销售额更达到了惊人的114万元。优衣库亮眼的销售业绩除了得益于它的品质和价格之外，还有一个重要的成功条件——电子邮件营销。

　　电子邮件营销是一种精准高效且成本较低的市场推广手段，是互联网最重要的传统营销方式之一，具有用户基数大的显著优势，电子邮件营销可以刺激无明确需求的消费者，比搜索引擎和在线广告的成本更低，目标更精准。

　　正由于优衣库将电子邮件打造成重要的营销渠道，将对优衣库感兴趣的淘宝会员转化为优衣库的活跃用户，定期向新老会员发送电邮杂志，定期向客户推荐新产品，提升客户的品牌忠诚度，才让优衣库在仅仅经过半年的电子邮件营销后，活跃用户就增长了近70%，为优衣库提高了约20%的销售额。

　　优衣库电子邮件营销战略的成功，让越来越多的企业开始采用电子邮件营销的方式开展产品的网络推广和客户维护服务，使电子邮件营销成为互联网时代的一个标志性营销利器。

【思考】

（1）什么是传统营销方式？有哪些代表性营销模式？

（2）电子邮件营销有哪些著名案例？

# 2.1　电子邮件营销

　　电子邮件是一种用电子手段提供信息交换的通信方式，通过网络的电子邮件系统，用户可以快速与世界各地的网络用户联系，或接收大量新闻资讯、专题邮件等。电子邮件是互联网上最常用的服务之一，包括文字、图像、声音等多种内容，被广泛应用于人们日常的生活和工作中。

　　电子邮件营销则是在用户事先许可的前提下，通过电子邮件的方式向目标用户传递价值信息的一种网络营销手段，是一种利用电子邮件与受众客户进行商业交流的直销方式，广泛应用于网络营销领域。

**课堂讨论**

针对下列问题展开讨论：
（1）你在日常生活中遇到过哪些电子营销案例？
（2）怎样策划一个电子营销活动？

电子邮件营销是一种范围广、成本低的营销方式，可以加强营销方与目标客户的合作关系，帮助营销方获得新客户，提升客户忠诚度，刺激客户进行消费，是传统营销方式中非常有效的一种营销工具。本节将对电子邮件营销概述、电子邮件营销的优势、电子邮件营销的步骤等内容进行介绍，并进行相关实训，使用户了解电子邮件营销的模式和方法。

## 2.1.1 电子邮件营销概述

电子邮件诞生于20世纪70年代，兴起于20世纪80年代，是直接面向人与人之间信息交流的一种系统，综合了电话通信和邮政信件的特点，极大地满足了人与人之间的通信需求，逐渐被普及到人们生活和工作的各个方面。

按照发送信息是否事先经过用户许可划分，可以将电子邮件营销分为许可的电子邮件营销（Permission E-mail Marketing，PEM）和未经许可的电子邮件营销（Unsolicited Commercial E-mail，UCE），即垃圾邮件（Spam）。

许可的电子邮件营销是指企业在推广产品或服务时，征得用户同意后，通过电子邮件的形式向顾客发送产品信息和服务，其主要营销方法为通过邮件列表、新闻邮件、电子刊物等形式，向用户提供有价值的信息，同时附带一定的商业广告，因此，用户许可、用电子邮件传递信息、信息对用户有价值是电子邮件营销的3个基本要素。

未经许可的电子邮件营销，即垃圾邮件，与许可的电子邮件营销相对，是一种不恰当的电子邮件营销方式，十分容易给用户带来困扰，引发用户的反感，反而不利于产品的宣传推广。

## 2.1.2 电子邮件营销的优势

与传统的营销方式相比，电子邮件的营销优势极其明显，尤其在与用户的一对一沟通上有优势。下面对电子邮件营销的主要优势进行介绍。

### 1．营销范围广

互联网技术的迅猛发展，使网络用户的数量也实现了飞速的增长，截至2017年，中国的网民规模已达7亿。面对如此巨大的用户群，作为主要广告宣传手段之一的电子邮件营销同样也拥有了更大的营销空间，被企业灵活应用到不同的营销环境中。通过电子邮件，企业可以在很短的时间内迅速向数千万目标用户发布广告信息，甚至还可以将营销范围扩展至全球。此外，邮件收件人在阅读信件后，将其转发给自己的亲朋好友，还可以引起广告邮件的裂变传播，像"病毒"一样传递给更多人，进一步扩大营销范围。

### 2．建立紧密的用户关系

企业在进行电子邮件营销时，可以通过收集用户的需求信息，投其所好地为其发送个性化、定制化的营销邮件，推广自己的产品和服务。这种营销方式具有更强的针对性，在迎合目标用户喜好需求的基础上，逐步建立和维护了企业与用户之间的关系。

### 3．成本低

电子邮件营销是一种低成本的营销方式，企业几乎只需要支付网络费用的成本和搜集信息的成本，比传统广告形式的宣传推广要低廉很多。同时，电子邮件广告的内容适合各行各业，具有信息量大、保存期长的特点，拥有长期的影响效果，还十分便于收藏和传阅，性价比更高。

### 4．简单快捷

电子邮件营销从开始制作，到发送，到获得反应和回馈，整个营销过程的周期比较短，并且可以同时发送数量众多的邮件，制作和发送过程都十分简单，便于掌握。

### 5．高反馈率

在电子邮件营销过程中，企业可以非常方便地收集到目标客户的实时反馈信息，包括点击率、回复率等，从而分析出该营销活动的市场反应，及时做出调整。

### 6．精准定位

电子邮件营销具有较强的定向性，是一种点对点的传播形式，企业可以针对某一特定的人群发送特定的广告邮件，也可以根据需要按行业或地域等进行分类，通过高精度传播将信息发送到目标客户的邮箱中，增加信息的阅读和传播量，达到更好的宣传效果。

## 2.1.3　电子邮件营销的步骤

恰当使用电子邮件营销可以帮助企业建立良好的用户关系，下面对电子邮件营销的基本步骤进行介绍。

- **制定目标**：在发送电子邮件之前，应该先明确营销目标和营销类型，比如该营销活动是为了培养用户关系还是推广品牌和产品，邮件使用何种类型等。
- **决定受众**：为了达到营销目标，提高邮件营销的效果，需要确定邮件接收对象的类型，这需要分析用户的特点、地理位置、年龄等，使邮件接收者与企业的营销沟通目标一致。
- **设计创意**：根据邮件的营销目标、类型和受众特点，设计邮件的创意，以便使邮件的阅读率更高、传播范围更广。
- **选择邮件列表服务商**：高质量的邮件列表服务商可以提供更好的邮件营销服务，包括定向能力、追踪反馈能力等。
- **总结**：成功的电子邮件营销策略应该建立在详细的测试、度量上，通过对追踪反馈的信息进行分析，总结出最有效的方案。

QQ邮箱精准营销
快速实现业绩裂变

## 2.1.4　任务实训及考核

根据介绍的相关知识，完成表2-1所示的实训任务。

表2-1　实训任务

| 序号 | 任务描述 | 任务要求 |
|---|---|---|
| 1 | 分析电子邮件营销的优势 | 查找电子邮件营销的相关案例，分析电子邮件营销的优势 |
| 2 | 设计一个电子邮件营销计划 | 假设某企业需对一款拍照手机进行电子邮件营销，应该面向什么人群，如果设计邮件创意 |

填写表2-2所示的内容并上交，考查对本节知识的掌握程度。

表2-2　任务考核

| 序号 | 考核内容 | 分值（100分） | 说明 |
|---|---|---|---|
| 1 | 简述什么是电子邮件营销？ | | |
| 2 | 列举电子邮件营销的基本步骤 | | |

## 2.2 论坛营销

论坛营销是企业利用论坛这种网络交流平台，通过文字、图片、视频等方式发布企业产品和服务的信息，从而让目标客户更加深刻地了解企业的产品和服务，最终达到宣传企业品牌、加深市场认知度的网络营销活动。

论坛营销是基于网络论坛进行的口碑营销，强调与用户进行充分的信息交互，在信息交互的过程中传播品牌和产品，提升品牌形象，在满足消费者的消费需求的基础上，达到促进销售的目的。

论坛自媒体营销

**课堂讨论**

针对下列问题展开讨论：
（1）如何策划一个论坛营销活动？
（2）论坛营销有哪些实际操作技巧？

论坛营销作为常用的传统营销方式之一，在各种营销活动中得到了非常广泛的应用。企业在开展论坛营销活动后，不仅可以提升口碑效应，提升品牌知名度，还可以通过论坛的交互性与用户建立情感联系，逐步引导消费者体验和消费产品，并培养出品牌忠诚度。本节将对论坛营销的特点、论坛营销的步骤等内容进行介绍，使用户可以熟练掌握开展论坛营销活动的方法。

### 2.2.1 论坛营销的特点

与电子邮件营销相比，论坛营销的互动性更强。下面对论坛营销的主要特点进行介绍。

#### 1．人气高

论坛是用于互动交流的平台，具有较高的人气，可以有效地为企业提供营销传播服务。同时，论坛活动拥有强大的聚众能力，在论坛举办各类抢楼、投票、有奖回答、视频等活动，可以有效引导网友与品牌之间产生互动，提升营销效果。在论坛中还可以利用用户感兴趣的活动，对品牌、产品、活动内容进行植入传播，展开持续的传播效应，引发传播的连锁反应。

#### 2．内容多样

专业的论坛营销可以通过论坛帖子的策划、撰写、发放、监测、汇报等流程，维持推广内容的高效传播，满足企业多种推广需求，包括各种置顶帖、普通帖、连环帖、论战帖、多图帖、视频帖等。

### 3．成本低

论坛营销对人力、物力资源和资金投入的要求较少，主要要求操作者对于话题的把握能力与创意能力。

### 4．定位精准

一个类型的论坛中通常聚集的都是对该类型内容感兴趣的用户，企业在产品对应的论坛中发帖，通过这个平台与网友进行互动，可以引起更大的反响。

### 专家指导

在进行论坛营销时，结合搜索引擎内容编辑技术，不仅可以使推广内容在论坛上能有好的表现，在主流搜索引擎上也能得到大量展现和点击。

## 2.2.2　论坛营销的步骤

与其他营销活动一样，在进行论坛营销之前，首先应该明确企业的营销目标，策划营销活动的主题和内容，同时还需对论坛营销活动进行维护和管理，监测营销数据，才能达到理想的营销效果。策划论坛营销活动，一般可以遵循以下几个步骤。

### 1．选择合适的论坛

论坛是一种交互性强、内容丰富而及时的电子信息服务系统，用户通过论坛可以进行获得信息服务、发布信息、讨论等操作。论坛通常具有十分明显的板块分类，也有一些范围比较小的专题论坛，均对信息进行了详细的搜集和分类整合，能够吸引兴趣相投、志同道合的用户一起交流探讨。因此企业在进行论坛营销时，首先要对本身所在的行业进行分析，根据产品或品牌的类型、特点和定位等寻找相关论坛和主题论坛。通常与产品和品牌越相符的论坛，推广营销效果越好，发布的帖子越容易引起论坛用户的查看、讨论和传播。

### 2．巧妙设计帖子内容

论坛营销的效果好坏往往取决于帖子的内容，一个合理的营销帖子必须兼顾标题、主帖和回帖3个部分，保证能在吸引用户的同时巧妙传递推广信息，引导用户积极互动。

（1）标题

标题是吸引用户查看帖子的"敲门砖"，标题是否吸引人直接决定帖子的点击量和浏览量。在策划论坛营销活动的标题时，可以从多个角度来设计标题，比如讲一个引人入胜的故事、利用"名人"效应吸引用户、设计一个自相矛盾或充满悬念的标题激起用户的好奇心等。

（2）主帖

用一个引人注意的标题将用户吸引过来之后，还需要一篇充实、有价值的帖子内容来留住用户。产品或品牌推广信息通常以软文形式植入帖子内容之中，提高用户的接受度，达到更好的营销效果。

（3）回帖

回帖通常是针对论坛用户评论进行的互动，当用户查看了帖子内容后，可能会对帖子内容进行回复，此时可以通过回帖与用户进行互动，提高帖子热度。此外，也可自己对帖子进行回复，引导其他查看帖子的用户共同参与讨论。

**3．管理和维护帖子**

论坛的信息更新速度通常较快，在发布了一篇比较有内容、有热度的帖子后，还需要对帖子进行维护，防止帖子下沉。及时回帖、顶贴可以保持帖子处于论坛首页的位置，向更多用户传递推广信息，吸引更多的用户关注。一般来说，有争议的话题更容易引发讨论，运营者亦可以从这个角度来引导帖子内的话题走向。

## 2.2.3　任务实训及考核

根据介绍的相关知识，完成表2-3所示的实训任务。

表2-3　实训任务

| 序号 | 任务描述 | 任务要求 |
|---|---|---|
| 1 | 介绍论坛营销的特点和优势 | 根据本节所学内容，简单介绍论坛营销主要有哪些优势 |
| 2 | 怎么进行论坛营销 | 从策划论坛营销活动的角度出发，依次列举在开展论坛营销活动时，需经历哪几个主要步骤 |

填写表2-4所示的内容并上交，考查对本节知识的掌握程度。

表2-4　任务考核

| 序号 | 考核内容 | 分值（100分） | 说明 |
|------|----------|----------------|------|
| 1 | 简述论坛营销的特点 | | |
| 2 | 列举论坛营销的基本步骤 | | |

# 2.3　博客营销

博客是一种由个人管理、主要用于张贴文章的网站，一个典型的博客通常结合了文字、图像、超链接或媒体等多种元素，能够让读者在博客页面进行评论互动。大部分的博客内容以文字为主，也有一些博客以艺术、摄影、视频、音乐、播客等为主题。博客是社会媒体网络的一部分。博客营销即是一种以博客为载体，利用博客作者的个人知识、兴趣和生活体验等传播商品信息的营销活动。

**课堂讨论**

针对下列问题展开讨论：
（1）如何设计一个博客营销实例？
（2）博客营销如何进行优化和推广？

博客营销通常以博文为媒介，其中大部分营销博文都是原创文章，博客运营者通过分享专业、有趣的内容吸引读者，在读者中建设起信任度和权威度，培养读者的忠诚度，从而影响读者的思维和购买决定。通过博客营销，企业不仅可以发布信息、推广产品和服务，还可以与消费者建立多向信息沟通渠道，树立良好的企业形象，潜移默化地影响消费者的购买行为。本节将对博客营销的特点、博客营销活动的策略、博客营销的推广和优化等内容进行介绍，使用户可以熟练掌握开展博客营销活动的方法。

## 2.3.1　博客营销的特点

博客作为互联网的组成部分，具有很高的营销意义，下面对博客营销的主要特点进行介绍。

### 1．低成本

博客营销不受时间、空间的限制，在开展营销活动、发布产品和服务信息时十分灵活自主，且成本非常低，不需要耗费大量的人力、物力和财力。博客营销主要通过有价值的信息影响消费者的思想和行为，这就要求营销者需要具备一定的特点和能力，能为消费者提供某些帮助，使消费者信服。此外，企业也可以在博客中发布一些内容性、可读性较强的文章，向消费者宣传品牌文化和形象，实现更高的营销回报。

### 2. 定位准确

博客营销是一种持续更新的传播形式，可以实现营销者与读者的双向互动，通过日积月累的持续营销，不断提升读者和粉丝的数量，扩大影响力。为了体现专业性，一个博客通常只有一个或少量几个比较明显的主题，博文内容往往围绕这个主题而发布，也就是说每个博客的读者都是对该主题感兴趣的受众群体，这个受众群体是根据博文内容筛选出来的细分领域的目标对象，定位非常精准。

### 3. 互动性强

在进行博客营销时，博文下方的评论区可以用于用户讨论交流，博客作者可以在评论区与用户互动，针对产品和服务提出问题、解决问题，实现信息共享和双向互动。一些影响力较大或者文章有价值的博客，非常容易被用户转载分享，在提高传播力的同时，也可以吸引更多用户关注博客内容，参与讨论。通过在博客中进行各种互动，不仅可以维护用户的感情，还有利于培养用户的忠诚度。

### 4. 传播形式多样

博客支持多种信息发布形式，包括视频、音频、图片和文字等，在进行博客营销时，企业可以根据实际需要采用不同的题材和方式来宣传和推广博文内容。同时，博客营销的内容选择比较灵活，可以包含较大的信息内容，与论坛、电子邮件相比，自主性更高。

## 2.3.2 博客营销活动的策略

为了取得更好的营销效果，在开展博客营销活动之前，需要对博客营销进行策划。下面介绍博客营销活动的具体策略。

### 1. 选择博客平台

博客营销基于博客平台而开展，因此选择一个功能完善、稳定、适合企业开展营销活动的博客系统十分重要。原则上说，选择博客托管网站时应该选择访问量大、知名度高、用户数量大的专业博客网站，这种类型的博客网站影响力更大，流量更多，也更容易获得用户的关注和信任。在选择了博客平台之后，即可注册一个博客账号，设定博客主题。

### 2．设计优秀的博文内容

用博客来传播企业和产品信息的前提是博主拥有良好的写作表达能力，可以通过发布生活经历、工作经历、热门话题、知识分享等内容来吸引用户，扩大影响，同时还可以将企业文化、产品品牌等内容自然地植入博文中。博文内容越好，博主的影响力就越大，传播的范围也就越大。

### 3．创造良好的博客环境

博客营销是一种持续性营销，只有不断更新内容，才能长久地发挥出博客应有的营销作用和价值，才能持续吸引更多的读者。同时，为了保证博客的良性发展，博主应该加强与读者之间的感情联系和互动，引导读者自主对博文进行传播分享。如果企业邀请知名博主对产品进行传播，则可以通过一些合理的奖励机制，激发博主的写作热情，保持他们的创造力。

### 4．协调个人观点和企业营销战略

博客是以个人形式发布文章的场所，表达的通常是个人观点，也正是这种个性化的特色容易吸引用户的关注和阅读，但用于营销的博客，不仅仅要表达个人观点，还需要与企业的营销立场保持一致，最好可以将自己的观点与企业文化、营销策略等相结合，达到最佳的传播和营销效果。

## 2.3.3　博客营销的推广和优化

博客为了获得更多的人气，需要不断地进行推广和优化。下面对博客营销推广和优化的相关内容进行介绍。

### 1．域名优化

博客域名一般都是二级域名，格式为：博客平台名称/个人博客名称，博客名称一般设置为方便记忆的字母，且与博客特色有较强的关联性。如果博客的域名与主关键词比较靠近，会更容易被搜索引擎收录，获得排名。

### 2．标题和描述优化

博客标题和描述类似于网站标题和描述，可以告知用户博客的类型，吸引对该类型博文感兴趣的用户。同时博客标题大部分有首页文字链接，对博客关键字排名十分有好处。

### 3．文章分类

根据文章内容，可以使用长尾关键词对文章进行分组，选择一些产品词或搜索量高的长尾关键词，也可以在博客中增加一些有内容的小板块，增加博客的灵活性，提高用户的关注度和黏度。

#### 4．添加链接

在发表博文时，企业可以在文章中为重要文字和图片添加链接，引导用户进行阅读，链接尽量指向企业主站，也可以链接到相关产品；此外，还可以在博客中链接其他网址，如企业主站、相关产品等，也可以与其他知名博客相互链接，增加博客的访问量。

#### 5．博客推广

博客营销为企业产品和品牌服务，以推广产品和服务为主，特别是企业博客，可以尽量与主站主题关联起来，及时在博客中对主站近期活动进行互动，也可适当在相册中添加主站图片，给主站带来流量。

### 2.3.4　任务实训及考核

根据介绍的相关知识，完成表2-5所示的实训任务。

表2-5　实训任务

| 序号 | 任务描述 | 任务要求 |
| --- | --- | --- |
| 1 | 介绍博客营销的特点和优势 | 根据本节所学内容，简单介绍博客营销主要有哪些优势 |
| 2 | 怎么进行博客营销 | 介绍在开展博客营销活动之前，需要对博客营销进行哪些策划，主要有哪些步骤 |

填写表2-6所示的内容并上交，考查对本节知识的掌握程度。

表2-6　任务考核

| 序号 | 考核内容 | 分值（100分） | 说明 |
| --- | --- | --- | --- |
| 1 | 简述博客营销的特点 | | |
| 2 | 列举博客营销的具体策略 | | |

## 2.4　IM营销

即时通信（Instant Messaging，IM），是指能够即时发送和接收互联网消息，通过网络上进行聊天的实时通信服务，也是集交流、资讯、娱乐、搜索、电子商

务、办公协作和企业客户服务为一体的综合化信息平台，比较常见的即时通信工具
有腾讯QQ、微信、YY、阿里旺旺、Skype、Google Talk等。

IM营销是指即时通信营销，是企业通过即时通信工具推广产品和品牌，以实现
目标客户挖掘和转化的网络营销方式。在网络营销中，很多企业都会选择IM推广，
其成本低、用户群广泛、互动性强等特点，可以极大地提高企业的推广效果。

**课堂讨论**

针对下列问题展开讨论：
（1）想一想在日常生活中，我们主要会使用哪些即时通信工具？
（2）在我们使用即时通信工具的过程中，遇到过哪些营销事件？

即时通信（IM），最基本的特征就是即时的信息传递，与其他被动展示信息的
营销模式而言，IM营销可以让营销者主动与潜在访客进行即时互动，发起沟通，有
效扩大营销途径，实现流量利用的最大化。同时，各种即时通信工具在用户生活工
作中的超高使用率，也为企业的营销活动创造了更大的空间。本节将对IM类别、IM
营销的特点和优势、IM营销的实用技巧等内容进行介绍，并进行相关实训，使用户
可以熟练掌握开展IM营销活动的方法。

## 2.4.1　IM类别

根据即时通信属性的不同，可以将IM分为以下4个类别。

- **个人IM**：非营利目的即时通信工具，主要是以个人用户为主，常用于个人用
户的聊天、交友和娱乐等。
- **商务IM**：以买卖关系为主，以阿里旺旺为代表，主要作用是为了实现寻找客
户资源或便于商务联系，从而以低成本实现商务交流或工作交流。
- **企业IM**：主要有2种类型，一种是以企业内部办公为主，用于建立员工交流
平台；另一种则以即时通信为基础，整合了各种适用于企业的实用功能。
- **行业IM**：局限于某些行业或领域使用的IM软件，不被大众所知，例如盛大
圈圈，主要在游戏圈内盛行。

## 2.4.2　IM营销的特点和优势

IM传播不受空间、地域的限制，对企业开展营销活动可以起到很大的促进作
用。下面对IM营销主要的特点和优势进行介绍。

### 1．成本低

互联网技术和信息技术的发展，使即时通信工具逐渐从PC端普及到移动端，不仅用户与即时通信工具的联系更加紧密，企业的IM营销也增加了更多途径。现在主流的即时通信工具几乎都是免费使用，只要营销者掌握了正确的营销方法，只需要极少的成本就可以获得较好的营销效果。

### 2．用户数量大

即时通信工具是人们生活和工作中必不可少的工具之一，以QQ为例，注册用户早已超过10亿，同时在线人数超过1亿，用户覆盖率非常巨大，只要能够利用好这些用户资源，就能创造出可观的收益。

### 3．针对性强

即时通信工具可以针对不同用户的性格特点进行一对一沟通，也可以直接与某个具有共同特点的群体进行交流，企业可以针对产品特点精确定位目标人群，获得更好的营销机会。

### 4．互动性强

无论哪一种IM，几乎都有各自庞大的用户群，企业可以和不同即时通信工具中的用户进行在线交流，巧妙利用IM的各种互动应用和服务，掌握营销主动权，将品牌信息主动展示给消费者，将产品和品牌自然地融入进去，还能引导用户参与互动，使用户将产品和品牌信息主动分享传播给好友，在维护用户关系的基础上提升品牌影响力，促成消费者的消费行为。

### 5．传播范围大

IM作为人们生活工作中的常用沟通工具，联结了庞大的关系网，加上好友之间的信任感，很容易使企业有价值的信息在IM用户的关系网中得到广泛传播和扩散，产生巨大的口碑效应。IM有强大的用户规模，有丰富的传播形式，其营销价值被越来越多的企业所认可和挖掘。

## 2.4.3　IM营销的实用技巧

灵活运用IM营销技巧，可以取得更好的营销效果。下面对IM营销的主要实用技巧进行介绍。

### 1．个人设置

一个恰当的个人设置是开展IM营销工作的第一步，能给用户带来第一眼的好印象，一般来说，头像、昵称、个人资料等都是需要重点关注的设置项。

（1）头像

头像是与用户接触的第一道关卡，能否快速获得用户的信任并顺利展开话题，与头像的设置息息相关。头像的设置通常遵循专业、正规的原则，可以是自己的正式照片，也可以是公司Logo或具有代表性的产品图片等。

（2）昵称

昵称设置以简洁易记为基本原则，可以直接用自己的名字或者公司名称做昵称，方便用户记忆，同时还能体现公司或产品的专业度。昵称设置后，建议不要随意更改，更改昵称后容易出现被好友遗忘或生疏的情况，需要花费更多的时间让好友记忆，甚至可能需要重新推广产品，建立关系。

（3）个人资料

个人资料可以有效地对自己进行展示和说明，资料设置得越详细，越能拉近与好友的距离，给人以真实感和信赖感。资料的设置最好能够契合产品信息，即通过资料来表述产品、品牌等信息，让好友能够快速了解该IM账号的作用。

**2. 群组营销**

在进行IM营销之前，通常需要分析用户的年龄、职业、性别、地区、爱好等信息，然后针对特定人群发送其感兴趣的品牌信息，诱导用户主动参与信息的传播，实现营销价值的最大化。群组是拥有共同特征和爱好的用户自主聚集起来的群体，本身就拥有清晰的特征和定位，不需要运营者在众多用户中进行分析和筛选，当然运营者也可以主动组成目标用户群的群组进行营销。

（1）寻找群组

很多常用的IM工具通常都有一些特有的群组，比如QQ群、微信群、旺旺群等，营销者可以在这些工具群组中搜索和寻找目标用户群。以QQ群为例，可以在QQ群中搜索相关关键字，如运动、保健等，根据群人数、活跃度、地域进行筛选，尽量选择活跃度高、人数多的群，积极参与群交流，与群成员建立起信任关系。同地域的群组，还可以结合线下推广活动进行宣传。

（2）参与交流

加入群组之后，群成员的关系通常都不深，需要通过日常沟通进行维系，尽量提高群成员对自己的信任感。营销者最好在营销行业中比较专业，可以解答群内成员提出的问题，为群成员提供相关帮助。一般来说，不建议直接在群内发布硬性广告，建立信任感之后再使用软文或植入广告进行潜移默化的推广，这样才能获得更好的效果。

（3）营销技巧

在群组中进行营销时，不能使用狂轰滥炸式的推广方式，可以使用以下技巧，达到更好的营销效果。

- **改名片**：将群组名片更改为与产品相关，让群内有需求的好友可以通过名片主动进行交流。
- **活用表情**：表情是即时通信工具中非常常用的一种元素，可以在表情图片中添加简单有趣的产品信息，在聊天中使用添加了产品信息的表情，不容易引起群成员的反感，还能加深群成员对产品的印象。
- **解决问题**：积极参加群组讨论，当群内成员提出问题时，尽可能为其提供帮助，维系群好友的关系。
- **转发**：IM营销是病毒营销的有效利器，通过转发可以引起病毒式的扩散，极大地增大推广信息的传播范围，因此可以挖掘一些人们比较关注和感兴趣的信息，与产品信息相结合，引导群内成员主动进行转发，达到广泛宣传的效果。

## 2.4.4　任务实训及考核

根据介绍的相关知识，完成表2-7所示的实训任务。

表2-7　实训任务

| 序号 | 任务描述 | 任务要求 |
| --- | --- | --- |
| 1 | 介绍IM营销的特点和优势 | 根据本节所学内容，简单介绍IM营销主要有哪些优势 |
| 2 | 怎么进行IM营销 | 介绍在开展IM营销活动的过程中，可以使用哪些营销技巧 |

填写表2-8所示的内容并上交，考查对本节知识的掌握程度。

表2-8　任务考核

| 序号 | 考核内容 | 分值（100分） | 说明 |
| --- | --- | --- | --- |
| 1 | 简述IM营销的特点 | | |
| 2 | 列举常用的IM营销工具 | | |

# 2.5　搜索引擎营销

搜索引擎是指根据一定的策略、运用特定的计算机程序从互联网上搜集信息，为用户提供检索服务的系统。搜索引擎可以检索海量的信息，是人们生活和工作中必不可少的工具之一，目前比较常用的搜索引擎工具包括百度、搜狗、360搜索等。

搜索引擎营销是基于搜索引擎平台的网络营销，利用人们对搜索引擎的使用习惯，在检索过程中将推广信息传递给目标用户，让用户发现信息，主动点击信息，并进一步了解信息。企业通过搜索引擎进行推广，可以让目标用户直接与公司客服进行交流，最终实现交易。

**课堂讨论**

针对下列问题展开讨论：
（1）谈一谈在使用搜索引擎检索信息时，遇到过哪些营销案例？
（2）如何进行搜索引擎优化？

搜索引擎不仅是为用户提供信息检索服务的重要工具，同时也是研究网站用户行为的有效工具。其高效、便捷、智能的检索功能可以通过用户的检索行为，快速准确地分析出目标用户信息，从而有效地推广产品和服务，促进销售。同时，企业通过对网站访问者搜索行为进行深度分析，还可以为制定更有效的网络营销策略提供数据基础。本节将对搜索引擎营销的过程、特征和方式等内容进行介绍，并进行相关实训，使用户可以熟练掌握开展搜索引擎营销活动的方法。

## 2.5.1　搜索引擎营销的过程

搜索引擎营销的基本思想是让用户发现并点击信息，当用户通过搜索引擎搜索某个关键词时，搜索引擎将把相关信息展示给用户，用户通过点击即可进入网站，进一步了解所需信息，同时为企业创造价值。搜索引擎营销的过程主要包括以下几个阶段。

- 企业将信息发布在网站上，成为以网页形式存在的信息源。
- 搜索引擎将网站或网页信息收录到索引数据库。
- 用户利用关键词进行检索（对于分类目录则是逐级目录查询）。
- 搜索引擎在用户的检索结果中罗列出相关的索引信息及链接URL（域名）。

- 用户对检索结果进行判断，选择有兴趣的信息并点击URL进入信息源所在网页。
- 用户浏览企业网站，实现转化。

## 2.5.2　搜索引擎营销的特征

搜索引擎营销作为传统营销的主要方式之一，具备很高的营销价值，与其他营销方式一样，搜索引擎营销具有非常广泛的用户基础，可以为企业带来更多的新客户，其主要具备以下优势和特征。

### 1．与企业网站联系紧密

搜索引擎推广是网站推广的常用方法，以企业网站为基础，基于企业网站开展推广服务，因此企业网站设计的专业性对网络营销的效果产生直接影响。

### 2．企业网站的搜索向导

搜索引擎检索的内容是网页信息的索引，一般是某个网站/网页的简要介绍，或者搜索引擎自动抓取的少量内容，而不是全部内容，因此搜索结果只能发挥向导作用。企业在进行搜索引擎营销时，必须思考怎样尽可能将有吸引力的索引内容展现给用户，怎样通过简单的信息吸引用户进入网页继续获取信息，怎样给用户提供所期望的信息等问题。

### 3．以用户为主导

用户的信息检索行为具有自主性，使用什么搜索引擎、搜索什么关键信息都由用户自己决定，在搜索结果中点击哪些网页也取决于用户自己的判断，不会受搜索引擎和企业网站的诱导。因此，企业应该最大限度地减少了营销活动对用户的滋扰，用有价值的内容和信息来吸引用户。

### 4．精准的定位

搜索引擎营销可以对用户行为进行准确分析并实现高程度定位，尤其是搜索结果页面的关键词广告，可以实现与用户检索关键词的高度相关，提高企业营销信息被关注的程度和最终的营销效果。

### 5．增加流量

搜索引擎营销的主要作用是帮助企业网站获得访问量，但是有了访问量并不代表就能够实现转化，企业必须懂得如何将访问量转化为最终收益。

## 2.5.3　搜索引擎营销的方式

搜索引擎营销主要有2种方式，一种是搜索引擎竞价，另一种是搜索引擎优化。

### 1．搜索引擎竞价

搜索引擎竞价是指需推广的网站通过竞价付费的形式被搜索引擎收录，从而获得靠前的排名的一种形式。竞价排名推广能为企业网站带来更多的新客户和较高的投资回报率。

（1）竞价方式

搜索引擎一般通过关键词进行竞价，参与竞价排名的企业为自己的网站/网页购买关键字排名，用户在点击该索引结果后即产生费用。一般来说，付费越高，可能获得的排名就越靠前。为了保持靠前的排名，企业可以根据实际竞价情况调整每次点击付费的价格，控制竞价关键词在特定关键字搜索结果中的排名，也可以通过设定不同的关键词获取不同类型的目标访问者。

（2）关键词策略

关键词主要用于定位有意向的潜在客户，企业在定位有潜在客户的时候，可以采用以下几种关键词选择策略。

- **产品词：** 根据企业所提供的产品或服务的种类或细分类型来确定关键词，可以具体到产品类目、型号和品牌等，如英语培训、皇家猫粮等。一般来说，不同的行业，产品种类和细分类目的关键词就不一样，这就需要了解用户的搜索习惯。产品类型的关键词具有明显的定位意向，因此需要在创意中着重突出自己的产品特色，明确传达出价格、功能等卖点信息，抓住潜在客户的需求点，促成最终的转化。

- **通俗词：** 很多网络用户在使用搜索引擎搜索信息时，会使用一些比较口语的表达式，比如"怎样学好英语"，这类搜索用户一般以获取信息为目的，对商业推广的关注度不高，因此在使用该类型关键词吸引用户时，应该主要以为用户提供有价值的信息为目的，解决了用户的问题后，再引导用户关注网站信息。

- **地域词：** 将产品词与地域词语相结合，针对某个地域的用户进行推广，如"上海英语培训班""上海哪个英语培训班好"，搜索这类型关键词的用户通常有较强的目的性，希望在搜索的地域内获得服务，因此企业在营销时需要突出产品或服务在地域上的便利性。

- **品牌词：** 企业拥有一定的品牌知名度之后，可以使用品牌词，如"海尔""樱花日语"等，此外企业拥有专业技术或专利名称，也可以使用一些专有品牌资产名称，吸引触达过品牌信息的潜在消费者。

- **人群相关词：** 很多网友在使用搜索引擎时，可能不会直接表达出对产品或服务的需求，但是其搜索行为也会传达出特定的信息，这些信息也可能与企业推广信息产生重合，将用户变成企业的潜在消费者，比如搜索绘画技巧、绘画基础的用户，可能会对绘画培训有需求。

### 2. 搜索引擎优化

网站优化做得好，也可以在搜索引擎中获得较好的排名，因此为了提升网站对搜索引擎的友好度，提升用户的使用体验，需要对网站的结构、页面、内容和外部链接进行优化。

（1）结构优化

为了方便用户在浏览网站的时候可以更方便地获取到所需信息，同时也方便搜索引擎更全面地抓取网站数据，企业需要对网站结构进行优化，包括URL设置、网站结构设计等。

- **URL设置：** 在进行网站URL优化时，可以将网址设置为静态URL，与动态URL相比，静态URL的稳定性更好，打开速度更快，有利于提高用户体验。此外，保证URL的规范化，使其清晰友好、方便记忆和辨别，URL一般不宜过长，否则容易影响传播。尽量使用绝对路径的链接，并且制作一个网站地图，方便用户了解网站内容，也方便搜索引擎抓取网站中的链接。

- **网站结构设计：** 优化网站结构主要需注意导航和整体结构2个方面。导航优化的基本要求是清晰、分明，主导航是网站内容的大分类栏目，通常位于页面上方，如淘宝网站首页的大猫、聚划算、天猫超市、淘抢购等；多级导航是对主导航的细分，弥补大型网站中主导航无法列出更多细分类目的缺点，通常呈树形多级分类；底部导航主要包括网站介绍、投诉举报、联系方式等内容，通常位于网站底部。除了层次分明、清晰的导航之外，网站还应该保持结构的扁平化，一个有逻辑、构造合理的网站架构才能与搜索引擎保持友好，高质量、高可用性的网站更容易被排列在搜索结果的前列。同时，扁平化的网站结构更方便用户浏览，用户只需花费少量时间和点击就可以找到所需内容，而不必进行多次纵向点击，确保减少跳转次数。

（2）页面优化

网站的页面优化直接与用户体验度和搜索引擎的抓取效果相关，并影响着最终的销售效果，因此应该引起重视。下面主要对页面标题、描述标签、关键词标签、H标签、精简代码、ALT属性、链接和锚文字进行介绍。

- **页面标题：** 网页标题是搜索引擎用以判断网页主题的一个重要元素，同时也是用户搜索关键词时显示的标题和用户访问网页时显示在浏览器的标签页。在设置页面标题时可以将页面关键词包含在其中，有利于搜索引擎对页面进行判断和辨别。网站的页面标题不宜过长，且应该尽量避免重复，防止搜索引擎判断网站重复内容过多而对网站降权。

- **描述标签：** 描述标签主要用于描述页面的主题内容，不会显示在网页中，但搜索结果中的摘要说明就来自描述标签，所以描述标签尽管不会直接显示于页面，但却是吸引用户点击页面的主要因素。

- **关键词标签：**关键词标签主要用于显示页面的主题关键字，关键词标签应该与页面内容保持一致，否则容易影响用户体验。

- **H标签：**H标签主要用于提示搜索引擎这是一段文字的标题，总共有6个级别，H1标签代表页面主标题，在一个页面中只能使用一次，H2到H6标签可以使用多次，但不建议滥用，以防降权。H标签可以引导搜索引擎辨别网页的重要内容，起强调作用，因此在搜索引擎优化中H标签的运用非常重要。

- **精简代码：**搜索引擎读取网页HTML文件时需要对网页进行去噪声处理，对代码进行精简，提高网页的信噪比。因此在进行网页优化时，可以将设置网页样式的CSS代码、设置动态的JavaScript代码从页面中抽取出来，放置在单独文件中引入页面，还可以删除或减少注释代码，减少表格嵌套等，提高网页的浏览速度。

- **ALT属性：**当在网页中放置图片时，可以使用ALT属性设置文字，方便搜索引擎辨别图片内容。

- **链接和锚文字：**网页之间设置链接可以方便搜索引擎进行跳转并收录更多页面，在设置链接时，需要根据跳转网页设置锚文字。

（3）内容优化

网站的内容优化主要是对关键词与文章的内容、关键词的密度和更新频率等进行优化，下面分别进行介绍。

- **围绕关键词设计内容：**确定关键词之后，应该围绕关键词组织文字，可以在文章中适当插入长尾关键词和相关关键词，方便搜索引擎的辨别。当然，关键词的选择应该以用户的使用习惯为基础，尽量优先考虑用户喜欢搜索的关键词，使页面获得较靠前的排名。同时，关键词不宜过多，最好均匀地分布在文章中，且主要关键词最好包含在第一段内。

- **文章内容：**文章内容的设计以网页的实际情况为准，文章最好有一定的深度，能提供一些有价值性的信息给用户，方便建立网站的权威，提高用户的信任度。此外，文章内容尽量不要重复，网页之间相似性太高容易使搜索引擎怀疑网站的实用度。相比之下，对某个话题进行深入分析的长文章容易吸引外部链接，被其他博客或网站引用也容易被搜索引擎判断为优质内容。

- **关键词密度：**关键词密度是指搜索引擎用分词技术将文章分割成词语后，关键词的整体占比，一般2%~8%为正常范围。关键词太多容易破坏句子和段落的逻辑性和可读性，影响用户的阅读体验，且难以提升搜索引擎的友好度。

- **更新频率：**持续的页面更新可以引导搜索引擎持续抓取网页内容，长久不更新则会降低搜索引擎抓取网页信息的频率，无法保持较好的搜索排名。

（4）网站外部链接优化

外部链接是指通过其他网站链接到自己网站的链接。搜索引擎的爬虫程序主要通过网站内、网站与网站之间的链接进行跳转并收录网页信息。从搜索引擎优化的角度来说，外部链接不仅可以提高网站的权重和排名，还可以为网站带来流量。下面介绍常用的网站外部链接的建设方法。

- **与其他网站合作：**合作是指寻找与本网站类型相关的其他网站，通过合作的方式交换链接，可以达到双赢的效果。比如天猫首页下方即添加了阿里巴巴集团、速卖通、高德、UC、虾米等网站的链接。
- **在文章中插入链接：**新建网站不容易被搜索引擎抓取和收录，此时可以通过在论坛、分类网站、行业网站发布评论并留下链接的方式来引导搜索引擎的收录。此外，也可以发布一些高质量的文章或软文至比较知名的网站或自己的博客上，引导其他网站的分享和转载，从而获得更有价值的外部链接。
- **利用已收录的高权重网站：**很多知名度比较高的网站一般都具有比较高的权重，比如一些问答、百科类的网站，可以利用这些网站发布或分享高质量的内容并留下链接，提升网站排名和流量。

## 2.5.4　任务实训及考核

根据介绍的相关知识，完成表2-9所示的实训任务。

表2-9　实训任务

| 序号 | 任务描述 | 任务要求 |
|------|----------|----------|
| 1 | 了解搜索引擎营销的过程 | 根据本节所学内容，简单介绍企业网站应该如何开展搜索引擎营销 |
| 2 | 怎样进行搜索引擎优化 | 从结构、页面和内容3个方面分别阐述如何优化搜索引擎 |

填写表2-10所示的内容并上交，考查对本节知识的掌握程度。

表2-10　任务考核

| 序号 | 考核内容 | 分值（100分） | 说明 |
|------|----------|----------------|------|
| 1 | 简述搜索引擎营销的特征 | | |
| 2 | 列举常用的外部链接建设方法 | | |

# 拓展学习

在网络营销逐渐向多元化发展的阶段，熟练掌握各种营销方法更有利于企业制作全面而充分的营销策略，提高最终营销效率。下面将对博客营销、搜索引擎营销进行进一步的扩展介绍，以便读者更熟练地掌握网络营销的相关知识。

## 一、在进行博客营销时，怎么设计博文内容？

博客营销不是铺天盖地地张贴广告，也不是发布连篇累牍的产品说明书和产品资料，博客营销文章要达到广而告知，且不会引起用户反感的目的，一定要使用巧妙的方法。

- **故事化：** 在进行博客营销时，一定要学会写故事，将产品功能、特点写到故事中，通过生动的故事情节让产品自己与用户对话。
- **情节化：** 在宣传产品时，要想让产品深入人心，打动客户，可以为产品设计一个有感染力的情节，让用户通过情节来感知和认识产品，加深用户的记忆力。
- **热点化：** 在进行博客营销时，营销者要了解行业，还要学会抓住行业热点，利用热点引起用户关注，通过行业比较显示产品优势。
- **个性化：** 博客营销的文章要赋予产品生命，从不同角度、不同层次来展示产品，比如用拟人形式进行讲述，用幽默手法和文字引起用户好感，拉近用户距离。一般来说，越有创意的写法，越能让读者耳目一新，记忆深刻。
- **系列化：** 博客营销不是立竿见影的营销，需要长时间的坚持和积累。在产品的博文写作中可以使用系列化的方式，像故事的发展一样有开始、有悬念、有高潮，让博客的影响力持续且长久。
- **精简化：** 博客不同于传统媒体的文章，往往论点明确、论据充分、简洁耐读、情感充沛的博文更受用户欢迎，因此可以精简博客内容，方便用户阅读。

## 二、在进行搜索引擎优化时，如何进行目标用户定位？

精准定位是开展营销活动的第一步，搜索引擎营销也不例外，其目标用户定位的方法主要如下。

- 了解产品或服务针对的用户群体，如年龄阶段、性别、规模、行业等。
- 了解目标用户群体的搜索习惯，比如目标用户群体习惯使用什么关键词搜索产品。
- 了解目标群体的网页访问习惯，比如目标用户群体经常会访问哪些类型的网站等。

- 分析目标用户群体的消费喜好，分析他们最关注产品的哪些特性，比如品牌、价格、性能、可扩展性、服务等，这些是影响用户购买行为的主要特性。

- 针对用户分析结果选择相关关键词，关键词的选择可以借助相关工具，比如谷歌关键词分析工具、百度竞价后台的关键词分析工具等，这些工具都是以用户搜索数据为基础，具有很高的参考价值。

- 围绕关键词设计文案和广告，设计目标页面效果，或进行广告投放，并对最终结果进行评估分析。

## 实战与提升

通过本章知识的学习，对下列问题展开讨论与练习，在巩固所学知识的同时，拓展视野，进一步提高自己的能力。

（1）搜索并了解比较知名的博客营销案例，分析其采用了哪些比较有效的营销方法。

提示：可以"丢失的奥迪A3""索尼Cyber-shot DSC-F828数码相机"为例进行分析。

（2）搜索并了解比较知名的IM营销案例，分析其采用了哪些比较有效的营销方法，并讨论IM营销目前的发展。

提示：可以"耐克——爱运动，即使它伤了你的心"为例进行分析。

# 微博营销

**学习目标**

　　微博是媒体属性非常突出的社交工具，也是基于用户关注链接关系的信息分享、发布和获取平台，其广泛的传播力和影响力，使微博不仅成为人们生活中重要的社交工具，也作为重要的媒体力量登上营销的舞台，并在全民营销时代被广泛应用于各种营销活动中。

**学习导图**

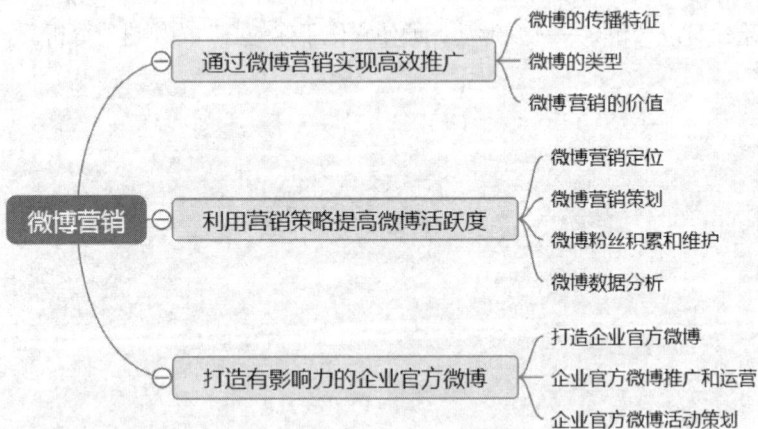

2011年7月，新浪微博上出现了一条有关海底捞的微博，引起大量网友的转发和评论，微博内容是"海底捞居然搬了张婴儿床给儿子睡觉，大家注意了，是床！我彻底崩溃了"。该网友表示在海底捞用餐时，服务员为其搬来了一张婴儿床，方便网友的孩子睡觉。随着这条微博的广泛传播，海底捞开始陆续爆发出一系列热点事件，"劝架信""对不起饼""打包西瓜"，网友的大量传播将海底捞的服务口碑推往了更多用户的微博页面。

"昨天在海底捞，无意中跟朋友抱怨京东抢的奈良美智大画册怎么还没到货，结果结账的时候服务员问了我的京东会员账户，今天一早三本大画册都送来了！"，这条海底捞的微博发出后不久就被转发了3万多次，网友们甚至为海底捞的服务打上"人类已经无法阻挡"的标签，一时间"海底捞体"风行。

网友们的推波助澜将海底捞成功打造成大众餐饮的品牌神话，许多网友即使没有接触过海底捞，但受网络上各种口碑的影响，都对海底捞充满期待。

不得不说，海底捞"病毒"传播式的营销案例，要得益于微博的特性，营销信息从聚合到裂变，在微博上可能仅仅需要几秒的时间。海底捞以故事分享的形式，满足了网友猎奇的心理，制造了"海底捞体"，根据微博传播的规律，对个性化的服务特色做出了深度传播，带来了极大的品牌效应，提升了自己的品牌知名度和美誉度。

【思考】

（1）什么是微博营销？有哪些代表性营销案例？

（2）微博营销有什么特点？

# 3.1　通过微博营销实现高效推广

微博随国外媒体平台"推特（Twitter）"的发展而兴起，是一个通过关注机制分享简短实时信息的广播式的社交网络平台，网络上很多的最新动态几乎都是通过微博分享出来的。

微博营销是指商家、个人通过微博平台为用户创造价值的一种营销方式。微博营销注重价值的传递、内容的互动、系统的布局和准确的定位，是基于粉丝基础进行的营销，对于营销者而言，微博上的每一个活跃粉丝都是潜在营销对象。企业用户可以通过微博向粉丝传播品牌信息、产品信息，树立良好的企业形象，提升品牌影响力。个人用户也可以通过微博建立自己的粉丝圈子，打造个人品牌，开展各种营销活动。

**课堂讨论**

针对下列问题展开讨论：

（1）你在日常生活中遇到过哪些微博营销案例？

（2）你听说过哪些通过微博进行营销的企业？

微博的用户数量非常大，发布信息和传播信息的速度都非常快，微博主通过每天更新微博内容，发布粉丝感兴趣的话题，可以与粉丝保持良好的交流互动，培养起坚实的粉丝基础。如果微博主拥有数量庞大的粉丝群，则发布的信息可以在短时间内传达给更多其他用户，甚至形成爆炸式的病毒推广效果，因此不管是企业还是个人，都选择将微博作为主要营销平台之一。本节将对微博的传播特征、微博的类型、微博营销的价值等内容进行介绍，并进行相关实训，帮助用户了解微博营销的基础知识。

## 3.1.1 微博的传播特征

微博是一个即时信息传播平台，在信息传播和分享的过程中，可以为用户提供最短的路径，让用户快速准确地获取有价值的内容。在微博平台上，用户既可以作为读者浏览自己感兴趣的信息，也可以作为发布者发布内容供其他用户浏览，蛛网式的传播方式更为市场营销提供了丰富的平台和渠道，让企业或个人拥有更多的营销选择。

微博作为一种新型的网络媒介形态，具有非常鲜明的传播特征，每一位微博用户都可以随时随地地通过微博发布信息，成为信息的传播者。其平民化、碎片化、交互化、病毒化的传播特征，也更能迎合现代人碎片化、快节奏的信息获取需求。

### 1. 平民化

微博对信息发布的要求非常低，信息传播主体是微博用户，微博信息的发布不必像传统媒体信息一样由专业人士编写，几乎每一位微博用户都可以对自己的生活、感悟、现状、身边事进行发布，每个人都可以对自己进行展示，每个人都能自主地产生、传播和发布信息。这种特性激发了普通民众的表达欲望，让普通人也可以自由地表达自己的看法，拥有更大的表达权和自主空间，甚至还可以构建拥有共同思想的个性化"同好圈子"，关注自己感兴趣的对象，获取自己所需的信息，与相同类型的用户交流，寻求到更多认同感。

### 2．碎片化

微博早期的内容限定为140字左右，可以发布的信息内容十分简短，非常符合现代人碎片化的阅读习惯，不仅契合了人们快节奏的生活方式，还影响了人们关注信息的习惯和整个社会的交往模式。后来为了满足部分用户的实际需要，微博将内容字数限定为2000字，但大多数微博内容仍然走简单化路线，字数不多。

### 3．交互化

在信息爆炸性增长的时代，人们不仅生活和工作更加快节奏，人际交往也变得更加快捷化，人们有传递信息、表达情绪和分享感受的需要，微博为人们提供了平台，同时还进一步提供微博主与其他微博用户互动的机会。在信息发布后，微博粉丝可以迅速、及时地对问题进行讨论，与微博主产生互动，还可以通过转发对接收的信息进行二次传播，分享给自己的粉丝，既是信息的接受者，又成为信息的传播者。

### 4．病毒化

微博是一种社会化媒体，它弱化了传统的"点对点"的传播模式，而形成了"点对点""点对片"同时发生的传播模式，一个拥有足够用户资源的微博账号，可以在短时间内引爆受众的自主转发讨论，实现信息的大范围传播，像病毒一样迅速扩散出去。有时候甚至即使缺乏一定的用户资源，也可以依靠转发，将信息以裂变的形式传递出去。

## 3.1.2　微博的类型

微博根据使用目的和作用的不同，主要可以分为以下5种类型。

### 1．个人微博

个人微博是微博中最大的组成部分，数量最多，包括明星、专家、名人、高管、草根、大众用户等，图3-1所示分别为明星微博、网络红人微博和企业高管微博。个人微博不仅是个人用户日常表达自己的场所，也是个人或团队营销的主要阵地。一般来说，个人的微博营销基于个人本身的知名度，通过发布有价值的信息来吸引粉丝关注，扩大个人的影响，从而达成营销效果。其中，部分企业高管、名人的个人微博通常还会配合企业或团队微博形成影响链条，扩大企业和品牌的影响力。

图3-1 个人微博

### 2．企业微博

企业微博是企业的官方微博，很多企业都创建了自己的官方微博，通过积累产品或品牌的粉丝进行宣传推广，图3-2所示为知名企业的官方微博。企业微博一般以营利为目的，企业的微博运营人员或团队会通过微博来增加企业的知名度，为最终的产品销售服务。受微博信息发布机制所限，企业不能仅仅依靠微博向消费者进行详细的推广宣传，而是应该策划适合微博营销的宣传手段，结合微博的特点，建立和维护起自己固定的消费群体，多与粉丝进行交流互动，达到宣传企业、提升品牌影响力的目的。

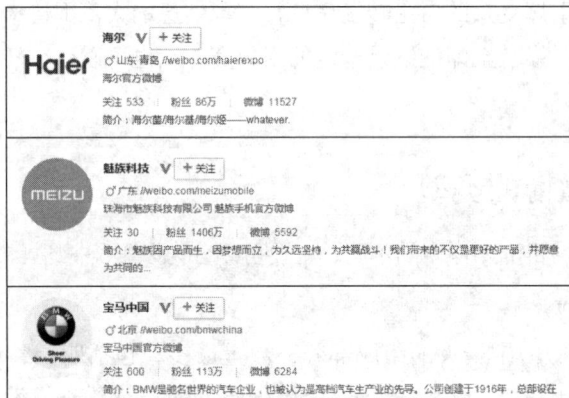

图3-2 企业微博

### 3．政务微博

政务微博是指政府部门为工作之便开设的微博，政府部门通过微博可以调和公民言论自由、政府信息透明、国家安全和个人隐私之间的矛盾，还可以作为群众对政党机关和公职人员的工作进行监督的途径，图3-3所示为广州公安的官方微博。

政务微博是汇聚民声、表达民意的平台，不具有营利目的，只是政务机关利用微博随时随地发布信息而不受媒体出版时间约束的一种有效发布信息的渠道。

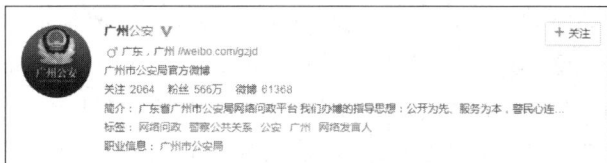

图3-3　政务微博

### 4．组织机构微博

微博快速传递信息的特点使其不仅深受个人和企业的青睐，也逐渐受到很多组织机构的欢迎，很多学校、机构、组织纷纷开设了自己的官方微博，用于传播信息、促进沟通，在教育教学、危机公关等方面发挥着重要作用，图3-4所示为知名学校的官方微博。

图3-4　大学官方微博

### 5．其他微博

除了类型比较明显的微博外，还有一些具有特定用途和时效性的微博，比如为某个重要活动、重要事件、影视宣传等特意开设的微博，这类微博通常不会持续运营，只发挥阶段性作用，但带来的宣传效果也不容小觑，图3-5所示为电视剧宣传期的剧组临时微博。

图3-5　剧组临时微博

## 3.1.3　微博营销的价值

对于企业和个人用户而言，微博营销的价值主要体现在以下6个方面。

- **品牌传播：**互联网营销时代，不管是个人品牌还是企业品牌，都需要通过多渠道的推广宣传，才能被更多人关注和了解。微博作为很多网络用户获取信息的主要平台之一，为品牌推广奠定了坚实的用户基础。

- **顾客服务：** 微博是一个社交平台，用户可以直接通过微博反映产品或服务的问题，或者寻求解决方法，而企业也可以通过对用户使用情况的跟踪和反馈，利用微博来实时解决用户的问题，实现一对一的服务交流。

- **产品调研：** 微博是很多高质量网络用户的常用社交工具之一，他们会通过微博记录自己对产品或服务的想法、爱好和需求等，企业可以基于微博对目标用户的偏好、生活形态、品牌态度、购买渠道、购买因素等进行调研，获得更加准确的消费者数据，从而制定出更好的产品策略和营销策略。

- **产品销售：** 微博支持添加外部链接，很多企业或个人微博在发布信息时，会同步附带店铺地址，方便用户购买。阿里巴巴与新浪合作之后，新浪微博也成为很多中小企业获得流量、销售产品的重要渠道。

- **危机公关：** 微博信息的裂变式传播虽然为营销提供了更大的空间，同时也容易造成负面信息的大范围传播，但出现危机的情况时，企业也可以利用这把"双刃剑"做好危机公关，正确处理用户对产品或品牌的负面评价，危机处理得当，甚至可以将危机变成良机。比如海底捞的危机公关就一直表现得十分出色，当网友质疑海底捞卫生质量的时候，海底捞在事发后3小时内就及时发布了致歉信，积极承担责任并快速登出整改措施，赢得了大量网友的好评。

- **广告宣传：** 微博是很多个人账号和企业账号的主要营销阵地，其广告宣传的效果非常明显，但微博营销的广告发布方式不同于传统媒体，而多使用创意性的软文来植入广告，"杜蕾斯"就是微博广告宣传的典范，它的每一条微博都是广告，并且每一条广告都深受用户喜爱。

## 3.1.4　任务实训及考核

根据介绍的相关知识，完成表3-1所示的实训任务。

表3-1　实训任务

| 序号 | 任务描述 | 任务要求 |
|---|---|---|
| 1 | 查看不同类型的微博内容 | 以新浪微博为例，查看不同类型的微博账号在发布信息时有什么区别 |
| 2 | 查看知名个人微博 | 以新浪微博为例，分别查找一个具有代表性的网络红人、知名企业高管、明星的微博 |

填写表3-2所示的内容并上交，考查对本节知识的掌握程度。

表3-2　任务考核

| 序号 | 考核内容 | 分值（100分） | 说明 |
| --- | --- | --- | --- |
| 1 | 列举微博的传播特征 | | |
| 2 | 列举微博的价值 | | |

# 3.2　利用营销策略提高微博活跃度

微博营销是社会化营销的重要组成部分，以传播为基础，目标是扩大和客户互动的范围。微博注册简单、操作便捷、运营成本较低的特点，使其不仅被广大企业所应用，也在个人营销领域发挥着巨大的作用。

**课堂讨论**

针对下列问题展开讨论：
（1）个人微博营销号可以使用哪些方式积累粉丝？
（2）怎么策划个人微博营销号的内容？

微博是一种媒体，是将信息广而告之的一种媒介，具有媒体属性，同时微博平民化、个性化、生活化的特点，又让它得以在广大普通用户群体中盛行，甚至很多网络用户都习惯性地通过微博分享和获取信息。从营销的角度来看，微博庞大的用户基础为营销者提供了更大的营销空间，只要内容营销得当，营销资源充足，不管是产品推广还是品牌宣传，都可在短时间内获得裂变式的营销效果。本节将对微博营销定位、微博营销策划、微博粉丝积累和维护、微博数据分析等内容进行介绍，并进行了相关实训，帮助用户了解微博营销的方式和技巧。

## 3.2.1　微博营销定位

在使用微博进行营销之前，首先应该对微博进行准确定位。微博拥有几亿的用户，每天产生的信息数量非常庞大，每一位用户几乎都只会关注自己感兴趣的信息。对于微博营销者来说，必须提前设想好微博需要吸引的人群，然后通过目标人群的喜好清晰设定微博的定位。

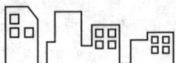

### 1．微博个人设置

个人设置是微博定位的第一步，一个合理的个人设置可以在不沟通的前提下清楚地告知用户微博属于哪种类型，从而吸引目标用户的关注。

（1）昵称

微博昵称的设置一般需遵循简洁个性、拼写方便、避免重复的原则，简洁个性的昵称更方便粉丝记忆，也容易给粉丝留下好的印象，一些拥有一定影响力的个人或企业品牌的微博昵称可以设置为系列名称，与其他平台的昵称保持一致。拼写方便是为了方便粉丝搜索，特别是从其他平台被引流过来的粉丝，很多都是通过直接搜索的方式来关注微博，如果昵称拼写复杂，很容易使粉丝难以搜索继而放弃关注。避免重复是为了区别于其他微博，微博昵称虽然是独一无二的，但是相似昵称却非常多，比如"全球幽默趣事""全球幽默搞笑首榜""搞笑幽默趣闻""王子文""王子文Riane""王子文Olivia"等，尽量避免与其他微博产生高度重合，特别是推广产品或品牌的微博。

（2）个性域名

设置独特的个性域名是为了体现微博的个性化，同时方便粉丝直接通过域名进入微博，个性域名的设置一般与昵称保持一致，比如昵称为"雷军"，则个性域名则可以设置为"https://weibo.com/leijun"。

（3）头像

头像是让粉丝对微博建立印象的首要因素，微博头像的设置比较随意，可以是清晰的真人照片，也可以是个性化的卡通头像、品牌Logo、特殊标志等。头像的选择应该与微博类型一致，如果微博的内容比较专业化，则头像最好选择比较正式的照片、Logo或具有表达性的角色形象。如果微博内容比较生活化、情感化，可以选择一些知性的个人照片。如果微博内容偏向于娱乐化，则可以选择一些比较个性有趣的图片或卡通形象。

（4）个人简介

个人简介是对微博或个人的简单介绍，一般是可以吸引用户关注的信息，如简明扼要地表达微博或个人的类型、特长和能力等，也可以用有趣的句子来展现微博的个性化。

（5）个性标签

在微博中编辑个人信息时，可以添加标签信息。个性标签与简介一样，可以对自己的个性、特长、爱好等进行展示，也可以方便目标用户的搜索和关注。

![专家指导]

### 2．微博内容定位

　　比较热门或具有一定影响力的微博，通常具有统一的内容和与内容相符的描述风格，不仅方便粉丝辨别，也容易形成独特的个性化风格，扩大影响力。一般来说，在进行微博内容定位时，主要可以从发布形式和微博话题两个方面进行设计。

　　（1）发布形式

　　微博的发布形式非常多元化，文字、图片、声音和视频均可，还可以根据实际需要设置投票和点评，甚至可以进行直播发布。不同的发布方式，通常具有不同的效果，比如在某领域比较专业的微博，通常采用文字、图片的发布方式，微博内容也多以自己专业领域的知识为主，图3-6所示为一个妇产科医生的微博内容。如果微博内容定位偏向于娱乐化，则发布形式就比较随意，文字、图片、视频和声音皆可，主要以各种或长或短的段子为主要内容，目的是娱乐大众，图3-7所示为某娱乐微博的内容。如果微博定位偏向情感化或理性化，则通常不发布和评论娱乐段子，也极少参与微博上比较对立、激烈的讨论。

图3-6　专业微博　　　　　　　　图3-7　娱乐微博

　　（2）微博话题

　　在微博上发布话题可以引起更大范围内的讨论和转发，如果讨论人数很多，还可能升级为超级话题，产生更广泛的传播效果。微博话题可以设置主持人，主持人对话题具有部分管理权限，可以对话题页进行编辑，更换话题头像，编辑话题简介，还可以发起关注和讨论，推荐优秀的话题微博，提升信息的传播度和影响力。如果话题运营得当，还可以打上明显的品牌标签或个人标签，成为微博特色，促进微博信息的推广，图3-8所示为一个"熊猫情书"话题。

图3-8　话题

话题的设计应该以微博定位为基础，尽量与微博的主要内容保持一致，比如足球评论员董路的微博话题"#董路小视频#"，就主要是以视频的形式对足球相关事件进行的点评。

## 3.2.2　微博营销策划

对于微博营销人员而言，要想让微博引起更多的关注、转发和评论，一定要对素材收集、发布时机、粉丝互动、转发和原创的安排、微博内容等进行提前构思和合理策划。

### 1．微博素材收集

微博素材的收集需要建立在微博定位的基础上，有针对性地寻找与微博定位相匹配的内容，才能保持持续、有效的微博信息更新。

（1）热点话题素材

热点话题永远是微博上传播最广、影响力最大的素材，特别是知名度比较大的社会话题，不仅被各大电商、企业加以利用进行营销，而且是很多自媒体、大V号关注、吸引流量的主要手段，甚至能否正确及时地进行热点话题借势，直接关系到微博营销的最终效果。要做好热点话题借势，微博营销人员必须养成多阅读、多观察、多分析的习惯，勤于关注网络上的各种事件，关注热点新闻，并将关注到的有热点、有价值的素材收集起来，结合自己的微博定位设计合适的微博内容。

（2）专业领域素材

专业领域素材是指与微博定位匹配的内容，也是吸引粉丝的主要内容，比如娱乐微博的娱乐信息、科普微博的科普信息等。这些专业素材的获取和整理有很多途径，可以通过专业网站寻找相关信息，比如中国知网、万方数据知识服务平台等权威网站，可以阅读行业内、领域内的优秀作品，也可以阅读简书、豆瓣等网站中的专业人士的文章等。只有通过阅读不断积累知识，提升自己，才能为粉丝分享更多、更有用的信息，才能引起粉丝的持续关注。

### 2．微博发布时机

发布微博并没有固定的时间段，需要根据实际反馈和微博数据进行动态调整，比如在不同时间段发布微博，测试出活跃度最高、转发评论最多的时间段，将重要微博安排在该时间段发布，也可以根据微博定位的目标人群使用网络的习惯进行发布，比如针对上班族，可以选择上下班途中、午休时间进行发布，针对学生族，则在晚上发布也能收获不错的效果。

此外，微博类型不同，也可以选择不同的发布时间，比如节日微博，通常在节日之前就要开始预热，特别是需要开展活动的节日微博；热点事件根据传播程度可以在网络用户活跃时间段内的任意时间抢先发布，还可以间隔发布多条，与粉丝保持互动，扩大影响力。

### 3．微博粉丝互动

粉丝互动是社会化媒体营销的关键过程，也是微博营销的重要步骤。与粉丝保持良好的互动沟通，可以加深微博主与粉丝的联系，培养粉丝的忠诚度，扩大微博的影响力。因此在微博营销的过程中，粉丝互动具有重要的意义，甚至直接关系到营销效果。微博上粉丝互动的方式很多，可以参与粉丝的转发和评论，也可以通过转发抽奖、话题讨论等方式引导粉丝主动参与互动。同时，微博信息的阅读量直接与粉丝互动情况相关，粉丝互动越频繁，这条微博被更多粉丝看到的可能性才会越大，反之，互动少的微博，将难以在粉丝微博首页占据有利且靠前的展示位置。

### 4．转发和原创

转发和原创都是微博信息发布的常见形式，转发是指转发其他微博发布的信息，原创则是自己创作微博内容。一个微博营销账号要想获得忠实的粉丝，通常需要保持一定比例的原创文章数量，特别是定位于某个领域或行业的比较专业的微博。原创微博的运营难度较大，原创内容要经过充分的构想和策划，越能给用户带来价值的原创文章，越能引起更多的转发和关注。

当然原创文章数量也必须适度，原创文章太多不利于同时推广，容易被其他信息淹没，用户反响好的原创文章可以重点推广。而在日常发布信息时，可以转发一些有用的微博信息，保持微博的活跃度和在粉丝微博主页的持续曝光度。在转发微博时，必须慎重选择信息，有争议、有广告嫌疑、未证实、矛盾激烈的微博信息要仔细辨别确认，谨慎转发，而宣传对立情绪、色情或反动等类型的信息则不能转发。

### 5. 微博内容设计

微博信息发布一般比较随意，并没有严格的内容和形式要求，但是要想使微博信息得到关注和传播，还需要有针对性地进行设计。从原则上来说，有价值的、发人深省的、容易让人产生认同感的、有趣的、有名的、有创意的、真实的内容更受用户的欢迎，也更容易获得评论和转发。图3-9所示的左侧微博因容易引起粉丝的讨论互动，右侧微博因容易引起粉丝的共鸣而转发。

图3-9 微博内容设计

除此之外，为了提升微博的阅读性，可以为微博搭配合适的图片。微博配图可以是对微博内容的补充，也可以是对微博文案的强调和说明。微博配图与微博内容最好能够相匹配，让读者可以品出深意，给读者带来惊喜，这样更容易促进微博内容的转发和讨论。图3-10所示的微博搭配了一张没有实际意义但十分有趣的图片，图3-11所示的微博中图片则是对微博内容的补充说明。

图3-10　有趣的配图

图3-11　补充说明的微博配图

　　当然，微博图片并非只为微博文案服务，很多时候图片才是微博的主体。很多微博主都主要依靠有趣、好看的图片来吸引粉丝，与文字相比，图片的表现能力更强，可以带给粉丝良好的视觉体验，图3-12所示为景物式配图。同时文案类图片大多数只包含关键文案，句子简短精练，或具有创意，或轻松诙谐，非常方便粉丝快速阅读，比起文字更容易引起广泛的传播，图3-13所示为文案式配图。

图3-12　景物式配图

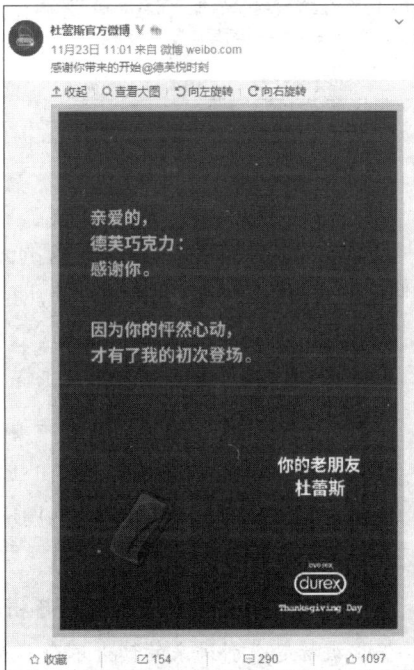

图3-13　文案式配图

#### 6. 长微博设计

微博有多种发布信息的形式，如短微博、长微博、视频微博、图片微博等，每一种微博形式几乎都有对应的目标群体和适用的营销范围，当需要表达的内容无法通过精练的语言、简洁的图片表述清楚时，就需要使用长微博。

（1）有价值的内容

长微博不同于短文字或图片，长微博通常需要读者花费更多的时间和精力去阅读，而支撑读者坚持阅读下去的动力，就是长微博的内容价值。微博营销需要提前确定目标人群，为目标人群提供信息服务，所以长微博也必须针对目标人群的特点和喜好进行选题策划和写作，才能激发大家阅读和讨论的热情，才能达到真正的营销效果。长微博的内容一般可以是自己所在领域或行业的相关知识，可以是对时下热点、话题等进行的评价，也可以是一篇有阅读价值的软文，图3-14所示的长微博既是科普性质的文章，为粉丝创造了阅读价值，又以软文形式植入了广告。

图3-14　长微博

（2）提高阅读量

长微博由于篇幅较长，所以包含的元素更多，文章标题、正文内容、表达方式、排版设计等因素都会直接影响长微博的阅读量。

- **标题和摘要：**长微博在微博中直接显示的主要信息就是标题和摘要，只有读者对标题和摘要感兴趣并点开长微博后，才可以继续阅读正文内容，所以一个好的标题和精妙的摘要非常重要。长微博的标题设计通常比较简练，最好能够快速勾起读者的好奇心和阅读欲望，将能够提供给读者的价值直截了当地通过标题和摘要表达出来，让读者可以快速确定自己对这篇长微博的内容是否感兴趣。
- **正文内容：**正文内容应该与标题相匹配，也就是说，正文内容必须有价值，保证被标题吸引进来的读者不会产生被标题"欺骗"的感觉。
- **表达风格：**表达风格通常与微博主的个人写作风格有关，可以是严谨的、精准的，也可以是幽默的、风趣的，当然，文章风格也应该符合读者的品位，根据目标用户喜欢的风格来调整自己的表达方式，才可以获得更大的阅读量。

- **排版设计：** 排版质量直接关系着读者的阅读体验，一般来说字号选择应该适中，标题、重要句子和词语可以加粗显示，最好让文章的字体和字号产生对比，也可以添加一些图片、表情等元素，增加排版的美观性，提升读者的阅读兴趣，图3–15所示为长微博不同的表达风格和排版方式。

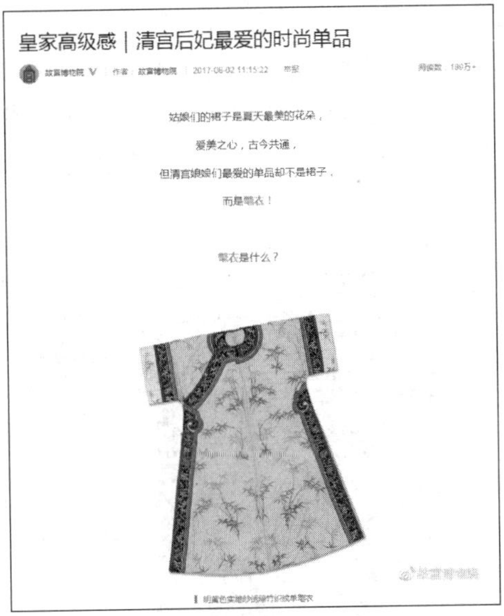

皇家高级感｜清宫后妃最爱的时尚单品

故宫博物院 | 作者：故宫博物院 | 2017-06-02 11:15:22 | 举报 | 阅读数：180万+

姑娘们的裙子是夏天最美的花朵，

爱美之心，古今共通，

但清宫娘娘们最爱的单品却不是裙子，

而是氅衣！

氅衣是什么？

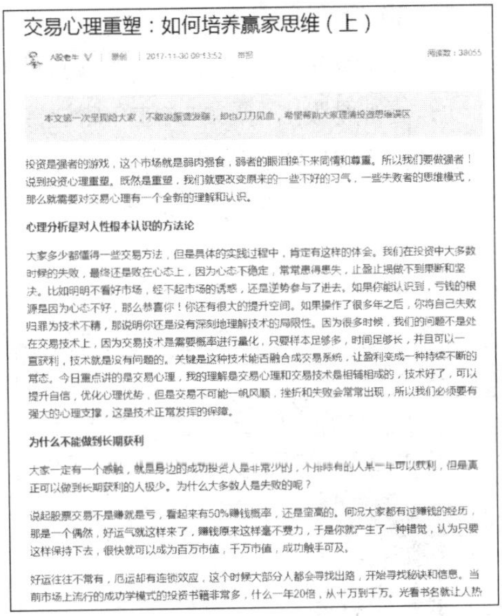

交易心理重塑：如何培养赢家思维（上）

A股老牛 | 2017-11-30 09:13:52 | 举报 | 阅读数：38055

本文第一次呈现给大家，不敢说振聋发聩，却也刀刀见血，希望帮助大家理清投资思维误区

投资是强者的游戏，这个市场就是弱肉强食，弱者的眼泪换不来同情和尊重。所以我们要做强者！说到投资心理重塑。既然是重塑，我们就要改变原来的一些不好的习气，一些失败者的思维模式，那么就需要对交易心理有一个全新的理解和认识。

**心理分析是对人性根本认识的方法论**

大家多少都懂得一些交易方法，但是具体的实践过程中，肯定有这样的体会。我们在投资中大多数时候的失败，最终还是败在心态上，因为心态不稳定，常常患得患失，止盈止损做不到果断和坚决。比如明明不看好市场，经不起市场的诱惑，还是逆势参与了进去。如果你能认识到，亏钱的根源是因为心态不好，那么恭喜你！你还有很大的提升空间。如果操作了很多年之后，你将自己失败归罪为技术不精，那说明你还是没有深刻地理解技术的局限性。因为很多时候，我们的问题不是处在交易技术上，因为交易技术是需要概率进行量化，只要样本足够多，时间足够长，并且可以一直获利，技术就是没有问题的。关键是这种技术能否融合成交易系统，让盈利变成一种持续不断的常态。今日重点讲的是交易心理，我的理解是交易心理和交易技术是相辅相成的，技术好了，可以提升自信，优化心理优势，但是交易不可能一帆风顺，挫折和失败会常常出现，所以我们必须要有强大的心理支撑，这是技术正常发挥的保障。

**为什么不能做到长期获利**

大家一定有一个感触，就是身边的成功投资人是非常少的，不排除有的人某一年可以获利，但是真正可以做到长期获利的人极少。为什么大多数人是失败的呢？

说起股票交易不是赚就是亏，看起来有50%赚钱概率，还是蛮高的。何况大家都有过赚钱的经历，那是一个偶然，好运气就这样来了，赚钱原来这样毫不费力，于是你就产生了一种错觉，认为只要这样保持下去，很快就可以成为百万市值，千万市值，成功触手可及。

好运往往不常有，厄运却有连锁效应，这个时候大部分人都会寻找出路，开始寻找秘诀和信息。当前市场上流行的成功学模式的投资书籍非常多，什么一年20倍，从十万到千万。光看书名就让人热

图3–15　长微博不同的表达风格和排版方式

## 3.2.3　微博粉丝积累和维护

微博营销实际上就是粉丝营销，只有拥有粉丝，所发布的微博信息才能被更多人看到，才能引导更多人进行互动，扩大影响，才会取得实际的营销效果。

### 1. 粉丝的积累

粉丝的积累是一个比较长期的过程，特别是积累有质量的粉丝，通常需要微博主进行持续长久的运营，下面介绍常用的积累粉丝的方法。

（1）与同类人群互粉

微博上有很多关注同一个领域、有共同或相似爱好的群体，这些群体中的人有共同话题，交流方便，很容易形成互粉，也就是互相关注。因此在创建微博前期，可以试着加入这类圈子，与他们进行互动，吸引关注，再慢慢扩大微博的影响力，

形成粉丝的自然增长。

（2）外部引流

外部引流是指将其他平台上已有的粉丝导入微博中，博客、豆瓣、视频、直播、问答、微信、QQ、媒体网站等平台均可，甚至可以在出版物上注明个人微博，引导读者的关注。外部引流是非常直接且快速的积累粉丝的方式，且该方法积累的粉丝质量普遍比较高，所以对于网络营销人员而言，一定要学会并利用好各种平台资源，形成一个完整的传播矩阵，互相促进和提升。

（3）活动增粉

通过活动进行增粉是一种非常常见的方式，特别是一些新鲜、有趣、有奖励的活动，更容易吸引用户的关注和广泛传播，微博主可以通过关注转发抽奖、关注参与话题讨论等形式，引导粉丝转发微博，吸引非粉丝用户的关注，图3-16所示为微博上常见的关注+转发抽奖活动。

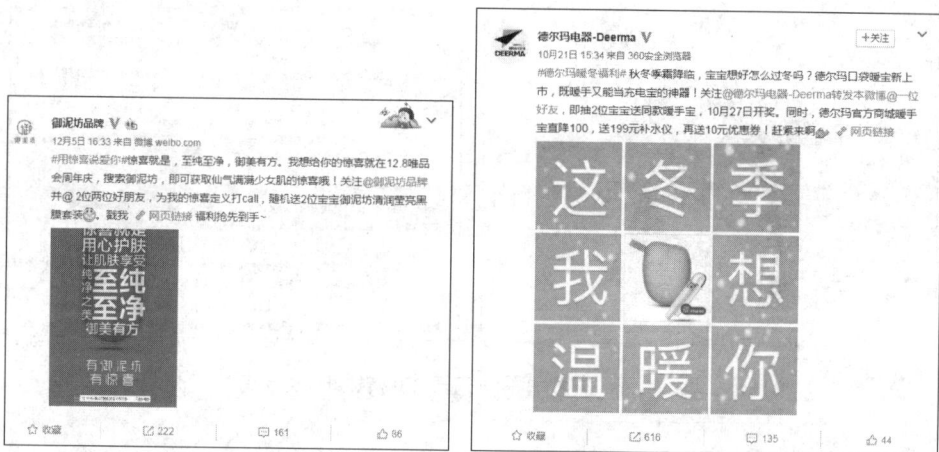

图3-16　关注+转发抽奖

**专家指导**

在发展微博第一批基础粉丝时，如果无法通过以上途径来获取粉丝，也可以与有共同需求的微博进行互粉，比如加入互粉群通过互粉增加粉丝。

（4）与其他微博合作增粉

关注微博的粉丝数量越多，影响力才会越大，有时候单个微博的影响力有限时，可以与其他微博进行合作，联合双方或多方的影响力，扩大宣传范围。一般来说，应该尽可能选择有影响力的微博，或邀请网络大V进行互动，这种方式可以为活动双方带来利益，图3-17所示是通过合作的形式来开展活动。

图3-17　与其他微博合作

（5）依靠微博内容增粉

依靠微博内容增粉是指通过发布有价值的"干货"来吸引粉丝，靠内容增粉实际上就是一种内容营销，这种方式对微博运营者的创作能力、表达能力和专业知识要求较高。此外，也可以借助热点事件进行增粉，当微博或新闻上出现了引起用户广泛关注和讨论的热门事件时，可以利用热门事件的热度来为自己的微博增粉，这种方式要求有创意、有趣，能从其他借势微博中脱颖而出，才能吸引用户的关注，图3-18所示为借助"维多利亚的秘密"这个热门话题进行营销的微博。

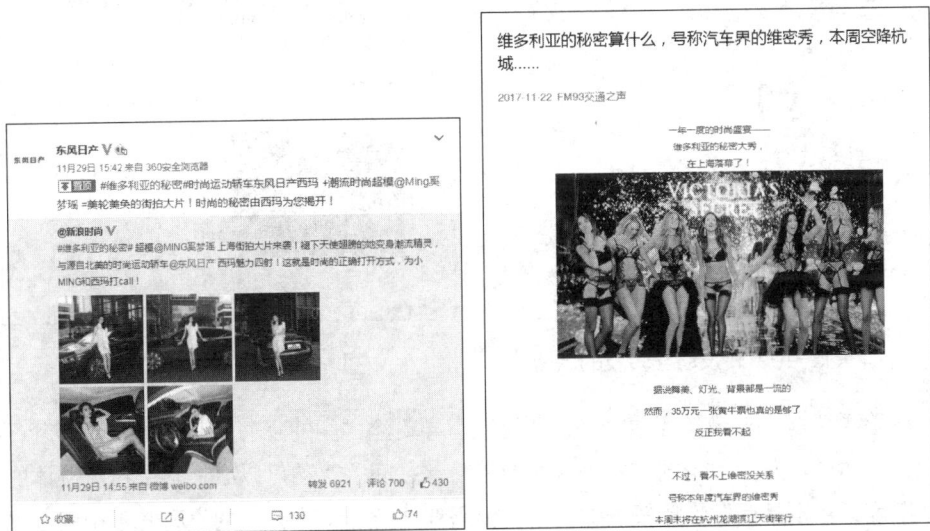

图3-18　借势微博

## 2．粉丝的维护

维护微博粉丝的目的是提高微博的活跃度，通过增加粉丝黏性，让微博真正具有强大的传播力。

（1）粉丝互动

粉丝互动是提升微博活跃度的非常重要的手段，粉丝越活跃的微博，传播力和影响力才会越大，展示给其他微博用户查看的机会才会越多。在微博上与粉丝保持互动的方式主要有4种，分别是评论、转发、私信和提醒。评论是指直接在原微博下方进行回复，评论内容可以供所有人查看；转发是指将他人的微博转发至自己的微博上；私信是一种一对一的交流方式，讨论内容仅讨论双方可以查看；提醒是指通过@微博昵称的方式，提醒用户关注某信息。

这4种方式都是粉丝比较常用的互动方式，如果转发微博中有比较优质、有趣的转发，微博主也应该及时转发出来，增加与粉丝的互动性，图3-19所示为微博主转发的效果。当然，对于微博下精彩的评论，微博主也可以进行回复和点赞，提高粉丝的讨论度。如果收到粉丝的@提醒，也可以及时转发，并解决粉丝的问题，不方便直接转发或评论解决的，可以给粉丝发私信，图3-20所示为微博主对@信息的转发回复。

图3-19　转发粉丝转发的微博　　　　　图3-20　转发粉丝@的微博

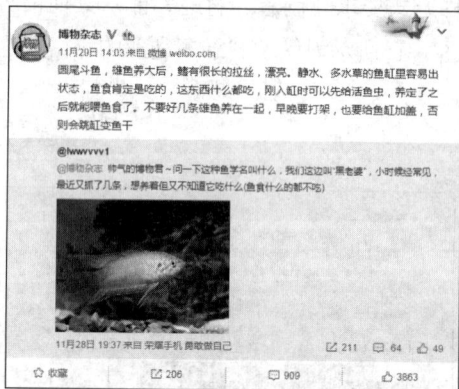

除了微博主与粉丝互动之外，还可以引导粉丝之间的互动，比如提一个问题，让粉丝通过转发和评论的方式进行交流。粉丝之间的互动可以激活整个粉丝群体的活跃度，特别是话题性比较好的微博，但需要注意，由于粉丝的类型各不相同，对相同的事件可能会有不同的看法，从而导致争执的情况出现，影响微博的整体氛围，因此要谨慎选择问题。如果微博评论中出现不同的声音，微博主不能主动介入争论，否则难以处理粉丝情绪，造成粉丝的流失。

（2）利用话题

利用话题不仅是利用微博的话题功能，同时也指利用有热度、有讨论度、容易激起粉丝表达欲望的信息，比如"说说你遇到过哪些又尴尬又好笑的事情""你用过哪些又经济又好用的东西""你认为哪些Office技能特别实用"等，图3-21所示为容易引起粉丝讨论的微博话题。

图3-21　微博话题

在设置话题促进粉丝互动时，通常需要遵循几个基本原则：首先，话题必须有话题感，最好与用户的生活比较相关，能够引起用户的兴趣；其次，话题最好比较简单，便于用户快速回答；最后，话题不要与已有话题产生重复。

🎓 **专家指导**

> 粉丝的发展和维护并不是一件轻松简单的事情，为了保持粉丝长久的关注和持续的忠诚，微博主一定不能给粉丝留下不好的阅读体验，微博刷屏、内容没营养、广告太生硬、与粉丝立场相悖等都可能导致"掉粉"的情况。

## 3.2.4　微博数据分析

对于很多普通用户而言，微博只是日常的社交工具，而对于微博营销人员来说，微博却可以创造巨大的营销价值。微博是一个社交媒体平台，通过微博营销并不能像电子商务一样直接看到具体的销售数据，而需要通过粉丝数、阅读量、互动情况等来判断微博的营销影响力。

### 1．粉丝数量和粉丝增长速度

粉丝是微博营销的基础，不管是粉丝数量多少还是粉丝数量的增长速度，都是微博营销人员必须关注的问题，一个健康的、有潜力的微博应该具有一定的粉丝数量，且能保证微博粉丝数量在一定程度内的持续增长。

### 2．粉丝活跃比

在新浪微博中，大部分拥有一定粉丝基础的微博账号，也同时拥有很多从来不活跃的粉丝，也就是俗称的"僵尸粉"。不活跃的粉丝对微博并不会起到实际作用，因此在分析微博粉丝时，应该关注实际的活跃粉丝，也就是关注会不同程度使用微博查看、转发、评论微博信息的粉丝。

### 3. 阅读量

发布微博后，在自己所发布的微博界面可以查看到该微博截至目前的阅读量，阅读量相当于被新浪微博所有用户看到的次数，不仅限于微博粉丝。阅读量越大，说明该微博信息被阅读的次数越多，因此阅读量越大的微博，传播能力才会越大。

### 4. 互动情况

互动是微博非常重要的一项功能，微博用户的转发、评论、点赞都是对微博的互动，互动情况可以直接反映微博主和微博内容的受欢迎程度，也代表着微博粉丝对微博的参与度，通常互动情况越好的微博，粉丝对微博主的接受度也会越高，宣传和推广效果也会越好。

## 3.2.5 任务实训及考核

根据介绍的相关知识，完成表3-3所示的实训任务。

表3-3 实训任务

| 序号 | 任务描述 | 任务要求 |
|---|---|---|
| 1 | 简述一个美食推荐微博是如何定位的 | 简单从微博发布形式、话题的设置两方面进行分析 |
| 2 | 了解搜索微博素材的方法 | 简单介绍微博主可以通过哪些方式和途径来搜索所需的素材 |
| 3 | 简述如何增加和维护粉丝 | 简单介绍新建微博可以通过哪些方法有效提升粉丝数量和粉丝互动情况 |

填写表3-4所示的内容并上交，考查对本节知识的掌握程度。

表3-4 任务考核

| 序号 | 考核内容 | 分值（100分） | 说明 |
|---|---|---|---|
| 1 | 列举微博个人账户需要进行哪些设置 | | |
| 2 | 简单阐述如何进行微博营销内容策划 | | |
| 3 | 列举提升粉丝数量的方法 | | |
| 4 | 简单阐述微博营销应该关注哪些数据 | | |

## 3.3 打造有影响力的企业官方微博

随着O2O营销模式的逐渐发展，不仅线上企业在广泛地运用网络资源进行宣传，越来越多的线下企业也加入网络营销的队伍。作为高流量、高影响力、高传播度的社交媒体之一，微博慢慢成为众多线上线下企业的主要营销阵地之一，各大企业也纷纷选择通过微博来推广品牌。

**课堂讨论**

针对下列问题展开讨论：
（1）你在微博上看到过哪些影响力比较大的企业微博？
（2）企业微博一般可以如何开展营销活动？

微博主要有5个主要的营销作用，即品牌传播、顾客服务、产品调研、危机公关、产品销售，这其中表现最明显的就是品牌传播和顾客服务。对于企业而言，成功的微博营销能够带来的最理想的效果是提高产品和服务在消费者心中的知名度、美誉度和忠诚度，而这也将直接影响企业产品的最终销售情况，因此利用好微博营销这个途径，对企业的整体营销战略大有助益。本节将对打造企业官方微博的方法、企业官方微博的推广和运营、企业官方微博活动策划等内容进行介绍，帮助用户了解运营企业官方微博的方式和技巧。

### 3.3.1 打造企业官方微博

微博具有很强的互动性和传播属性，这个特点使其成为诸多企业用以维护用户关系、进行品牌推广的重要工具。作为很多企业整体营销战略中的重要环节，企业微博的运营通常需要投入一定的人力和物力，对微博营销的过程和目标进行控制。

#### 1．企业微博设置

企业微博的设置包括微博名称设置、微博装修、微博矩阵创建等内容，其中每一项设置都基于企业的营销策略，目的是实现品牌建设价值的最大化。

（1）企业微博的名称设置

企业微博的名称通常与企业名称保持一致，根据微博性质、特色、功能和服务等也可以添加一些修饰，如"海尔""海尔好空气""宝洁中国""宝洁招聘"等。此外，企业微博名称也与个人微博名称一样，应该尽量避免与其他微博名称的高重合度，这就要求企业必须有意识地进行名称保护。

（2）企业微博装修

企业微博作为官方微博，要想带给用户正规、专业的良好印象，树立起鲜明的企业形象，就不能忽略对微博的装修。

- **企业简介：**企业简介应该简明扼要，可以让用户快速了解企业，也可以用个性化的文案展示微博形象，图3-22所示为不同样式的企业简介。

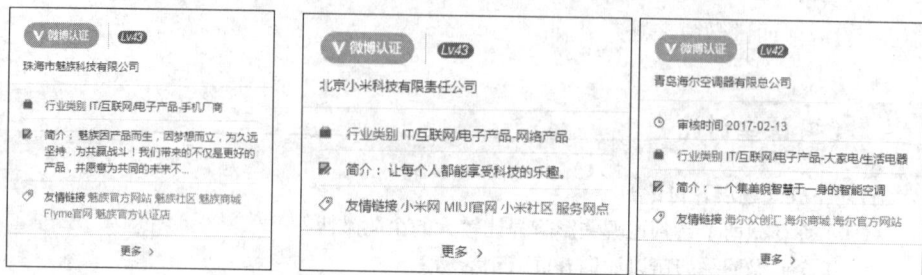

图3-22  公司简介

- **行业类别：**企业微博的行业类别主要用于描述企业所在的行业、领域，企业经营的产品、服务等。
- **个性域名：**设置一个与微博名称或公司官网相匹配的个性域名，可以更方便用户记忆微博地址，提高微博的辨识度。
- **微博头像：**企业微博的头像通常使用能够代表公司形象的图片，如企业Logo、企业名字、企业拟人形象等。
- **微博背景：**企业微博背景也以宣传企业品牌或形象为主要目的，所以多使用与企业经营内容、经营理念相匹配的图片和文案等，图3-23所示为"锤子科技"官方微博的背景图。

图3-23  微博背景

- **企业认证：**为企业微博添加企业认证是企业微博营销的必需步骤，只有添加了微博认证的企业微博才可以赢得用户的信任。
- **轮播图片：**在企业官方微博首页，可以设置轮播图片，用于展示企业品牌和产品，这是非常有用的广告宣传位置，图3-24所示为格力电器的首页轮播图片。轮播图片要实时更换,最好放置企业代表产品和新品,以便达到更好的宣传效果。

图3-24 格力电器微博首页轮播图片

(3)创建微博矩阵

很多将微博营销纳入企业整体营销计划的企业,通常都不会只有一个新浪微博账户,而会根据不同的需求,建立一个完整的微博营销矩阵进行联动运营。比如小米,小米的微博营销体系包括了公司CEO、高层管理人员、职能部门员工、公司品牌、产品品牌等在内的多个微博,同时对公司品牌和个人品牌进行营销打造,每个微博交叉关注,形成一个多维度的矩阵结构,从而实现推广范围和营销效果的最大化,图3-25所示为小米个人品牌和公司品牌的相关微博账户。

图3-25 小米微博的营销矩阵

很多类似企业设置微博营销矩阵,不同的行业在设计微博营销矩阵时会有不同的思路,小米将个人品牌和企业品牌联合到一起,海尔则主要是产品品牌之间的联合,因此企业应该根据实际情况和需求进行设计。

**2.设置一个亲近粉丝的形象**

微博可以为企业与用户的互动沟通提供良好的渠道,拉近企业与用户的关系,亲密、信任的用户关系更便于企业进行宣传推广。而为了更好地达成这种亲密信任的用户关系,企业微博可以为自己设置一个容易亲近目标用户的拟人化形象或昵称,比如海尔的"海尔君",博物杂志的"薄雾",哔哩哔哩网站的"22娘""33

娘"等。

### 3．设置企业微博特色栏目

企业微博的运营要详细考虑品牌宣传和营销的问题，除了通过日常微博发布信息，与粉丝互动之外，还可以设计比较有特色的栏目，打造成微博的个性栏目，比如针对不同类型用户的栏目、定时发布的栏目等，通过设计特色栏目培养微博粉丝的阅读习惯，引导粉丝定时参与栏目互动，从而扩大传播效果和范围。

一般来说，特色栏目多以微博话题的形式进行表现，比如魅族科技的官方微博就设置了"魅分享""早安魅聊""睡前魅聊"等栏目，如图3-26所示。

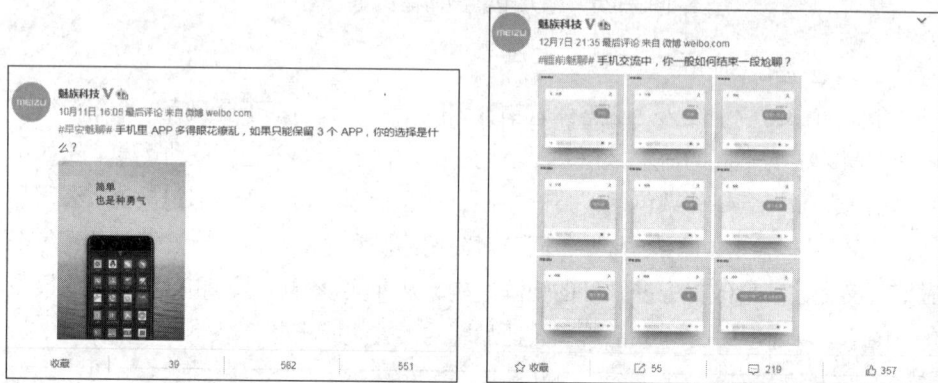

图3-26　魅族科技官方微博的特色栏目

## 3.3.2　企业官方微博推广和运营

企业微博与个人微博有很大的区别，不管是粉丝获取方式、粉丝维护方式、内容策划方式还是活动方式，都比个人微博更加正式和严谨。

### 1．官方微博的粉丝获取方法

个人微博的粉丝获取很大程度上利用了网络上的社交关系，而企业官方微博不具备这样的优势，在创建之初则主要需要利用内部人员、老顾客等资源形成第一批粉丝，再通过累积起来的影响力吸引新粉丝。

- **内部推荐：** 企业微博在创建之初可以先利用内部员工来积累最初的粉丝，比如要求员工关注微博，并发展员工的个人关系网进行推荐关注，也可以制定一定的奖励措施激励员工对官方微博进行推广。
- **合作关注：** 与企业的合作伙伴进行沟通，双方发动各自的资源互相宣传和关注。
- **邀请老客户关注：** 企业在官方网站或其他电子商务平台网站进行客户服务时，可以邀请购买产品的顾客关注微博，以便更好地为客户提供服务和优惠。

- **对外宣传：** 在公司网站、员工名片、各种印刷宣传品、媒体广告、行业展会，甚至产品包装上添加官方微博的相关信息，邀请用户关注。
- **开展活动：** 设计一个微博活动，提供诱人的物质或现金奖励，吸引微博用户的转发关注。

### 专家指导

> 除了以上方法之外，企业官方微博也可以邀请有影响力的个人微博号，与其进行互动，以此提高微博的曝光度。

#### 2. 官方微博的粉丝服务

获取粉丝只是微博营销的第一步，维护好粉丝关系，培养粉丝的黏性和忠诚度才能带来实际的营销效果。企业官方微博的粉丝互动方式与个人微博粉丝互动方式大体类似，但大多企业官方微博都需要发布与企业或品牌相关联的内容，在转发、评论等形式上也表现得不如个人微博随意。为了给优质粉丝提供更有效的服务，提高粉丝活跃度和忠诚度，可以设计一些个性化服务或创意活动，如与其他品牌联合打造定制礼品，不定时为一定积分的老客户提供少量奖品和福利等，图3-27所示为天猫为88超级会员提供的福利。

#### 3. 官方微博的内容设计

企业官方微博的内容大多数情况下都是指定内容，即与品牌或产品相关的内容，在内容大纲既定的情况，要想让微博内容可以吸引微博用户和已有粉丝，就必须对其进行设计，使其新颖、有趣、有吸引力。

（1）贴近用户

微博可以拉近企业与用户之间的距离，使企业变得生活化、亲和化，这种形象更容易获得用户的亲近和好感，因此企业官方微博的内容风格可以尽量与用户的日常表述方式靠拢，非类似声明等的特殊内容不建议使用过于严肃的语言风格，图3-28所示为比较亲近用户的企业微博的风格。

（2）形式丰富

企业微博内容很少使用纯文字的形式，多配有图片、音乐或视频，这样比较容易引起用户的注意，特别是有创意、好看、新颖的图片、音乐和视频。运营人员还可以在图片、音乐或视频中设计隐藏的小创意，引导用户去寻找和探索，增加互动性。

（3）内容独特

在微博上，简单、有趣、新颖的内容很容易形成广泛的"病毒式"传播效果，对提升品牌知名度具有很大的作用，而要做到这一点，企业微博运营者就必须懂得发掘内容。发掘内容主要包括两个方面：一方面是自己创作有价值的热点，通过在相关网站、垂直网站搜索有价值的素材，将创意与网络素材相结合，设计出内容独特的原创微博，引起用户的关注和转发；另一方面是学会利用其他红人、明星的微博，当这些有影响力的微博发布了可以与产品产生联系的内容时，可以通过转发他们的微博并添加品牌信息的方式进行宣传，转发的内容最好风趣活泼，从而吸引用户和粉丝的讨论。

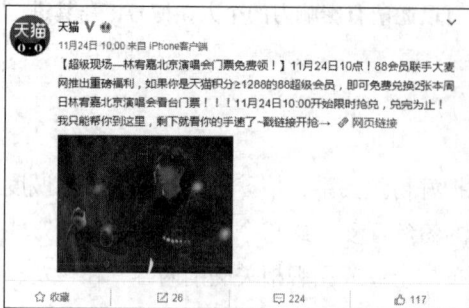

图3-27　天猫的超级会员福利

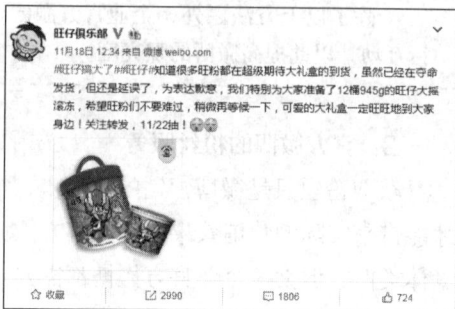

图3-28　贴近用户的表述风格

## 3.3.3　企业官方微博活动策划

活动是官方微博运用得最多的一种推广形式，也是提高微博会员互动积极性的有效手段。

### 1. 活动形式

企业官方微博的活动形式比较多样化，可以自己策划全新活动，也可以借助体育事件、文化节日和娱乐新闻等策划活动。自己策划全新活动是指自己设计活动主题，通过微博宣传开展，或与其他企业合作开展。借助体育事件开展活动是指针对近期热门的体育事件、体育人物设计一个与此相关的主题活动，比如奥运会期间的乒乓球、女排等运动就经常出现在各大企业的官方微博上。借助文化节日开展活动是指借助著名的公益事件、文化事件、经典书籍、历史事件，甚至各种节日等设计一个主题营销活动，以此吸引对文化节日感兴趣的目标用户。借助娱乐新闻开展活动是指借助歌手、演员、电视剧、电影、综艺节目等设计一个主题营销活动，该活动是现在很多知名企业的常用方法，通过邀请明星、提供赞助等方式开展活动，吸引对明星、电视、电影、综艺节目等感兴趣的目标用户。

### 2. 活动手段

在微博开展活动的手段一般包括有奖转发、有奖征集、有奖竞猜、有奖调查等。有奖转发是微博上最常用的一种活动手段，大多是"转发+关注+@好友"的形式，即微博用户关注转发微博，并提醒1~3名好友，即可参与活动，有机会获得丰厚礼品。有奖征集是指企业官方微博对创意、段子、文案、祝福语、买家秀图片等进行征集，用户根据征集要求参与活动，并有机会获得丰厚礼品。有奖竞猜是指企业官方微博提供谜面，可以猜文字、图片、谜语、价格等，然后从答案正确的用户中抽取幸运者赠送礼品，该方式的主要目的是调动用户的互动积极性，加强微博与用户之间的联系。有奖调查用于营销推广的场合很少，多在企业需要收集用户反馈意见、调查用户喜好时使用，通过提供奖品调动用户参与调查的积极性。

### 专家指导

> 在设计微博营销活动时，应该尽量保证活动简单直接，不宜出现大量文字，同时要制定清晰的活动规则，减少用户的参与步骤。另外，活动奖品应该是用户真正需求的物品，这样才能提升用户参与的积极性。在活动过程中，官方微博要保持与用户的互动，控制并进一步拓展传播范围。

## 3.3.4　任务实训及考核

根据介绍的相关知识，完成表3-5所示的实训任务。

表3-5　实训任务

| 序号 | 任务描述 | 任务要求 |
|---|---|---|
| 1 | 如何设置和装修企业官方微博 | 从名称、头像、简介、背景、认证、矩阵打造、栏目设置的角度进行简述 |
| 2 | 简述企业微博获得粉丝的方法 | 可以分别从线上和线下两个方向进行阐述 |

填写表3-6所示的内容并上交，考查对本节知识的掌握程度。

表3-6　任务考核

| 序号 | 考核内容 | 分值（100分） | 说明 |
|---|---|---|---|
| 1 | 简述企业官方微博的设置技巧 | | |
| 2 | 简述企业官方微博的内容设计 | | |
| 3 | 简述企业官方微博的活动设计 | | |

## 拓展学习

当前微博广泛应用于各种营销活动，而作为运营者应该及时了解微博营销的优势、微博认证和哪些企业比较适合进行微博营销。

### 一、微博营销主要有哪些优势？

微博营销作为主流的社会化营销方式之一，不管是对个人还是企业而言，都具有极大的营销优势，其主要优势介绍如下。

- **成本低：** 微博的用户基数非常大，信息发布门槛低，营销成本要远远小于直接的广告宣传，与传统的大众媒体相比，不管是前期投入还是后期维护的成本都十分低廉。
- **传播范围广：** 微博的信息传播形式非常多样化，用户可以在PC端上进行浏览和转发，也可通过移动端随时随地地进行分享，操作十分方便，如果能够利用名人效应，还可以使事件的传播量呈几何级裂变。
- **宣传效果好：** 微博营销是一种投资少且见效快的网络营销模式，如果拥有足够的资源和营销方式，即可在短期内获得巨大的营销收益。
- **传播形式多样化：** 微博支持文字、图片、视频等多种信息传播形式，营销者可以根据企业营销要求和目标用户类型，选择最佳的传播方式，提升宣传效果。
- **互动性强：** 在微博上，任何人都可以实现互相沟通，不受距离等因素的干扰，交流氛围更加亲和化、生活化，拉近了政府、明星、名家与普通用户之间的距离，而微博主也可以通过微博与粉丝即时沟通，及时获得用户反馈。
- **快速便捷：** 微博最显著的特征之一就是传播快速，一条微博从发出到引爆热点，甚至引发全网络的讨论，有时候只需在极短的时间内即可实现。同时，微博信息发布的操作非常便捷，其简洁的内容形式也不需要微博主进行严密的构思，从根本上简化了信息传递的流程。

### 二、什么是微博认证？

微博认证类似于微博官方给予微博账户的个人标签，微博认证主要包括兴趣认证、自媒体认证、身份认证、官方认证等。

- **兴趣认证：** 即垂直领域知名博主认证，认证成功后可以获得一些特权，可以增加曝光吸引粉丝，提高知名度，方便微博主用更丰富的粉丝互动形式促进个人媒体品牌成长，如知名幽默搞笑博主、知名娱乐博主、知名美食博主等都可以申请兴趣认证。
- **自媒体认证：** 微博自媒体认证是微博官方激励自媒体作者的一种机制。自媒体作者是一些能够产出原创、有价值的内容的微博媒体人，自媒体同样享有微博给予的特权和资源扶持。微博自媒体机制可以帮助有品牌、有影响力的作者快速成长，并能通过自媒体的形式获得变现。

- **身份认证：** 即个人用户真实身份认证，比如某网站作者、某行业或公司员工等均可申请身份认证。
- **官方认证：** 指政府、媒体、机构、企业等官方微博的认证，官方认证的标志为蓝色"V"，如海尔、肯德基等微博就属于官方认证。

### 三、哪些企业比较适合进行微博营销?

对于企业而言，微博营销最主要的作用就是品牌传播和顾客服务，因此活跃于微博且能取得不错营销效果的商家通常都是生活服务行业、从事电子商务的企业、销售范围比较广的企业和需要品牌推广的机构，它们的营销内容大致分为以下几类。

- **生活需求品：** 生活需求品是指服装、食品、日化用品、家居母婴用品、化妆品、珠宝首饰、文体书籍、家电数码、保健品、游戏娱乐等生活中使用频率比较高的面向个人消费的商品等。
- **本地消费品：** 指能够通过团购网进行消费的商品，如餐饮、医院等，包括一些全国连锁企业。
- **品牌推广：** 指不利用微博提高销量，而主要进行品牌推广和社会服务的企业，比如一些社会机构、公益组织、高校和政府机关等。

目前，微博营销做得比较好的企业都投入了大量的成本，一般会有专业的运营团队负责日常运营，因此企业要想成功进行微博营销，分工细致的运营团队、专业敏锐的策划人员、实时互动的微博管理人员等都必不可少。

## 📊 实战与提升 ●●●●●●●

通过本章知识的学习，对下列问题展开讨论与练习，在巩固所学知识的同时，拓展视野，进一步提高自己的能力。

（1）查看在微博上影响较大的个人微博，分别观察这些微博的内容特点。

**提示：** 可以在微博中搜索"娱乐""情感""体育"等标签，发现与标签相关的热门微博，并查看其微博内容。

（2）查看在微博上影响较大的企业微博，分别观察这些微博的内容特点。

**提示：** 可以以海尔、小米、杜蕾斯等企业为代表，观察这些官方微博的内容、特色栏目、互动方式等。

# 第4章 微信营销

## 学习目标

在这个信息碎片化的移动互联网时代，随着营销活动逐步向移动端倾斜，微信作为常用的移动端应用之一，迅速登上了新媒体营销的舞台。而用户数量巨大、用户黏性高、使用频率密集等特点，也为商家开拓微信营销市场提供了广阔的空间。

## 学习导图

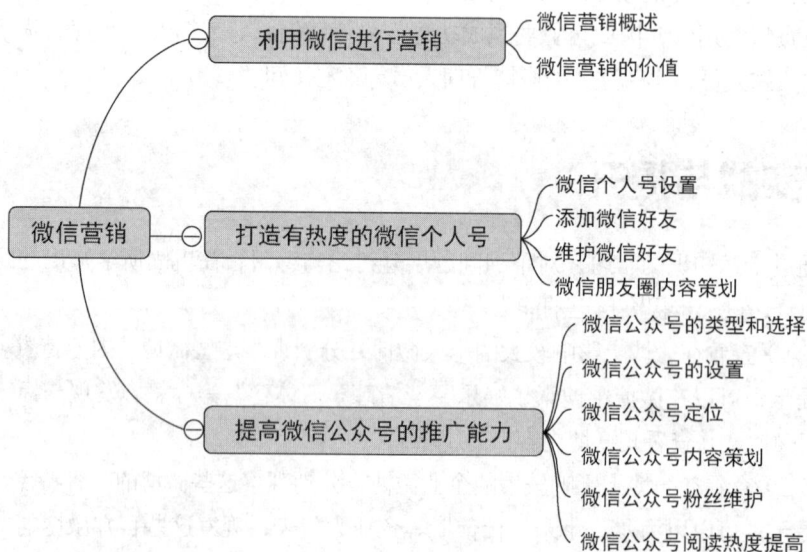

案例导入

微信营销是一种新型的互联网营销方式，出现伊始就受到了很多个人和企业的关注，并迅速在营销领域得到广泛的应用。

星巴克在筹备冰摇沁爽系列创新饮品上市时，为了促进新品的推广，就想到了通过微信渠道开展营销活动的方法，这个方法有两个重要的关键词——微信和音乐。不久后，建立于微信平台的"自然醒"活动就上线了。

微信是一个可以及时与顾客建立互动的交流平台，与微博的一对多互动交流相比，微信更加注重即时性，可以实现一对一的互动交流。

星巴克的"自然醒"活动就是利用了这一点，微信粉丝只要发送一个表情符号给星巴克，"兴奋""沮丧"或"忧伤"皆可，立刻就能获得星巴克按其心情特别调制的音乐曲目，和星巴克展开一番内容丰富的对话。

在实施过程中，星巴克首先从全国门店开始，让光顾星巴克的顾客先成为其微信公众号的粉丝，然后再利用各种活动让粉丝自主将星巴克微信公众号推荐给自己的朋友，轻松时尚、趣味性高、互动性强等优势让星巴克微信公众号的粉丝短时间内暴增。

星巴克这个案例，充分体现了微信营销即时性、个性化和互动性的优势，不仅可以维系老客户，巩固他们对品牌的忠诚度，还可以扩大影响力，让粉丝再次带来粉丝，提升整体营销效果。

【思考】

（1）什么是微信营销？微信营销有哪些模式？

（2）怎么策划一个定位清晰、有创意、有趣味性的微信营销计划？

# 4.1 利用微信进行营销

在移动互联网时代，随着人们生活方式的不断变化，更多营销模式逐渐向移动设备转移。微信基于智能移动设备而产生，不仅更加适应移动设备的应用需求，同时其简洁的界面、便捷的操作，不仅满足了年轻人的移动通信需求，也吸引了大批中老年用户，使微信成了一款渗透率高、覆盖率广的主流即时通信软件，积累了大量的活跃用户，并渗透到人们生活和工作的方方面面。

微信营销正是建立在微信大量活跃用户的基础上，其特殊的点对点营销模式、灵活多样的营销形式和强用户联系性，更是为网络营销提供了更多可能。

微信的出现，逐渐改变了人们的生活方式和习惯。微信作为现在主流的新媒体之一，它在各种营销活动中出现的频率非常高。一名营销人员如果想熟练运用微信进行营销，首先必须了解微信营销的概念，了解微信的类型和区别，明确微信营销的价值。本节将对微信的基本知识进行介绍，帮助用户认识微信和微信营销。

## 4.1.1　微信营销概述

微信营销主要建立在智能手机、平板电脑等移动终端上，是网络经济时代企业或个人的一种常用营销模式。微信营销随微信的通用而兴起，不受营销距离的限制，微信个人用户可以通过微信订阅自己所需的信息，商家可以通过提供用户需要的信息来推广产品，从而实现点对点营销，具有很高的营销价值。

微信营销主要有两种类型，微信个人运营和微信企业运营。微信营销作为个人或企业的一种常用营销模式，所表现出的用途并不相同。

个人微信号主要是指个人开通的微信号，图4-1所示为个人微信号，可以与手机通信录绑定，邀请手机联系人、微信好友进行交流，可以通过朋友圈发布状态，与微信好友进行互动。个人微信号的圈子多为相识的朋友，基本来源于朋友推荐和面对面关注，具有较强的联系性。此外，个人也可以建立微信公众号，用以发布文章，推送信息。微信公众号提供了智能回复、图文回复等功能，不仅可以传送更丰富的信息，还可以方便运营者实现一对多互动交流。通过推广微信公众号，个人能够吸引粉丝的关注，粉丝越多，推广效果越大。

企业微信是一款用于办公沟通的即时通信产品，如图4-2所示，适用于各种类型的企业和机构用户，提供丰富的办公应用和强大的管理能力，员工扫码关注后，即可在微信中接收企业通知并使用办公应用。微信企业运营区别于个人运营，更多地偏向于企业公众号、企业微信群的运营，或者培养业务人员在自己的个人微信号进行推广。

利用微信，企业也可以打造具有自己专门特色的企业公众号，与特定群体进行全方位的沟通和互动。

图4-1　微信个人号和个人公众平台

图4-2　企业微信号

　　互联网时代的营销，更倾向于立体化，更注重营销方式的组合，微信公众号为微信营销提供了更丰富的方式。不管是个人微信与微信公众号组合，还是企业微信与微信公众号的组合，都可以实现更好的营销效果。

### 专家指导

　　微信公众号是企业进行微信营销的主要形式之一，通过微信公众号，企业可以非常便利地开展品牌推广和产品服务等，还可以开通微信支付功能，方便用户交易。

## 4.1.2 微信营销的价值

从营销推广的角度来讲，微信个人号和微信公众号的营销效果更直接。

微信个人号营销是一种点对点营销，可以对目标人群提供更持续、更精准的服务，并在服务基础上做一定程度的口碑传播。对于微信个人营销号来说，不管是建立个人品牌、促进产品销售还是维护客户关系，都具有非常良好的效果和价值。

- **建立个人品牌**：个人品牌是指个人拥有的外在形象、内在涵养所传递出的独特、鲜明、确定、易被感知的信息集合体，通俗地说，即被相关者持有的较一致的印象或口碑。在互联网经济时代，自媒体迅速发展，品牌已经不再是企业或产品所独有，具有鲜明个性和情感特征的个人品牌，在符合大众消费心理或审美需求的情况下，也可以转化为可持续的商业价值。

- **促进产品销售**：微信营销兴起之时，出现了一个新词——移动社交电商，移动社交电商是指基于移动互联网的空间，以社交软件为工具，以人为中心，以社交为纽带的新商业，微商即是移动社交电商的变现形式之一。通过个人微信朋友圈发布产品信息，通过微信聊天功能提供咨询沟通，通过微信支付功能完成付款和交易，这个过程不仅为产品销售提供了便捷的途径，也为产品服务提供了广阔的空间。

- **维护客户关系**：微信作为一种主流的沟通手段，具有便捷、即时的特点，不管是聊天，还是朋友圈互动，都可以有效增强与微信客户的感情联系，促进双方的互相了解，培养客户的信任感和忠诚度。对于移动社交电商而言，感情联系、信任才是最有效的营销媒介。

个人或企业通过公众号可以进行自媒体活动，即一对多的媒体性行为活动。需要进行微信营销的个人或企业，都可以借助微信公众号的价值，结合客户的需求提供相应的服务。

- **信息传播**：对于个人用户而言，微信公众号是非常有效的建立个人品牌、扩大影响力的工具；对于企业而言，微信公众号则可以为企业用户提供更多的信息查询功能，比如企业介绍、产品服务、联系方式等。

- **品牌宣传**：品牌是可以带来溢价、产生增值的无形资产，一个成功的企业必然离不开建立品牌和宣传品牌。微信公众号丰富的文字、图片、音频、视频等功能，可以快速有效地把企业的品牌理念、促销活动等信息告知用户，其互动强、传递快速和投放精准等特点，让用户不仅可以接收品牌信息，还能及时参与品牌互动，促进企业加深品牌影响，降低营销成本。

- **客户服务**：不管是哪一种营销方式，客户服务一直是企业的重点优化目标。吸引新客户、稳固老客户，提高客户忠诚度，在目前服务直接影响口碑的环境下，微信作为即时沟通工具，极大地方便了企业与用户之间的交流。将微信与企业原有的CRM相结合，可以实现多人人工接入，通过设置回复关键词，还可以自动回复客户，节约客服成本。

- **开展调研**：调研是每个企业制订经营策略的重要环节，调研数据直接影响营销效果。企业通过微信可以直接接触目标用户群体，这样不仅用户精准度更高，调研数据更真实，同时还可以节省大笔调研成本。

- **电子商务**：现在，不管是电商平台还是电商企业，都致力于简化和方便消费者的购物流程，让他们随时随地都可以便利地进行购物。微信公众号具有销售引导功能，可以将产品或服务信息快速传递给消费者，引导其购买，缩短营销周期。比如消费者在微信图文中看到某件商品，产生购买想法时，可以直接通过微信下单、支付、查询物流和寻求售后服务等。

- **O2O营销模式**：O2O即Online To Offline，是指将线下的商务机会与互联网结合，让互联网成为线下交易的平台。O2O营销模式是立体化营销的必然趋势，微信则为线上线下立体营销的实现提供了便利的通道。

### 专家指导

> 微信营销可以有效提升营销效果、降低营销成本，但它只是新媒体营销手段之一，只有正确认识不同营销工具的作用和价值，并整合使用，才能真正做好营销。

## 4.1.3  任务实训及考核

根据介绍的相关知识，完成表4-1所示的实训任务。

表4-1  实训任务

| 序号 | 任务描述 | 任务要求 |
| --- | --- | --- |
| 1 | 打开个人微信，查看个人微信好友信息 | 了解微信好友的数量和类型 |
| 2 | 打开个人微信朋友圈，查看朋友圈信息 | 了解朋友圈的好友状态以及好友的交流情况 |
| 3 | 关注一个公众号 | 了解公众号中发布的内容，分析公众号的目的 |

填写表4-2所示的内容并上交，考查对本节知识的掌握程度。

表4-2 任务考核

| 序号 | 考核内容 | 分值（100分） | 说明 |
|---|---|---|---|
| 1 | 列举自己微信好友的添加方式 | | |
| 2 | 总结微信好友的个性标签（如爱购物、爱读书、爱运动等） | | |
| 3 | 列举微信个人号的营销价值 | | |
| 4 | 列举微信公众号的营销价值 | | |

# 4.2 打造有热度的微信个人号

微信营销是新媒体营销的一个部分，精准、鲜明、有内容的微信营销可以为营销者带来非常优质的营销效果。微信个人号作为微信营销中的组成部分之一，一直拥有很高的营销热度。

对于需要建立个人品牌的营销者来说，微信个人号就是自己非常直观的一张名片。通过微信个人号的昵称、头像、个性签名、朋友圈、地区等信息，就可以建立对一个人的基本印象，并进一步决定着其他人与之产生联系的可能性。

**课堂讨论**

针对下列问题展开讨论：
（1）怎么设置微信个人号的基本资料？
（2）怎么进行微信好友的交流和维护？
（3）怎么策划朋友圈内容？

微信个人号是微信营销中非常重要的部分，甚至很多企业都是以公众号+个人号的形式进行运营。微信的火热为微信营销带来了巨大的价值，而这价值的实现必须依靠合理的管理和运营。本节将具体介绍如何打造有热度的微信个人号，给微信用户提供价值。

## 4.2.1 微信个人号设置

使用微信的用户都知道，微信个人资料中有几个比较重要的组成部分，分别是昵称、头像、微信号和个性签名。对于微信个人号而言，微信个人资料中这几个部分都具有重要意义。

营销型微信号设置

### 1. 微信个人昵称的设置

从营销的角度来说，微信昵称是与他人沟通的第一个阶段。在使用微信聊天时，人们往往最先注意昵称和头像，一个好的昵称，可以快速建立起他人的第一印象，节约沟通成本。因此，建议在设置微信个人号昵称时遵循以下两个基本原则。

- **简洁明确：** 一个昵称最基本的要求是简洁明确。昵称字数不要太长，最好可以符合人们的记忆习惯，昵称太长不仅难以全部显示出来，而且不方便用户记忆。同时，昵称应该拼写简单，最好不要使用繁体字、生僻字、外国文字等。最后，昵称最好与其他媒体平台保持一致，特别是当一个人已经具有一定知名度和影响力时，此时的昵称就相当于一个鲜明的个人品牌，设置相同的昵称可以进一步扩大个人品牌的推广效果。

- **添加标签：** 在昵称后添加标签的目的是为了方便用户对号入座，比如"张桥-理财顾问"，微信好友在看到该昵称时可以快速产生记忆或联想，使昵称得到有效的曝光。标签一般是可以代表个人某个特征的重点信息，比如个人定位、个人职业等，通常都比较精简，不宜过长。在设置了微信个人号的昵称后，不要频繁更改昵称，防止用户记错或忘记。图4-3所示为设置比较合理的微信昵称。

图4-3　微信昵称设置

### 2. 微信个人头像的设置

微信头像代表着用户的形象，与昵称一样，可以快速建立起他人的第一印象，节约沟通成本。微信个人号的头像设置，也应该遵循一定的原则。

- **清晰自然：** 用于运营的微信个人号，头像一般包括个人照片、特色标志、公司Logo等类别，不管是哪一种头像，最基本的要求就是清晰自然。如果使用个人照片做头像，应保证背景干净，人物突出，有明显的色彩对比，真实清晰的图片有助于凸显专业性，给用户带来安全感和信任感。如果使用具有代表性的图片或公司标志作为头像，则应保证图片裁剪合理，比例合理。

- **专业匹配**：用于运营的微信头像和个人使用的微信头像不同，用于运营的头像不仅直接影响着客户的第一印象，还与个人的专业度、品牌形象相挂钩，因此建议选择与自己的专业或职业相贴近的风格。比如某微信个人号的标签是情感咨询、心理健康等，那么头像风格最好是温和轻松的，用头像传达出自己对生活和情感的态度，让用户在第一眼就可以放松下来。如果某微信个人号的标签是理财、职场等，那么风格可以是职业严谨的，这样才能给用户信任感。图4-4所示为设置比较合理的微信头像。

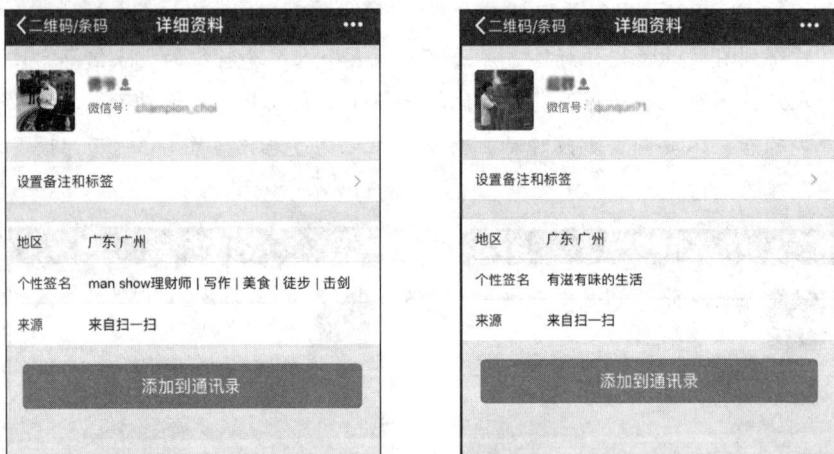

图4-4　微信头像设置

### 3．微信个性签名的设置

微信个性签名主要用于展示个人的个性特点、情感态度等，风格上并没有严格的要求，可以专业严谨，也可以轻松幽默，原则上不直接粘贴僵硬直白的广告，这样不仅容易影响好友申请通过率，还会给人留下不好的第一印象。

### 4．微信号的设置

微信号是指微信ID，通常是一组字母、数字和符号的组合。微信号与微信昵称一样，应该坚持方便记忆、方便识别和方便输入的原则。一般来说，微信号可以设置为有关联性的拼音、字母组合，比如与自己的名字、公司、职业相关的拼音+简单数字组合。

## 4.2.2 添加微信好友

微信是人们生活中不可缺少的应用，大部分人都对微信有较强的依赖性，喜欢习惯性打开微信查看信息，这些现象为微信营销奠定了基础。除此之外，微信好友的数量也是微信个人号营销的基础，微信好友直接影响着微信营销最后的效果和范围，因此，要想更好地运营微信个人号，微信好友的添加必不可少。

### 1．通过手机通讯录添加好友

微信是建立于智能移动端的通信工具，可以直接与手机通讯录相连接，将手机通讯录中的联系人添加成微信好友。一般来说，手机联系人都是运营者的原始人脉，已经有过基础接触和交流，将其添加为微信好友将更方便管理和维护。

将手机通讯录中的联系人添加为好友的方法为：进入微信主界面，在右上角点击"+"按钮，在打开的下拉列表中选择"添加朋友"选项。打开"添加朋友"页面，在该页面中选择"手机联系人"选项，在打开的页面中选择添加即可，如图4-5所示。

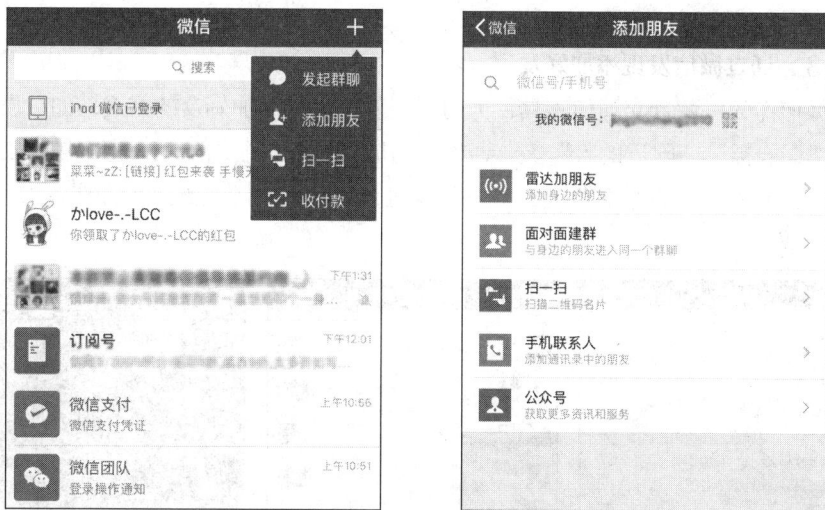

图4-5 添加手机联系人

将手机联系人添加为好友，不仅可以通过"手机联系人"添加，还可以通过搜索手机号进行添加，在"添加朋友"页面中输入手机号进行搜索并添加即可。需要注意的是，通过搜索手机号添加微信好友，需要确保对方开启了手机号添加功能，该功能在"我→设置→隐私→添加我的方式"中开启。

### 2．通过扫描二维码添加好友

每一位微信用户都有一个专属于自己的二维码，通过扫描该二维码即可添加好友，个人二维码可以通过个人信息中的"我的二维码"查看，如图4-6所示。二维码并非必须在微信中进行扫描，为了便于好友的添加，名片、图片、网页，任何有条件的地方都可以放置自己的个人二维码，方便其他用户扫描。

图4-6　查看二维码

### 3．通过微信发现添加好友

微信作为一款社交通信工具，为用户提供了多种添加好友的方式，如"发现"中的"摇一摇""附近的人"等，通过该功能可以随机添加陌生人为微信好友，点击"附近的人"页面右上角上的"…"按钮，还可以对陌生人进行筛选，如图4-7所示。

图4-7　添加陌生好友

#### 4．通过社群添加好友

社群是非常流行且活跃度非常高的一种社交和沟通方式，一般来说，每个社群都有其自己的表现形式，有其内在的社交关系链，群成员基于共同的需求或爱好聚合在一起。社群通常是由一定数量的人组成，并且群成员有着比较类似的兴趣或特征，因此可以快速挖掘大量目标客户。也就是说，如果找到一个与自己产品定位相符的社群，那么该社群中的用户将更加精准。比如一个销售运动产品的人加入运动爱好者社群，该社群中的成员将更容易成为他的潜在客户，图4-8所示为健身相关的QQ群。

通过社群添加好友的前提是寻找相关社群，可以直接在QQ中搜索相关关键词查找目标群，也可以通过QQ的"附近的群""兴趣部落"等功能进行检索，此外，还可以利用搜索引擎搜索目标群，甚至微博、论坛、贴吧等媒体平台也可以找到相关社群。

当然，微信社群也具有相同的功能，微信群一般通过好友邀请或扫描群名片加入。需要注意的是，加入群之后，并非立即就能添加为微信好友，最好在群成员认识、了解你，且有了一定信任基础的时候再进行好友的添加，此时添加好友通过率更高，好友质量也更高，甚至能吸引群成员主动添加。

图4-8　QQ健身相关群

#### 5．通过其他社交平台引流

多元化营销时代，仅仅凭借某一个营销平台进行推广，有时候很难达到预期的营销效果，通常结合不同的营销平台，运用一系列营销方式进行组合营销，相互促进和补充，形成一个完整的营销圈，才是最佳选择。

在不同的社交平台进行营销，可以将其他平台的朋友引流到微信上来，比如在微博、QQ、知乎、美拍等平台留下自己的微信号，这些平台上的用户如果被你所发布的内容吸引，就会产生进一步认识的想法，进而自主搜索并添加微信好友。

**6．通过口碑推广添加好友**

口碑营销是粉丝经济时代下非常有效的一种营销方式，一个有名气、有影响力、有粉丝的人，去介绍或赞扬另一个人，通常会收到非常不错的效果。需要注意的是，被推广人必须拥有一定的实力，比如在某方面比较专业，或具有内涵和价值，这样才能留住粉丝，同时不损坏推广人的信誉。

**7．通过软文添加好友**

软文推广即写文章推广，通过在分享的文章中添加二维码，来吸引读者扫描关注。可供软文发布的平台很多，如博客、论坛、贴吧，甚至微信公众平台，都拥有不错的用户基数和推广效果。

**专家指导**

以上介绍的都是比较常用的添加微信好友的方式，除此之外，通过线下活动也可添加微信好友，比如线下店铺活动、线下聚会等。注意，在添加好友时，最好写好申请备注，如注明自己是谁、由谁推荐或申请好友的目的等。

## 4.2.3　维护微信好友

添加好友是微信营销的基础，只有维护好微信好友，才能取得良好的营销效果。而对于移动社交电商营销来说，维护好友关系的目的是取得信任，信任是成功营销过程中必不可少的因素。

**1．自我介绍**

**课堂讨论**

针对下列问题展开讨论：

（1）假设你添加了一个圈内名人的微信，你将怎么设计自我介绍？

（2）假设你加入了一个与自己产品相关的微信群，你将怎么设计自我介绍？

在好友申请通过时，如果没有采取一定的关系维护措施，是对好友资源的一种浪费。一般来说，好友申请通过后，最好能够及时进行自我介绍。此时的自我介绍不仅能加深微信好友的印象，还能表明自己的身份，减少沟通障碍，为此后顺利的交流打下基础。

自我介绍的风格和语言可以以好友朋友圈的内容为基础进行设计，比如根据对方朋友圈的语言风格设计自我介绍的风格，根据对方朋友圈中体现的喜好来设计自我介绍内容等。当然，也可以使用相对固定的自我介绍模板，第一次的自我介绍最好在包含一定内容的基础上，尽量简明扼要。

自我介绍可以使用"问好+我是谁+我的专业或能提供的价值+结束时的寒暄问候"的格式，如"××你好，我是××，从××老师处得知您的微信号，冒昧添加了好友，之前看了您的一些文章，对我启发很大，希望今后可以继续向您请教。我是从事××工作的，××方面也略有涉及，如果您有××方面的问题，很乐意跟您共同讨论。祝好！""××您好，我是××的××，平时喜欢做一些手工饰品，也接受个人定制，如果您有兴趣，可以看一下我的朋友圈。期待能和您有更多交流，祝您生活愉快！"。

需要注意的是，好友申请通过后的自我介绍要尽量及时，不要耽误最佳问好时间。

### 2．日常互动

**课堂讨论**

针对下列问题展开讨论：
（1）发微信信息，邀请微信好友为自己点赞或投票。
（2）群发一条节日祝福短信。
（3）为微信好友的朋友圈点赞，并进行友好评论。
（4）建立一个微信群，邀请微信好友进群，并在群里发红包，感谢大家平时的帮助和支持。

最直接的微信好友关系维护的方法就是互动。对于不太熟悉的好友，节日是最自然的互动时机，节日问候不会显得突儿，还能让对方觉得十分贴心。当然，问候信息不能使用群发模式，要带上称谓，用适当的风格和语句进行问候，才能形成友好的互动。

要实现精准的交流，需要提前对好友的微信号进行备注。备注方法为：打开需备注好友的个人资料页面，点击右上角的"…"按钮，在打开的页面中选择"设置备注及标签"选项，在打开的页面中输入备注信息即可，如图4-9所示。在备注微信好友时最好备注清楚，也可以使用标签对微信好友进行分组。

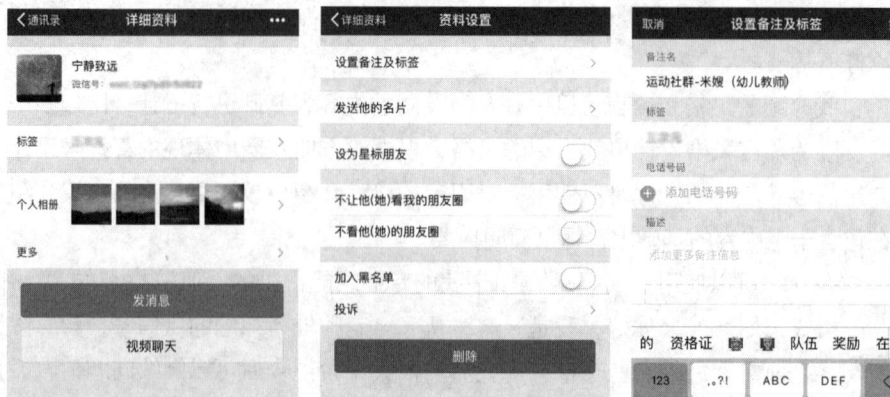

图4-9　修改备注信息

　　除了节日之外，日常生活中也可以有一些适当的互动，但任何互动都需要掌握一个度，要杜绝微信骚扰的情况产生，虚假广告、冗长硬广，以及无意义的信息十分容易引起用户的反感。

　　除了微信聊天之外，社群沟通、朋友圈沟通也是非常常用的互动方式。社群沟通要求比较活跃，多参与社群话题讨论，增加其他成员的熟悉度。朋友圈互动十分方便操作，如多为微信好友的朋友圈点赞，在微信好友发布的状态下进行真诚、有趣、有来有往的评论，时间一长，很容易加深联系成为朋友。

　　此外，在与微信好友互动交流的过程中，一定要保持礼貌。注意保护微信好友的隐私，不要私自泄露给他人；有问题需要咨询或讨论时，尽量提前组织好语言，做好准备；需要发送语音之前，提前询问对方是否方便；最后，表达谢意。

### 3．保持专业

　　要想在移动社交平台获取信任，除了加深用户联系、维护用户关系外，专业性也是必不可少的。更专业，才更容易获得信任。比如销售产品需要对产品专业，能够解答用户的疑惑；做培训要对知识专业，能够分享具有一定知识性的文章。为了传达出自己的专业性，可以定时或不定时在朋友圈分享相关问题和文章，邀请微信好友共同讨论等。

通过专业建立
信赖感

## 4.2.4　微信朋友圈内容策划

　　微信朋友圈是展示自己形象的常用窗口，也是微信个人号营销的重要途径。要想利用好朋友圈的作用发挥最大的营销价值，首先必须设计好朋友圈的内容。

### 1．内容设计

　　微信朋友圈是社交空间，并不是重复发布硬广告的地方，因此要想取得持续有效的营销效果，就需要对广告内容进行设计。

- **适度的软广告**：软广告是一种委婉、真实、润物无声的广告，可用产品故事、人物生活等进行包装，比如某微信号在朋友圈发布"看到这张图，你想对我说什么？"，然后搭配一张能引起话题的产品图片，就属于软广告。适度包含频率、长度、数量等，频率适度是指不要在间隔较短的时间里频繁发布广告；长度适度是指广告内容不宜多长，尽量在简短的内容中保证文字轻松有趣；数量适度是指不要在一条状态中添加过多产品信息，不仅需要花费用户更多精力进行阅读，不方便用户快速做出购买决策，还容易使他们因为选择太多而放弃决策。

朋友圈故事分享

- **对症下药发布**：高成交率来源于更精准的定位，对于朋友圈广告而言，对症下药也非常重要，将广告推广给合适的人更有利于产品宣传。这里的对症下药主要表现在两个方面：一是根据用户的风格类型对症下药，二是根据用户的关系对症下药。前者主要表现为根据用户的类型进行推广，比如某一条广告比较幽默诙谐，包含了很多网络现象和词汇，可以设置给指定分组的年轻人群进行查看。后者主要表现为根据用户的关系深浅程度进行推荐，比如刚结识不久的客户，可以推荐一些客单价不高的产品，有了信任基础或交易记录的客户，可以进一步推荐客单价更高的产品等。此外，为了保证推广效果，还可以分析一下目标客户在朋友圈的活跃时间，在其查看朋友圈的高峰期进行推广。

- **巧用热度**：互联网经济时代，热点新闻的传播速度非常快，一个合格的运营者必须懂得利用这些热点，打造自己的产品热度。比如freestyle火遍全网的时候，麦当劳借"freestyle"的热度发布了朋友圈广告，快速获得了用户的认同感。在借助热点发布朋友圈广告时，还可以根据需要与用户保持互动，并且热点事件也更容易吸引用户进行互动。

## 2．活动设计

策划朋友圈活动的目的是为了让微信好友参与互动，并将活动信息传播到自己的朋友圈，扩大活动影响力。

**课堂讨论**

针对下列问题展开讨论：
（1）你在自己的朋友圈看到过哪些推广活动？
（2）你参与过朋友圈的推广活动吗？参与了哪些类型？为什么参加？

- **活动形式**：朋友圈的活动形式一般包括转发、点赞、试用、互动等，其中转发和点赞比较常见，多表现为转发、集赞图片，获得奖品、优惠券、现金福利等，比如"转发图片至朋友圈参与活动，即有机会免费获得价值××元的丰厚礼品。""转发并集齐××个点赞，即可获得××现金红包，截图有效哦！"等，图4-10所示为朋友圈转发集赞活动。试用是指免费试用产品，提交试用报告即可返还邮费和产品费用等。互动也是一种比较常用的推广形式，一般表现为游戏互动，比如"第××个点赞的人可以获得××""这条微信如果点赞达到××，就抽取两名朋友免费赠送××，截止时间为××，截图为证"等。如果技术允许，还可以在朋友圈发布一些有意思的小游戏，吸引用户参与和转发。在设计朋友圈活动时，可通过配图的形式来说明活动的相关信息，比如活动时间、参与条件、参加流程等。

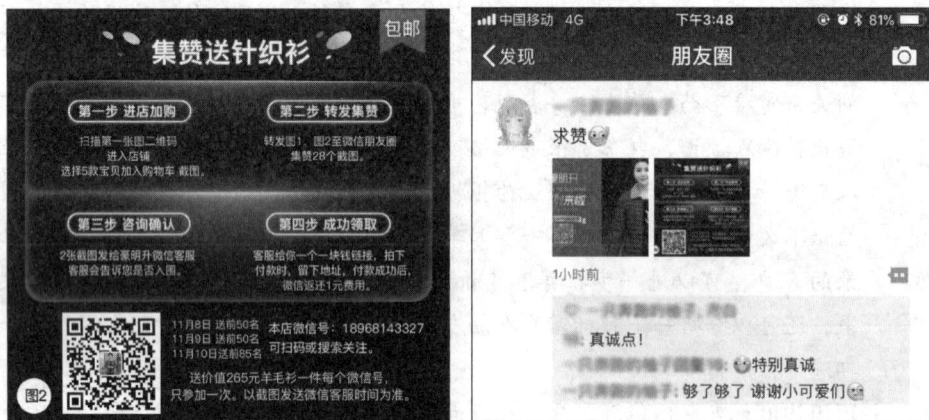

图4-10　转发集赞

- **活动准备：** 在活动开始之前，可以提前在微信朋友圈进行预告和预热，提醒微信好友准时参加，也可以适当保持一定神秘感，引起用户的兴趣。在设计活动内容时，需要遵循几个基本原则：主题鲜明、内容简洁、操作便捷、流程简单和时机恰当。鲜明的主题和简洁的内容可以方便用户快速阅读、快速了解活动，可以将活动名称放在最前面，比如"【集赞换××护肤套装】热爱自己才能热爱生活，亲爱的仙女们，来为自己奋斗一套××吧，变白变润变漂亮，看我72变！"。便捷的操作和简单的流程主要是为了方便用户参与，移动端的营销基本都是在利用用户的碎片时间，如果需要花费太多精力去参与活动，会大大降低用户参与的积极性。恰当的时机是指活动发布时间要正确，通常可以选择在线人数多的时候发布，比如中午午休时间、下午上班时间等。
- **活动总结：** 在活动开始后，营销人员应该对活动数据进行监控，关注大家的参与情况、互动情况和反馈意见，及时调整活动中的不合理之处。另外，活动结束后，需要对活动效果进行总结，以便下一次活动的改进。

## 4.2.5　任务实训及考核

根据介绍的相关知识，完成表4-3所示的实训任务。

表4-3　实训任务

| 序号 | 任务描述 | 任务要求 |
|---|---|---|
| 1 | 将手机通讯录中的部分联系人添加为微信好友 | 在手机通讯录中选择联系人，发送好友申请，将其添加为好友 |
| 2 | 给新添加的微信好友发一段自我介绍 | 完成好友的添加后，根据好友性格、爱好等，设计一段适当的自我介绍 |
| 3 | 策划一个"女鞋"的朋友圈广告 | 以转发集赞的方式，在朋友圈发布一条新颖有趣的"女鞋"广告，并和参与活动的用户进行互动 |

填写表4-4所示的内容并上交，考查对本节知识的掌握程度。

表4-4　任务考核

| 序号 | 考核内容 | 分值（100分） | 说明 |
|---|---|---|---|
| 1 | 列举添加微信好友的方式 | | |
| 2 | 简单介绍朋友圈内容设计的要点 | | |
| 3 | 列举朋友圈内容推广的常见形式 | | |
| 4 | 设计一个朋友圈推广活动 | | |

# 4.3　提高微信公众号的推广能力

微信公众号是在微信公众平台上申请的应用账号，微信公众平台是腾讯公司在微信基础上开发的功能模块，是现在新媒体营销宣传的常用平台。通过微信公众平台，个人和企业都可以打造专属自己的特色公众号，在公众号上可以通过文字、图片、语音、视频等形式，与特定群体进行全方位的沟通和互动。

**课堂讨论**

针对下列问题展开讨论：
（1）怎么进行微信公众号定位？
（2）怎么设置自己的微信公众号？
（3）怎么设计微信公众号的推广内容？
（4）怎么提高微信公众号的热度？

微信公众号广告基于微信公众号生态体系，以文章内容的形式出现在公众号文章中，提供公众号关注、移动应用下载、卡券分发、品牌活动广告等多种官方推广形式，支持多维度组合定向投放，实现高效率转化。从营销的角度来说，微信公众号在品牌传播、宣传推广等方面都具有非常重要的意义。微信公众号可以更好地引导用户了解品牌、参与互动，同时扩大信息的曝光率，在降低营销成本的基础上，实现更优质的O2O营销。微信公众平台的大数据分析功能，还可以对用户数据进行分析，为精准营销打下了坚实的基础。

微信公众平台为营销提供了方式，但是优质的营销效果离不开公众号的运营，只有在某一行业中有热度、有影响力的公众号才具有真正的营销价值。本节将对微信公众号类型和选择、微信公众号设置、微信公众号定位、微信公众号内容策划、微信公众号粉丝维护和微信公众号阅读热度提高等知识进行介绍，介绍提高微信公众号推广能力和营销价值的方法，帮助用户打造更有影响力的公众号。

## 4.3.1　微信公众号类型和选择

微信公众号有多种类型，每一种类型的使用方式、功能、特点均不相同，用于营销的公众号一定要选择最适合自己的公众号类型，才能达到预期的营销推广效果。

### 1．微信公众号的类型

**课堂讨论**

假设你要创建一个个人公众号，你会选择什么类型的公众号？

微信公众号主要包括服务号、订阅号、小程序和企业微信4种类型，如图4-11所示。

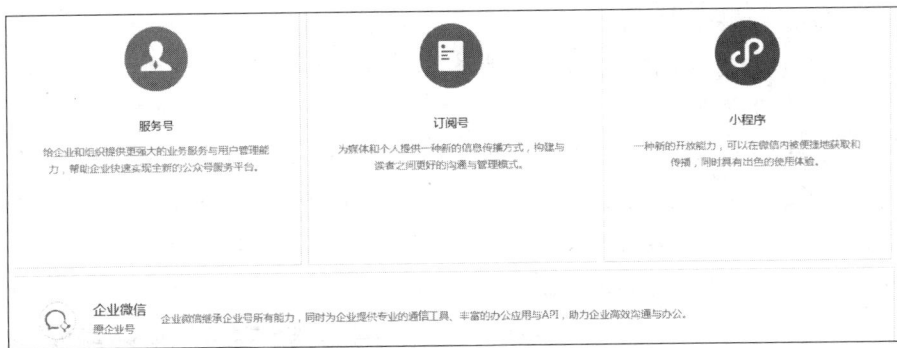

图4-11　公众号类型

### 2．微信公众号的选择

订阅号具有信息发布和传播的能力，可以展示自己的个性、特色和理念，树立自己的品牌文化。订阅号主要偏向于为用户传达资讯（类似报纸杂志），认证前后每天可以群发一条消息，具有较大的传播空间，如果想简单地发送消息，达到宣传效果，建议可选择订阅号。

服务号具有用户管理和提供业务服务的能力，服务效率比较高，主要偏于服务交互，比如银行、114等提供服务查询的机构适合选择服务号，客户服务需求高的企业也可开通服务号。服务号认证前后每个月可群发4条消息，还可开通微信支付功能。

企业号主要用于公司内部通信使用，具有实现企业内部沟通与内部协同管理的能力，需要用户先验证身份才可以关注成功。

小程序是微信的一种开放功能，具有出色的体验，可以被便捷的获取与传播，适合有服务内容的企业和组织注册。

对于用于营销的公众号来说，目前服务号和订阅号的使用率更高。订阅号通过微信认证资质审核通过后有一次升级为服务号的入口，升级成功后类型不可再变；服务号不可变更成订阅号。

## 4.3.2　微信公众号设置

申请并开通微信公众号之后，需要对公众号的基本信息进行设置，包括名称、头像、二维码、功能介绍等，其中部分设置原则与微信个人号类似。

### 1．微信公众号的名称

微信公众号的名称是用户识别公众号的重要标志之一，也是直接与公众号搜索相关联的关键部分。从某种角度来说，微信公众号的名称就是品牌标签，因此名称的设置与营销效果息息相关。

微信公众号的名称设置方法与微信个人号基本类似，基本要求为统一、简洁、便于搜索、注明功能等。

- **统一**：指保证微信公众号的名称与其他媒体平台的名称相一致，特别是已经积累了一定影响力和知名度，或者有个人品牌的用户。一般来说，企业、媒体、名人、平台等都会采用完全统一的命名方式，图4-12所示为一个知名自媒体在微博和微信公众号上的名称。

图4-12　不同平台的相同名称

- **简洁**：指公众号要便于用户记忆和识别，在简洁的基础上，也可以进行一些个性化的优化，方便给用户留下深刻印象。
- **便于搜索**：很多用户在添加公众号时，都会使用搜索公众号名称的方式，如果公众号名称过于拗口、有生僻字或有不方便记忆的外国文字，很容易影响搜索结果，从而损失掉一部分的粉丝。
- **注明功能**：指公众号名称要与产品产生联系，比如一个介绍服装搭配的公众号，可以叫"××穿搭""教你日常穿搭""××穿搭札记"等，让用户通过名字快速了解公众号性质，图4-13所示为介绍美食的公众号名称。

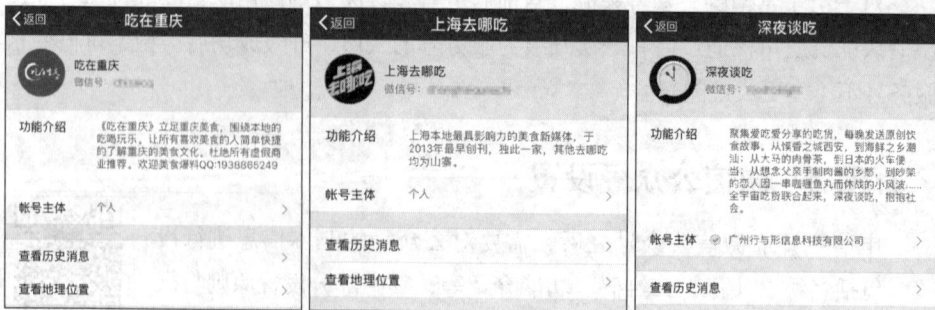

图4-13　注明功能的微信号

### 2．微信公众号的头像

头像也是微信公众号的重要标志之一，代表了公众号的个性和风格，展现了公众号的品牌形象，同时还能方便用户对公众号进行认知和识别。公众号头像主要有Logo、个人头像、文字、卡通形象、知名角色等几种主要类型。

- **Logo**：Logo一般指品牌Logo，拥有品牌的企业或个人可将Logo作为公众号头像，图4-14所示的宝马中国、星巴克中国、麦当劳的公众号均使用的品牌Logo。

图4-14　用Logo作为头像

- **个人头像**：很多自媒体、明星、名人等都会将自己的照片作为公众号头像，图4-15所示为一些自媒体和名人的公众号头像。

图4-15　用个人照片作为头像

- **文字**：设计精美的中文、中英文组合或文字与Logo组合都是比较常见的头像样式，图4-16所示为使用文字作为公众号头像。

图4-16　用个人照片作为头像

- **卡通形象**：很多自媒体、创意公司、行业名人，甚至政府、学校等官方组织，都会为自己设计一个专属的卡通头像，这类头像通常具有极高的辨识度，图4-17所示为使用个性卡通角色作为公众号头像。

图4-17　用卡通画形象作为头像

- **知名角色**：知名角色是指著名的电影、电视剧、动画、历史中的形象，这种角色比较具有知名度和辨识度，容易引起用户注意，也能更好地表达公众号的定位，图4-18所示为使用知名角色作为公众号头像。

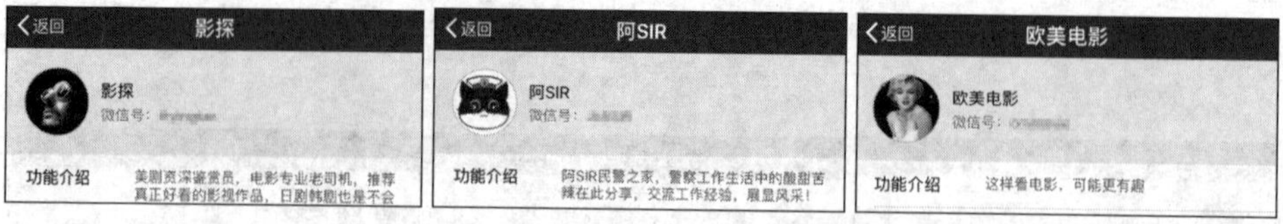

图4-18　用知名角色作为头像

**专家指导**

微信公众号头像有圆形和方形两种显示方式，在设计公众号头像时，要保证两种方式都能完全显示头像，不会被遮掩。

### 3．微信公众号的二维码

与微信一样，每一个公众号都有一个专属的二维码，对二维码进行分享和推广，可以让更多人关注自己的公众号。微信公众平台提供了二维码尺寸设置和下载功能，根据自己的推广需要，可以设置合适尺寸的二维码，还可对二维码图片的效果进行美化。二维码的重新设计可以结合自己的产品特色，添加一些可以展示产品特性的元素，使其更具个性化，比如地产类型公众号的二维码可以设计一些建筑，娱乐类型公众号的二维码可以设计一些卡通形象等，图4-19所示为一些个性化二维码设计。

图4-19　个性化二维码

### 4．微信公众号的功能介绍

微信公众号的功能介绍主要用于描述公众号的作用，会在用户搜索公众号时显示，因此需要重点设置。一般来说，功能介绍必须突出重点、便于理解，让用户可以通过该介绍快速了解公众号提供的服务和公众号的价值等，比如直白地展示卖点，快速打动目标消费人群，图4-20所示为一个Office学习公众号的功能介绍。除了说明功能和作用外，功能介绍也可以用来表达情感、展现特色，通过个性化吸引消费者，图4-21所示为表达态度和情感的功能介绍。大部分品牌的公众号通常会在功能介绍中进行品牌介绍，或者放置一些文案标语，进一步进行品牌推广，图4-22所示为描述品牌的功能介绍。

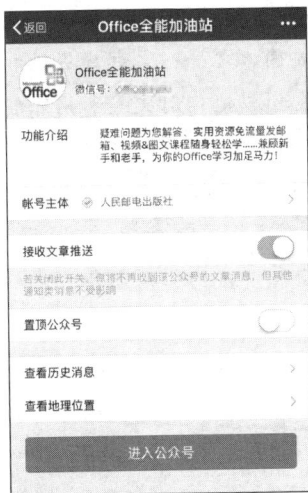

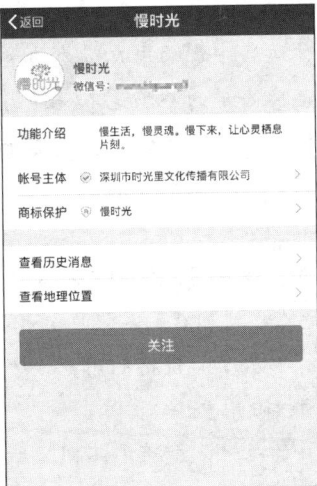

图4-20　介绍功能　　　　图4-21　表达情感　　　　图4-22　品牌推广

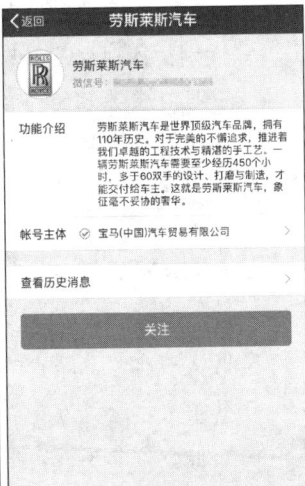

## 4.3.3　微信公众号定位

不管是个人还是企业，要想获得更好的公众号推广效果，都必须对目标用户进行精准定位。在这个信息爆炸的时代，网络中每天传播的信息非常多，只有准确地将信息传达给需要它的用户，才能快速取得原始资源，为公众号的进一步发展累积动力。因此一个公众号在发展前期，一定要做好定位，先制定出适合自身发展、符合自身形象的定位，再通过这种定位去吸引用户，最后慢慢形成品牌效应，达成营销目的。

对于网络营销来说，定位就是定位目标人群，目标人群喜欢什么，就给他们提供什么。要定位目标消费群体，首先应该了解他们的喜好，明确他们的行为动机，可以根据公众号要服务或推广的人群的地域、年龄、性别、教育程度、收入、行业等特点来策划公众号的运营内容，设计出他们喜欢的风格、特色和服务。

- **地域：**地域是影响用户行为的重要因素，不同地区的用户在文化、习俗、方言、喜好上都会有一定的差异性，甚至在接受能力、吸收速度上也会有很大的不同，比如南方和北方的生活习惯、风俗喜好、气温气候不同，一二线城市和三四线城市的生活观念、消费水平、接受能力不同，所以公众号在面向不同地域的用户运营时，需要有一定的针对性，采用不同的互动方式。

- **年龄：** 不同年龄阶段的需求是不一样的，年轻人喜欢新鲜事物，接受能力更强，面向年轻人推广时，轻松诙谐的段子、网络热点、流行时尚都有很大的吸引力，但这些内容却难以引起中老年人的注意和喜欢，生活周边、健康养生等内容更受他们青睐。

- **性别：** 性别也是新媒体运营中影响用户行为的重要因素之一，大部分男性和女性日常关注的内容、感兴趣的事物是不一样的，所以他们对文案和内容的要求也不一样，比如娱乐、星座类的内容更受女性用户欢迎，而科技、军事等内容更受男性用户欢迎，因此根据用户性别不同，需要对运营风格做出相应调整。

- **教育程度：** 用户受教育程度不同，他们能接受的文化、风格、内容就会不一样，受教育程度越高的人，对内容的要求也会越高。

- **收入：** 将产品推广给能够承受其价格的用户，才能带来成交，只有收入合适的用户才能成为产品的核心用户。

- **行业：** 行业不同，用户的关注点就可能不同，所以推广需要与行业相匹配，要为目标用户人群设计他们关注的内容。

除了需要分析用户的各种特征之外，进行公众号定位策划时，也可以从用户的使用场景出发进行设计，比如目标用户一般何时查看公众号信息、愿不愿意进行分享、有没有付费行为等，然后根据用户的这些特征策划公众号内容和活动。

## 4.3.4　微信公众号内容策划

公众号的内容策划，应该建立在分析和了解目标用户群体的基础上。要让用户长时间保持对公众号的关注，内容、活动、服务等多个方面的策划就要持续满足他们的需求。

公众号内容发布

### 1．内容

**课堂讨论**

针对下列问题展开讨论：

（1）在微信中搜索一些人气和阅读量比较高的公众号，分析哪些领域是热门领域？

（2）分析这些公众号的每一篇推送文章有什么共同的特点？

不同类型的用户通常有不同的喜好和关注点，当某一类有相似喜好的用户形成圈子时，与之喜好相对应的公众号文章就可能在这个圈子内得到广泛分享和传播，为公众号吸引到更多属性相同的高质量用户。

（1）内容设计

对于大多数公众号来说，都是以内容来进行用户定位，也就是说分享公众号文章给目标用户，吸引同质的粉丝，再通过对后台数据表现的持续分析，不断地调整和优化文章内容。一般来说，公众号文章主要有原创和转载两种模式，其中原创难度大，但粉丝的忠诚度也会相对更高。原创文章的选题方式非常多样化，用户需求分析、九宫格思考、话题借势、时间地图等都是比较常用的方法。

- **用户需求分析：** 分析用户需求的目的是为了写出他们喜欢阅读的内容，而在分析用户之前，需要了解用户数据，问卷、客服交流、用户问答等方式都可以收集到用户数据。在了解了用户的问题和诉求的基础上，即可开始选题策划，从不同角度挑选出最适合的选题，比如行业热门消息、有深度的干货、名人的视角、群众的视角、有内涵的企业文化、生活实用技巧、生活感悟、产品福利活动等。

- **九宫格思考：** 九宫格思考的用法类似于思维导图，即从一个主题进行联想和延伸，发展出各种与主题相关的内容，再对内容进行解析和组合。如一个成都美食公众号，有两个主要关键词——成都和美食，通过"成都"联想出天府、宽窄巷子、辣、地铁等词汇，通过"美食"联想出火锅、小吃、低卡、川菜馆子等词汇，对这些词汇进行组合后，可以得出"宽窄巷子的小吃""地铁线上的川菜馆子"等选题。为了提高文章的吸引力，可适当对标题进行润色，如"地铁1号线上那些让人停不下来的川菜馆子""带你吃遍成都地铁1号线"，即可获得一个新选题。对主题词语的联想越丰富，可以获得的选题就越多。

- **话题借势：** 话题借势是十分常见且使用频率很高的一种选题方式，指借助近期热点事件确定选题，热点的话题性越高，爆炸性越强，带来的营销效果就越好，比如曾经很火的"世界那么大，我想去看看"，引发了各大品牌的"世界那么大"体，掀起一波营销热潮。新媒体营销时代，任何能够引起公众关注的热门事件都会引来各个品牌的借势营销。话题借势要求营销人员具备一定的敏感度，能够迅速、及时地捕捉到热点话题，并快速执行，因此要积极关注各种新闻网站、咨询网站和媒体平台等，以便及时、高效地进行话题营销。

- **时间地图：** 现在几乎每一个节日都是一次营销机会，法定节假日、民俗节假日、西方节假日、各种纪念日、全国统一考试日期、网络流行节日等都可以成为一次营销选题。作为一名营销人员，应该对各个节假日话题进行提前策划。

公众号的原创内容策划方式比较多，除了上述所讲之外，申请名人文章授权、通过搜索引擎发掘话题、通过贴吧论坛微博等媒体平台发掘话题等，都可以为公众号内容设计提供思路，只要所设计内容是目标用户所需求的内容，就能够吸引和留住用户。

写作有吸引力的内容

（2）标题设计

当一个公众号想扩大影响力时，除了名称、头像要具有自己的标识之外，文章标题也可以设计出自己的风格，通过标题格式表达公众号的个性特色，打造系列样式的文章，让用户在看到文章标题时可以快速分辨出这是哪一个公众号、分享的是什么内容，从而进一步加强用户对公众号的印象。图4-23所示的公众号，标题前用"|"隔开的"好物""探店"即是公众号中不同的系列，分享的也是不同的内容。

在强化品牌时，还可在标题中加入个人、企业的品牌名称或具有强烈品牌辨识度的词语，如一个旅行相关的公众号，标题前均有"独特旅行|"的标识，"独特旅行|小镇飘出豆腐香""独特旅行|'飞仙阁'的千年秘密"等。

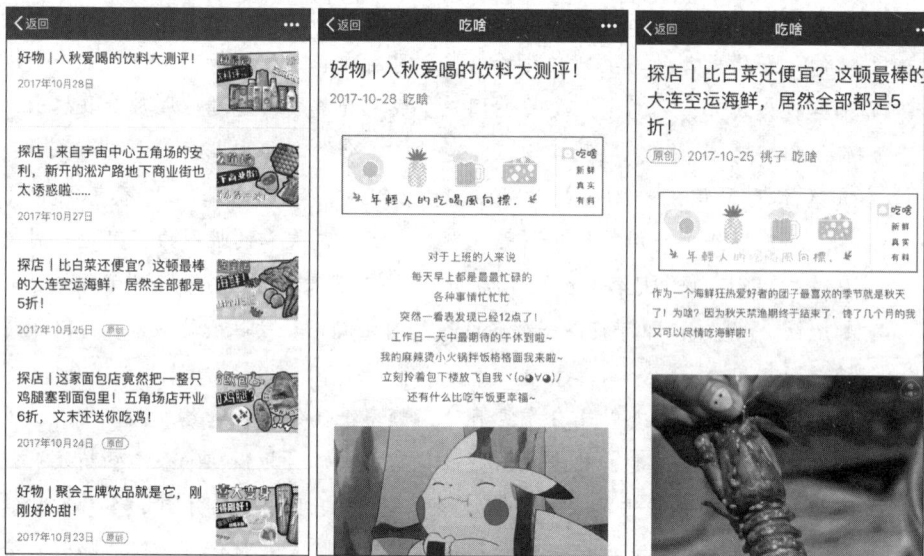

图4-23　系列标题

（3）封面图设计

公众号的封面图一般都使用与推送内容相关的图片，或与产品相关的图片，如果推送内容分为不同系列，还可以为每个系列设计对应风格的图片。图4-24所示的美食公众号的封面图片就是与推送内容相关的图片，图4-25所示的读书公众号的封面则根据文章系列设计了不同的封面。

为了表达个性化，封面图也可以使用一些趣味性、带有独特标志的图片，如个人独特的形象图或带有公众号特有Logo、标签的图。

图4-24　与推送内容相关的封面　　　图4-25　不同系列的封面

（4）视觉设计

一篇吸引人的推送文章，吸引用户阅读依靠的并不仅仅是夺人眼球的标题和开篇，还有优质的视觉效果，所以配色和排版必不可少。

- **配色：** 公众号推送文章的配色一般使用与企业或品牌相关的颜色，与品牌保持一致，如果没有品牌色，也建议使用比较统一的色调，作为公众号的代表色，提高辨识度。在一篇推送文章中，颜色不要使用过多，如不超过3种，同时尽量使用温和的颜色，否则很容易影响阅读，降低用户的阅读体验。如果文章中需要插入图片，文字颜色应该与图片相匹配。

- **排版：** 为了保证推送文章整体的美观性和易读性，在进行排版时可以遵循对齐、对比、统一的原则。对齐主要包括左对齐、右对齐和居中对齐3种形式，一般默认为左对齐，可以根据内容需要选择合适对齐方式，也可混合使用，如图4-26所示，其中左图为左对齐和居中对齐混合的排版方式。对比主要是指标题与正文的对比、重点内容与普通内容的对比，体现标题、正文、重点内容的对比性，可以使文章更加有条理，也更美观易读，中间图为标题与正文的对比。统一是指排版样式统一，包括正文内容字体样式一致、重点内容字体样式一致、行距一致、风格一致等，右图的文章即为排版统一。

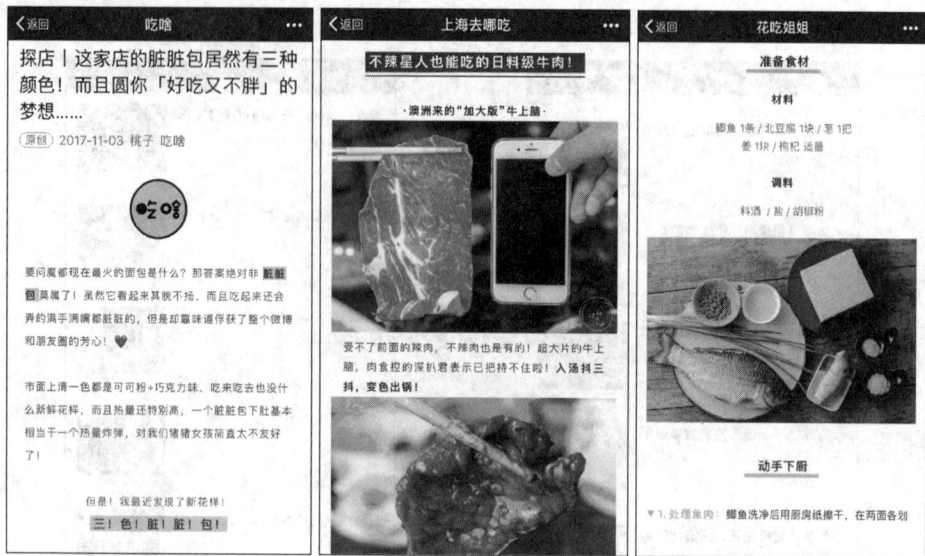

图4-26 排版

**专家指导**

好的排版不仅可以增强文章的可读性，还能形成自己的个人风格，与其他公众号产生区别。部分公众号除了在文章中使用图片外，还会使用一些有趣的表情、诙谐的语言，营造出更轻松、更贴近用户的阅读氛围，深受很大一部分用户的喜爱。为了让文章排版更丰富美观，可以使用一些排版工具，如秀米编辑器、135编辑器等，均为用户提供丰富的版式效果，还能提高排版效率。

### 2．功能

**课堂讨论**

针对下列问题展开讨论：

（1）假设要为一个酒店查询公众号设计功能，可以设计哪些功能？

（2）分享类公众号怎么通过公众号功能提供服务？

很多用户关注公众号并不是对文章内容感兴趣，而是为了使用公众号的功能。如果某公众号的功能比较方便，可以满足用户的具体需求，或为用户提供某些具体服务，就很容易吸引用户的关注，比如某知识分享公众号，在分享信息的同时，还会为用户提供一些模板、素材、学习资料的下载服务，就可以吸引需要这些资料的用户，所以公众号功能的设置非常重要。

公众号的功能设置应该从公众号所服务的产品出发，联想和结合用户使用公众号的场景，设想用户在什么时候、什么情况下会使用该公众号，然后根据各个具体场景整理出服务内容，设计出公众号功能。比如一个餐饮公众号，用户使用该公众号的场景多为预约、订餐、导航、用餐提醒等服务，就可以为公众号设置在线预订、排队提醒、最优优惠、免费Wi-Fi、门店导航、订餐电话等功能。图4-27所示为Office全能加油站公众号和中国移动10086公众号的功能设置。

图4-27　功能设置

### 3．活动

为了增加新用户，刺激用户的活跃性，运营者通常需要在公众号中设计一些活动，激励用户参加。设计活动一般都需要花费一定的成本，所以为了保证活动效果和活动收益，需要对目标用户进行准确定位。也就是说，在设计活动之前，需要对公众号的用户属性进行分析，了解公众号中的哪一部分用户乐于参与活动、乐于分享活动，同时愿意消费产品。

比如某公众号的粉丝皆为年轻女性，该公众号想推广一款女性产品，售价为319元，设计了一个名为"职场最佳××"的活动。这个活动将目标客户定位在职场，因为职场女性更可能购买319元的产品，由她们对该活动进行传播，取得的推广效果更好，更容易为公众号带来更多有消费能力的关注对象。

## 4.3.5　微信公众号粉丝维护

粉丝是公众号营销的基础，运营者要想获得影响力，提升推广效果，必须增加和维护公众号粉丝。

### 1．获得粉丝

获得公众号粉丝的方法有很多，不同类型的运营者通常会使用不同的手段，下面对比较常用的获取粉丝的方法进行介绍。

- **邀请老客户关注：** 邀请已有的老用户关注公众号，如有过交易的、有过互动的，通过微信、短信等方式进行邀请。
- **线下客户：** 不管是线下的店铺推广、参加展会，还是其他线下活动，都可以制作一个二维码邀请潜在客户进行关注。为了增加关注率，还可以附赠一些小礼品。
- **其他媒体平台引流：** 通过在各种网络平台上分享有价值的内容，吸引读者关注。可以引流的平台很多，如微博、QQ等社交平台，新闻、博客等门户类平台，论坛、贴吧等BBS类平台，知乎、百度知道等问答平台，美拍、秒拍等短视频分享平台，以及文库、网盘等资源分享平台等。

### 2．维护粉丝

获得首批粉丝之后，如果想要持续扩大影响力，还需要对粉丝进行维护，同时不断提高粉丝数量。移动社交营销，粉丝的维护离不开互动，对于公众号粉丝而言，关键词回复、问题搜集和反馈、评论互动都是比较有效的互动。

- **关键词回复：** 在推送的文章中提醒用户输入关键字进行回复，引导用户通过回复关键字主动了解内容，增加公众号的使用率，同时还可以在自动回复中加入一些惊喜，提高用户黏性。除了维护粉丝之外，关键词回复也是吸引新粉丝的有效手段，当老用户对文章进行分享，新用户阅读了文章内容之后，想要了解关键词的相关信息，就必须关注公众号。
- **问题搜集与反馈：** 在公众号中可以设计一些目标用户感兴趣的问题搜集活动，增加用户的参与度，或者对用户反馈问题进行解答，对产品的使用情况进行反馈，让用户与用户、用户与公众号之间产生互动。
- **评论互动：** 开通了留言功能的公众号，评论区就是与用户互动的有效途径。很多用户在阅读推送内容时，还会阅读评论区的内容，运营者与用户可以在评论区进行互动，或者可以在评论区自评，鼓励用户进行转发分享。

不管如何互动，保持并提升公众号粉丝最基本的要求都是推送内容的价值，只有推送内容能够满足用户的需求，才能保证用户的持续关注，才能进一步提升粉丝数量。

## 4.3.6　微信公众号阅读热度提高

随着公众号的持续火热，越来越多的个人和企业加入了公众号营销的队伍，据统计，微信公众号的数量已经超过了2000万个。用户的选择越来越多，公众号推送内容的阅读量越来越少，在这种环境下，就需要掌握提高公众号阅读热度的方法。

## 1．设计一个引人注意的标题

对一篇公众号推送内容的阅读热度产生直接影响的因素，不外乎标题、内容和风格。内容和风格依据目标定位群体而定，可以是智慧的、风趣的，也可以是娱乐的、轻松的，其目的是为了吸引用户持续阅读，图4-28所示为不同内容和风格的公众号推送内容。但是阅读的前提是点击，只有用户产生点击行为后，才可能继续阅读文章，实现公众号推送的价值，此时标题的优化就显得非常重要。

图4-28 不同风格和内容的推送

在这个碎片化快速阅读的时代，公众号推送内容的标题写得好不好，直接影响着文章的阅读量。一般来说，可以从以下几个方面来设计标题。

- **"名人"效应**：有意识地和影响力更强、关注量更大的人或物形成关联，通过关联者的影响力刺激消费者的关注和点击。这种方法比较适用于要推送的内容或品牌缺少影响力，不足以刺激消费者的时候。如《同样的电商APP，它比淘宝优秀的地方在哪里？》。

- **突出矛盾**：相对于普通陈述，矛盾冲突更能吸引用户的关注，在陈述句中寻找主体矛盾，并将关键矛盾放大，使用户可以通过标题快速发现矛盾冲突，提起兴趣并点击阅读，如《如何将一万块一年内变成一百万？》。

- **总结盘点**：这是一种非常实用的公众号标题创作方式，即直接对一段时间内的事件（每年、每季度甚至每月）进行总结盘点，分条展开，这类文案的内容大多是为用户整理好的各种干货，很容易吸引消费者的注意。如《年度盘点：2017年飓风品牌的战略性市场营销方案》。

- **巧用对比：** 对比可以起到冲突作用，勾起消费者的好奇心，从而产生点击查看的效果，如《如何用PPT将月薪2000元升级为月薪20000元》。
- **善用数据：** 数据对于用户来说，识别度更高、专业度更高，看到标题中的数据更能激发用户查找有价值信息的欲望。如《怎么做成月销10588件的女性风衣》。
- **巧设悬念：** 在标题中可以用一些用户可能没想到的、颠覆用户常识性认知的，甚至不可思议的观点或言论，引发消费者的好奇心，借此让消费者点击阅读文案。如《一个月产值达到2个亿，健身产品怎么这么火爆？》。
- **对号入座：** 让用户通过标题与自身产生对比，对标题中的问题进行对号入座，如《办公人员必懂的10个知识，你知道几个？》。

### 2．提高分享转发率

要想提高分享转发率，首先要了解用户的分享心理，用户为什么要分享？

对于用户而言，转发的内容可以向其他用户展示自己的兴趣、爱好、价值观，也可表达自己的立场、态度和观点，越能对用户形象进行扩展和补充的推送内容，越可能获得转发。此外，利益也是转发的主要影响因素，一篇对用户有价值、可以给用户带来某种好处的文章，不管是物质利益，还是精神利益，通常都能够获得转发，比如在朋友圈比较流行的一些生活、健康类分享，都是因为用户觉得分享内容对自己有价值，值得传播出去。

### 3．利用朋友圈和社群资源

将推送文章分享到朋友圈和社群是最直接的提高阅读量的方法，特别是当朋友圈和社群中的目标用户较多时。如果朋友圈和社群中的某位用户拥有较大的用户资源时，还可以邀请他们进行分享，提高传播量。甚至可以结交其他公众号朋友，综合多个人的影响力进行合作，互相分享。

**专家指导**

为了提高文章的阅读率，还可以在推送中添加一些往期相关文章，或者在推送结尾处总结系列文章列表，吸引读者进行点击阅读。

## 4.3.7　任务实训及考核

根据介绍的相关知识，完成表4-5所示的实训任务。

表4-5 实训任务

| 序号 | 任务描述 | 任务要求 |
|------|----------|----------|
| 1 | 对公众号进行定位 | 根据自己需要推广的产品，对目标用户人群进行分析定位 |
| 2 | 设计一篇公众号推送内容 | 根据目标用户的特点，设计一篇推送文章（包括语言、风格、内容、排版等） |
| 3 | 思考一个美食公众号如何有效增加粉丝量 | 为美食公众号设计几种增加和维护粉丝的方法 |

填写表4-6所示的内容并上交，考查对本节知识的掌握程度。

表4-6 任务考核

| 序号 | 考核内容 | 分值（100分） | 说明 |
|------|----------|----------------|------|
| 1 | 简述如何进行公众号平台的定位 | | |
| 2 | 简述公众号内容策划的步骤和重点 | | |
| 3 | 列举公众号的粉丝增加和维护方法 | | |

# 拓展延伸

微信营销是现在主流的新媒体营销方式之一，微信公众号营销则是微信营销的重要组成部分，下面将对微信公众号营销过程中可能出现的问题进行介绍。

## 一、新开的没有知名度的微信公众号，应该怎么设置名称？

新申请的微信公众号在设置名称时，可以使用以下几个方法。

- 以目标用户的需求为基本出发点，也就是说微信公众号所定位的目标消费者是哪一种类型，就设置为哪一种类型。比如一个面向爱猫人士的公众号，名称为"猫来了""猫宠物"等；一个为用户群体提供趣味段子的公众号，名称为"内涵段子""搞笑段子"等。

- 根据地域设置公众号名称，即介绍本地内容的公众号，比如"成都生活""上海美食攻略"等，除了直接使用地域名称之外，著名景点、著名食物、特色方言等也是地域名称的设置方式之一，根据地域特点设置的公众号主要吸引本地用户。

- 根据某个事件或场景也可以设置公众号名称，比如"枕边音乐""十点读书"等，定时将用户带入一个生活习惯或生活场景中，可以增加用户黏性，同时也方便用户根据自己的需求进行搜索。

- 在某个领域中继续细分，用细分领域设置公众号名称，比如服装搭配领域下细分的"裤装搭配指南""裙子搭配技巧"等，细分领域的优点是目标定位更精准。一般来说，名称范围越大，重复性就越高，竞争也会越大，在一些热门领域中，细分领域反而能另辟蹊径，吸引到更精准、更优质的用户。

以上方法是设置微信公众号名称的一种角度，可以单独使用，也可以结合使用，只要在遵循公众号设置原则的基础上，尽量做到个性化、易辨识，就能设计出一个合适的公众号名称。

### 二、公众号文章什么时候推送比较合适？

选择合理的推送时间，不仅可以更好地抓住用户的碎片时间，提高文章的阅读量，还可以培养用户的阅读习惯。移动社交营销大多利用的是用户的碎片时间，比如早晨7:00~9:00的上班前时间，中午11:30~13:30的午休时间，下午18:00~20:00的下班时间，晚上22:00以后的睡前时间等。一般来说，在这几个时间段推送的公众号数量都比较大，如果想避开竞争，也可以根据需要错开这几个推送时间，但最终推送时间还是应该以用户的活跃时间为准。

在设置推送时间时，建议保持定时推送，更方便培养用户的阅读习惯，比如每天保持中午12:00推送，久而久之，用户就会养成中午12:00准时查看推送内容的习惯。

### 三、微信公众平台的后台有哪些重要功能？

微信公众平台的后台为运营者提供了多种推广功能，以一个新注册的订阅号为例，主要包括群发、自动回复、自定义菜单、投票管理4个功能。

- **群发**：支持文字、图片、语音、视频等多种形式，是公众号最基本、最常用的功能，向用户推送文章即使用的该功能。

- **自动回复**：自动回复是指公众号运营者制定自动回复规则，公众号自动将设定的文字、图片、语音等内容回复给用户。自动回复包括消息自动回复、被添加自动回复和按关键字自动回复3种类型，其中消息自动回复是指用户向公众号发送消息时，自动回复一条内容；被添加自动回复是指用户关注公众号时，公众号自动发送的回复内容，一般为问好、告知服务和功能、告知使用方法和习惯、体现公众号个性等，此外还可以通过被添加自动回复进行简单问卷，或引导用户即时进行回复、查询、点击等操作，图4-29所示为被添加自动回复；按关键字自动回复是指当用户所发送的内容中包含某关键字时，公众号自动回复运营者设置好的与该关键字相关的内容。按关键字自动回复比较灵活，可以通过关键字实现咨询服务、资源下载，甚至为第三方平台引流，图4-30所示为按关键字自动回复。

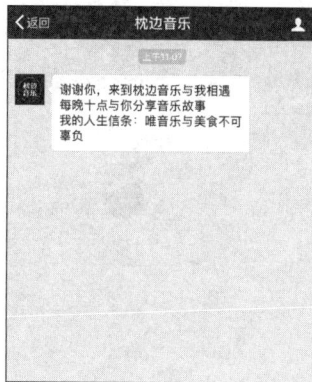

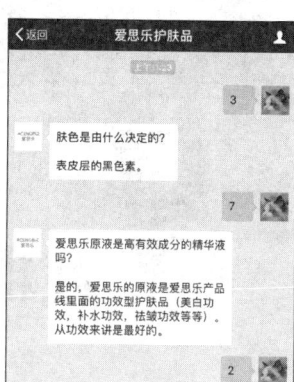

图4-29　被添加自动回复　　　　图4-30　按关键字自动回复

- **自定义菜单：** 公众平台为运营者提供了自定义菜单功能，当用户选择相应的菜单命令时，即可跳转到相应页面查看信息。自定义菜单可以是公众号功能和服务，也可以是消息收取或跳转链接等，主要目的是满足用户的操作需求，或进行产品推广。自定义菜单命令的设置与前面所讲的公众号功能设置一致，以挖掘用户的痛点，满足用户的需求为基本标准。
- **投票管理：** 投票功能主要用于公众号的相关活动，如比赛、选举、问卷等，在公众号后台新建投票模板，插入推广内容并推送给粉丝进行参与即可。

# 📈 实战与提升

通过本章知识的学习，对下列问题展开讨论与练习，在巩固所学知识的同时，拓展视野，进一步提高自己的能力。

（1）微信小程序是一种开放功能，与订阅号、服务号的对外推送信息和流量变现等功能相比，小程序的核心是服务，可以提供一些原本需要安装外部App才可以实现的功能，是微信营销中跨越线上线下边界的重要工具。根据小程序的特点，试着思考一下我们可以从哪些方面去挖掘小程序在营销中的价值。

**提示：** 可以从摩拜单车、京东购物等小程序在线下生活中的应用场景进行分析。

（2）微信公众号营销的最终目的是流量变现，试着了解一下，在公众号中建立第三方接口进行变现，可以使用哪些工具？

**提示：** 分别了解腾讯风铃、微社区、有赞等第三方接口的作用和功能。

# 第5章 社群营销

## 学习目标

　　网络社交平台的普及和发展，使网络营销逐渐走向平台化、互动化、社群化、体验化和社交化，为社群营销提供了宽广的发展天地。个人或群体通过网络平台、网络服务聚集特征相似的目标用户，为目标用户群创造长期沟通的渠道，创建基于社群成员的商业生态。这不仅能够满足用户不同层次的个人需求，还可以通过社群口碑将品牌和产品推广出去，从而获得循环往复、逐渐扩大的营销优势。

## 学习导图

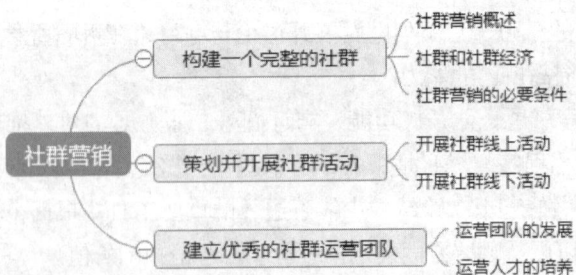

## 案例导入

从早期的BBS、论坛时期开始，社群营销就在慢慢展现其营销价值，而随着网络服务的逐渐演进，最初的群居式社群模式开始逐渐向个人模式转变，微博、微信等社交媒体的发展更是将社群营销推进了一个新时代。

如今的网络环境中，利用自媒体平台进行营销的个人或企业比比皆是，而"罗辑思维"作为社群营销的典型代表之一，为其他社群营销团队积累了丰富的经验。

"罗辑思维"的主打产品是脱口秀，主要内容是由主讲人罗振宇分享个人读书心得，从2012年开播至2018年，"罗辑思维"长视频脱口秀累计播出了200多集，每期的平均点击量均在116万左右。

在"罗辑思维"自媒体视频节目上线10个月之际，罗振宇发起了会员招募活动，前后两个招募分别在5小时与24小时内入账160万元和800万元的会员费。

2014年，"罗辑思维"在90分钟内售出了8000套单价499元的图书礼包。同年，"罗辑思维"真爱特供开售，死磕100天月饼，总销售量达40 038盒，其中"罗辑思维"微信商城售出23 214盒。到如今，据说"罗辑思维"罗振宇和得到APP的市值已达到70亿。

用户因自身需求而聚集并产生交流互动的愿望，是社群得以形成和发展的基础，"罗辑思维"以视频为基础建立影响力，并通过微信订阅号构建了一个庞大的知识型社群，向用户推送有价值的内容，设置会员互动专区，充分利用现有资源制作出图书、微刊等延伸产品，实现资源利用的最大化，不仅使罗辑思维发展成鲜明的个人品牌，也将社群逐渐发展成知名的知识型社群。

一个社群最核心的部分就是一群拥有共同兴趣和爱好的集体，"罗辑思维"作为一个知识型社群，从内容生产，到内容包装，到内容分发，最后为用户提供后续服务的整个闭环上，每一个环节的发展和运作都可谓精细。他们将目标用户准确定位为85后白领读书人，这类目标人群拥有共同的价值观，有知识，有追求，愿意为知识付费，同时通过社群内外的深度互动，可以发掘每一名成员对知识的渴望和追求，在内部进行内容互动的同时，还能继续向外部扩散和输出，通过社群用户分级共同塑造罗辑思维的品牌，并将品牌影响力持续传播出去。

**【思考】**

（1）什么是社群营销？

（2）有哪些具有代表性的社群营销成功案例？

# 5.1 构建一个完整的社群

社群营销是随网络社区和社会化媒体发展起来的一种营销模式，主要基于网络社区和社会化媒体平台发展用户，通过连接、沟通等方式实现用户价值。

社群营销是一种基于圈子和人脉的营销模式，通过将有共同兴趣爱好的人聚集起来的方式打造一个共同兴趣圈并促成最终的消费。社群营销其实是一个口碑传播的过程，其人性化的营销方式不仅广受用户欢迎，还可以通过用户口碑继续汇聚人群，扩散口碑，让原有用户成为继续传播者。

**课堂讨论**

针对下列问题展开讨论：
（1）你在日常生活中遇到过哪些社群营销案例？
（2）开展社群营销需要具备哪些条件？

网络社群很早就已经出现，其概念却是在Web2.0的发展和社交网络普及应用后才逐步流行起来。现如今，借助社群进行营销的个人或企业越来越多，一个成功运营的社群不仅能够打造影响力巨大的品牌，刺激产品销售，还能够提高用户黏性和忠诚度，实现其他营销途径难以企及的营销价值。本节将对社群营销概述、社群和社群经济、社群营销的必要条件等内容进行介绍，使用户可以快速了解到社群营销的基础知识。

## 5.1.1 社群营销概述

社群以社交文化为基础，拥有自己特定的表现形式，一个完整且典型的社群通常有稳定的群体结构、一致的群体意识、一致的成员行为规范和持续的互动关系，同时社群的成员之间能够保持分工协作，具有一致行动的能力。

什么是社群

社群是一种关系连接的产物，是一群有互相关系的人形成的网络区域，成员之间可以在这个网络中交流互动，互相了解，培养情感，共同进步。互联网的便利性，让社群成员的沟通和信息的传达可以不受任何空间和距离的限制，不仅方便了社群成员之间的沟通，也方便了运营者的管理。

近几年的社群，大部分都随着微信群的应用而逐渐兴起和发展，比如罗辑思维、趁早、Better Me等，但实际上，以前的线下俱乐部、同好会，甚至基于同一地理位置而集结的人群也可以称之为社群，它们具有以下相同的几个特征。

**课堂讨论**

你加入过哪些社群？思考所加入社群的成员之间有什么共同特点？社群成员平时是否进行过互动交流？社群是否进行过规范管理？

### 1. 同好

同好是指具有共同价值观、共同爱好、共同兴趣的相似人群，同好可以对某件事产生共同的认知，能够一起行动，是社群成立的基本前提。同好分为很多类型，比如对科技、技术感兴趣的同好，对情感、自我感兴趣的同好，对运动、体育感兴趣的同好，对阅读、旅行感兴趣的同好等，每一个不同的同好类型，都可能形成一个与之对应的社群。

### 2. 结构

根据同好建立的社群非常多，然而可以真正存活下来并完善运营下去的却很少，影响一个社群成功运营的重要因素就是社群的结构。一个成熟的社群，不仅要有发起人、社群成员，还必须细分出管理人员、组织人员，制定完整的社群原则和规范，控制社群的秩序和群成员的质量，同时为社群成员提供必要的联系平台，加深成员之间的联系。也就是说，社群不仅要帮助同好建立联系，还要进行规范的管理，保持社群运营得正常、持续、健康。

### 3. 创造

一个能够持续发展的社群，必须要能够为群成员创造价值。很多社群在最初虽然可以吸引同好，也进行了完善的管理，但由于无法持续为成员输出价值，从而造成成员流失或社群日渐沉寂的情况。为了让成员可以通过社群得到价值、产生价值，社群内必须要有持续的输出分享，可以引导群内成员互相分享，培养社群内的领袖人物，分享不同层次、不同领域的价值，激励群内的普通成员，壮大社群的整体力量。

### 4. 运营

运营决定着社群是否可以长期持续地发展下去。一个保持活跃、具有凝聚力的社群，群内的每一位成员通常都会有很大的归属感，都能够自发产生主人翁精神，自主维护社群的发展和成长。而要做到这一点，必须对社群进行运营，比如规范成员加入准则，用群规控制成员的行为，有一定的奖惩措施，让每一位成员都能够珍惜社群。还要经常在群内进行讨论和分享，保证群内有话题、有任务，可以根据实际情况进行分工，保证成员有收获、有感悟。此外，为了增加群内成员之间的联系，还可以组织一些线上或线下活动，通过活动加深成员之间的感情，增加社群的整体凝聚力。

## 5.1.2　社群和社群经济

社群经济是社群发展到一定程度的产物，是互联网时代下，一群有共同兴趣、认知、价值观的用户形成社群后发生的群蜂效应，社群成员通过在一起互动、交流、协作、感染，建立情感上的无缝信任，从而对产品品牌本身产生反哺价值。

社群营销实际上就是对社群经济的一种培养和利用，社群经济基于社群而存在，将社群与交易相结合，在产品与粉丝群体之间建立起情感信任，共同作用形成自运转、自循环的小范围经济系统。社群经济中的产品与消费者之间不再是单纯功能上的连接，附着在产品功能之上的口碑、文化、个人魅力、情怀等成为消费者更注重的价值。如罗辑思维、秋叶PPT等社群，都以罗振宇、秋叶为中心形成社群，吸引对社群内容感兴趣的人群，建立情感连接，培养成员的信任，打造出鲜明的个人品牌，再将个人魅力和口碑附着在产品之上，为产品赋予独特的价值。

O2O社群微活动案例

## 5.1.3　社群营销的必要条件

社会要素组织形式和专业模式的创新再造，让社群经济成为改变未来趋势的新经济模式，同时，众多社群的成功营销案例也为企业和个人提供了更有效的营销方向。建立社群并不难，但要让社群成功运营，则必须具备几个必要的条件。

**课堂讨论**

针对下列问题展开讨论：
（1）你加入的社群是什么类型的？
（2）你加入的是兴趣社群，还是某品牌的产品和服务社群？

### 1. 社群定位

社群由一群有共同兴趣、认知、价值观的用户组成，社群成员在某方面的特点越相似，越容易建立互相之间的感情联系。因此在建立社群之前，必须先做好社群定位，明确社群要吸引哪一类的人群。比如小米手机的社群，吸引追求科技与前卫的人群；罗辑思维的社群，吸引具有独立和思考标签的人群；豆瓣的社群，吸引追求文艺和情怀的人群。当社群有了精准定位之后，才能推出契合粉丝兴趣的活动和内容，不断强化社群的兴趣标签，给社群用户带来共鸣。

解读社群现象中人的行为

一般来说，社群定位要基于社群的类型和企业的性质，按照产品形式，可以将社群划分为产品型社群、服务型社群和自媒体社群等，按照划分范围，可将社群分为品牌社群、用户社群和产品社群。当然，不管如何对社群进行划分，都是为了确

定社群的基调，保证社群既能满足成员特定的价值需求，也能为社群运营者带来回报，形成良好的自运行经济系统。

为了更好地进行社群的定位，在建立社群之前，运营者应先考虑建立社群的目的。每一个社群可能有不同的价值，但其目的大多比较类似，如销售产品、提供服务、拓展人脉、打造品牌、提高影响力等，确定了建立社群的目的，也可以更方便明确社群的定位。

### 2．吸引精准用户

企业要想进行精准的营销，必须拥有精准的用户，因此任何营销推广的前提都是对精准用户的细致分析，了解目标用户的消费观念、地域分布、工作收入、年龄范围、兴趣爱好和工作环境等。了解用户与定位社群相辅相成，了解用户更方便定位社群，准确的社群定位更有利于吸引精准的用户人群。

### 3．维护用户活跃度

社群成员之间的在线沟通多依靠微信、QQ、YY等社交软件，也可用微信公众号、自建App或网站。对于社群运营而言，能否建立更加紧密的成员关系直接影响着社群最终的良好发展，因此社群活跃度也是衡量社群价值的一个重要指标。现在大多数成功的社群运营已经从线上延伸到线下，从线上资源信息的输出共享、社群成员之间的优惠福利，到线下组织社群成员聚会和活动，目的都是为了增加社群的凝聚力，提高用户活跃度。

### 4．打造社群口碑

口碑是社群最好的宣传工具，社群口碑与品牌口碑一样，都必须依靠好产品、好内容、好服务进行支撑，并经过不断的积累和沉淀才能逐渐形成。一个社群要打造良好的口碑影响力，必须先从基础做起，抓好社群服务，为成员提供价值，然后逐渐形成口碑，带动会员自发传播社群，逐渐建立以社群为基点的圈子，这样社群才能真正得到扩大和发展。

### 专家指导

随着社群营销的广泛应用，各式各样的社群不断涌现出来，甚至出现了很多类型相似、定位相同的社群。在这种环境下进行社群营销时，一定要为社群贴上明显的个性标签，与其他同类社群进行区分，同时将标签打造成社群的个性化特色，这样才能从众多社群中脱颖而出。

## 5.1.4　任务实训及考核

根据介绍的相关知识，完成表5-1所示的实训任务。

表5-1  实训任务

| 序号 | 任务描述 | 任务要求 |
|------|---------|---------|
| 1 | 了解现在运营比较成功的社群 | 通过对"罗辑思维""秋叶PPT""Better Me"等社群的了解，分析这些社群的共同特征，并简单举例说明 |
| 2 | 分析现在运营比较成功的社群是如何进行定位的？ | 以"Better Me"为例，分析该社群的定位，了解该社群所吸引的精准人群拥有什么共同点 |

填写表5-2所示的内容并上交，考查对本节知识的掌握程度。

表5-2  任务考核

| 序号 | 考核内容 | 分值（100分） | 说明 |
|------|---------|--------------|------|
| 1 | 简单说明什么是社群和社群经济 | | |
| 2 | 简单说明社群营销的必要条件 | | |

# 5.2  策划并开展社群活动

要建立一个成功的社群，首先必定要聚集一群有共同兴趣、认知、价值观的用户。在拥有同好的基础上，再去完善社群的结构，进行合理的管理和运营，同时保证社群有持续的输出能力，能不断为成员创造价值，才能建立成员之间坚实的感情联系和信任关系，形成自运转、自循环的经济系统，进而让社群持续壮大，复制分化出更多的社群。

而在成功建立社群之后，要想保持一个社群的活跃度，必然需要进行适当地运营，策划并开展社群活动，加强社群的凝聚力。

社群运营的规则

**课堂讨论**

针对下列问题展开讨论：
（1）试想一下可以通过哪些方式保持社群的活跃度？
（2）如何策划一次社群活动？

策划并开展社群活动是保持社群活力和生命力的有效途径，也是加强社群成员感情联系、培养社群成员黏性和忠诚度的有效方式。社群活动十分多样化、分享、讨论、签到、红包、福利、线下聚会等都是社群活动的常见形式。本节将对开展社群线上活动、开展社群线下活动等内容进行介绍，使用户可以快速了解到社群营销的基础知识。

## 5.2.1 开展社群线上活动

要保持社群的活跃度，社群分享、社群交流、社群福利、社群打卡等都是十分有效的方式，可以不同程度地活跃社群，提高社群成员的积极性。

### 1. 社群分享

社群分享是指分享者面向社群成员分享一些知识、心得、体会、感悟等，也可以是针对某个话题进行的交流讨论。专业的分享通常需要邀请专业的分享者，当然也可以邀请社群中表现杰出的成员进行分享，刺激其他成员的参与度和积极性。一般来说，在进行社群分享时，需要提前做好相应准备。

- **确定分享内容**：为了保证分享质量，在社群分享之前，应该对分享内容、分享模式进行确认，特别是对于没有经验的新手分享者而言，确定内容和流程必不可少。
- **提前通知**：在确定分享时间后，应该在社群内提前反复通知分享信息，以保证更多社群成员能够参与进来。
- **分享暖场**：在分享活动开始的前一段时间里，最好有分享主持人对分享活动进行暖场，营造一个好的分享氛围，同时对分享内容和分享嘉宾进行适当的介绍，引导成员提前做好倾听准备。
- **分享控制**：为了保证分享活动的秩序，在分享开始之前，应该制定相关的分享规则，约束社群成员的行为，比如分享期间禁止聊天等。在分享过程中，如果出现干扰嘉宾分享，与分享话题不符的讨论等，控制人员应该及时进行处理，维护好分享秩序。
- **分享互动**：在分享过程中，如果嘉宾设计了与成员互动的环节，主持人应该积极进行引导，甚至提前安排活跃气氛的人，避免冷场。
- **提供福利**：为了提升社群成员的积极性，在分享结束后，可以设计一些福利环节，为表现出彩的成员赠送一些福利，吸引社群成员的下一次参与。
- **分享宣传**：在分享期间或分享结束后，可以引导社群成员对分享情况进行宣传，社群运营方也应该总结分享内容，在各种社交媒体平台进行二次分享传播，打造社群的口碑，扩大社群的整体影响力。

## 2．社群交流

社群交流是发动社群成员共同参与讨论的一种活动形式，挑选一个有价值的主题，让社群的每一位成员都参与交流，通过交流输出高质量的内容。与社群分享一样，社群交流也需要经过专业的组织和准备。

- **预备讨论：** 对于社群交流来说，参与讨论的人、所讨论的话题都是必须优先考虑的问题。一个好的话题往往直接影响着讨论效果，通常来说，简单的、方便讨论的、有热度的、有情景感的、与社群相关的话题更容易引起广泛的讨论。除了确认参与成员、话题类型之外，话题组织者、主持者、控场人员等也必不可少，合理分配角色，及时沟通，保证社群交流不出现意外事件，同时有一个恰当的秩序和氛围。

- **预告暖场：** 在社群交流活动之前，最好有一个预告和暖场阶段。预告是为了告知社群成员活动的相关信息，如时间、人物、主题、流程等，以便邀请更多成员参与活动。暖场是为了保持活动的积极性，让活动在开场时有一个热烈的氛围。

- **进行讨论：** 话题交流活动在正式开始后，一般依照预先设计好的流程依次开展即可，包括开场白、讨论、过程控制、其他互动和结尾等。需要注意，与社群分享一样，当讨论过程中出现讨论重点过于偏离主题，甚至出现与主题无关的刷屏时，控场人员要及时进行控制和警告。

- **结束讨论：** 在社群讨论活动结束后，主持人或组织者需要对活动进行总结，将比较有价值的讨论内容整理出来，总结活动的经验和不足，并可以进行分享和传播，扩大社群影响力。

## 3．社群福利

社群福利是激发社群活跃度的一个有效工具，一般来说，不同的社群通常会采取不同的福利制度，或者也可以是多种福利形式的结合使用。

- **物质福利：** 物质福利是指对表现优异的成员提供物质奖励，一般为实用物品，或者具有社群个性化特色的代表性物品。

- **现金福利：** 现金福利是指对表现优异的成员提供现金奖励，多为奖金的形式。

- **学习福利：** 学习福利是指对表现优异的成员提供学习类课程服务，比如可以免费参与培训、免费报读课程等。

- **荣誉福利：** 荣誉福利是指对表现优异的成员提供相应荣誉奖励，比如颁发奖状、证书，或设置特定的头衔、称号等，荣誉福利若设置合理，可以很大程度地提高社群成员的积极性。

- **虚拟福利：** 虚拟福利是指对表现优异的成员提供暂时虚拟的奖励，比如积分，当积分达到一定程度的时候，就可以领取相应的奖励。

🎓 **专家指导**

在活跃社群气氛时，发红包也是一种不错的方式，但红包不能随意发，否则有些红包就无法起到理想的效果。一般来说，新人入群、活跃气氛、宣布喜讯、发布广告、节日祝贺等情况，都可以适当发个红包。需要注意的是，发红包最好有一个理由，频繁发红包不仅无法激活成员的积极性，还容易使群沦为一个红包群。此外，发红包最好选择合适的时间段，工作时间段的红包引起的关注度相对要低一些。

**4．社群打卡**

社群打卡是指社群成员为了养成一种良好的习惯，或培养良好的行为而采取的一种方式，可以监督并激励社群成员完成某项计划，因此打卡型社群通常具有激励成员不断进步的作用。

（1）设置打卡规则

一个打卡社群，如果没有设置严谨的规则，就很难持续运营下去，获得良好的效果。一般来说，为了保证社群成员能够坚持打卡，积极实现个人目标，主要可以从以下方面设置社群规则。

- **押金规则：**设置押金积分制度，入群成员需缴纳一定押金，完成目标后退还押金，未退还的押金则作为奖金，奖励给表现优秀的成员。在判断完成度时，可以设置积分制度，设置积分加减项目，同时积分也作为优秀成员的评判标准。
- **监督规则：**监督规则是指管理人员对社群打卡情况进行统计、管理和监督，并通过消息或通知发布打卡情况，一方面可以激励未打卡的成员积极完成打卡，另一方面已打卡成员通过打卡情况公布，可以产生自己的付出"被看到"的感觉，从而树立起持续打卡的信心。
- **激励规则：**为持续打卡、表现优秀的成员设置特殊的奖励，奖励可以是多形式的，如物质、精神等，也可以根据打卡成员的个性、特色、职业等为其设置专门的奖项，体现个性化，激励社群成员的积极性。
- **淘汰规则：**设置淘汰制度，对于完成度不高的社群成员进行淘汰，比如给予打卡完成度不高的成员一些惩罚，或者要求其进行某方面的补偿。

为了保持社群成员持续打卡的积极性，建议定期或者不定期对规则进行优化和升级，总结每一次的打卡情况，增加体验感较好的规则，删除效果不好的规则，保持社群成员持续的新鲜度。

（2）营造打卡气氛

一个积极健康的打卡社群，必定拥有良好的打卡氛围，可以鼓励社群成员坚持在社群中进行输出，提高成员的情感联系和对社群的依赖感。下面对有利于营造打卡社群氛围的一些主要因素进行介绍。

- **榜样**：榜样是一种可以持续激励人们前进的力量，社群打卡是十分需要毅力的事情，当然也需要榜样的引导和激励。对于打卡社群的运营者而言，一定要起到榜样的作用，让其他成员看到榜样的坚持，才会产生加入和跟随的动力。

- **鼓励**：很多人加入打卡社群的目的是为了让自己变得更好，但是打卡需要长期坚持，所以需要从同伴的鼓励中获得继续下去的动力，当打卡人觉得自己受到了同伴的关注，就会不断自我激励，完成更多事情。

- **竞争**：一个社群中如果有一部分普通成员拥有积极向上的精神，就能带动其他成员，为整个社群营造出积极的氛围，所以设置竞争机制刺激成员进行打卡也十分重要，比如给积极参与的人更多的权限或奖励，培养更多社群榜样。在设计竞争机制时，可以在适当范围内为社群成员分层或分组，优秀者可以晋级到上一层，反之淘汰到下一层，当然对于淘汰者，也需要进行鼓励。也可以设计群体投票、物质奖励、精神奖励等奖励措施，对优秀成员的持续输出起到激励作用。

- **惊喜**：惊喜是指不定时为社群成员发布一些意料之外的福利，比如奖励免费课程，要求大咖名人进群分享等，不仅可以为社群成员带来新鲜感，还能让他们觉得加入打卡社群物超所值。

- **感情**：社群是一个需要在成员之间建立感情连接的场所，在打卡的过程中，有很多值得挖掘的打卡故事，比如带病坚持打卡、深夜坚持打卡等，这些有温度的故事十分有利于建立社群成员之间的感情连接，让他们被坚持者的行为所感动，并努力成为优秀团队的一员。这份感情联系，不仅加深了成员之间的黏性，还可以让成员之间更容易形成约定，比如约定一起打卡××天，××天帮助一个公益项目等。

## 5.2.2　开展社群线下活动

在O2O时代，线上线下相结合才是顺应潮流的营销方式，社群运营也不例外。线上交流虽然限制更少，更轻松自由，但线下交流更有质量，也更容易加深感情。社群中的成员，在从线上走到线下的过程中，逐步建立起多维联系，让感情联系不再仅限于社交平台和网络，而进一步连接到生活群、兴趣圈、朋友圈、人脉圈，这样联系越多，关系越牢固。

**1．线下活动的类型**

对于社群而言，线下活动主要包括核心成员聚会、核心成员和外围成员聚会、核心成员地区性聚会等。在这几种聚会方式中，核心成员和外围成员聚会人数最多，组织难度最大；核心成员地区性聚会则组织方便，很容易成行。当然，不管是哪一种聚会形式，在聚会过程中，都可以在社群或社交平台实时公布一些聚会实况，一方面增加社群的影响力，增强成员对社群的黏性，另一方面也是持续激发和保持社群活跃度的有效方法，可以刺激更多的人积极加入线下活动。

**2．线下活动的策划**

社群的线下活动根据规模的大小，会具有不同的组织难度，因此，为了保证活动的顺利开展，在活动开始之前必须有一个清晰完整的活动策划，以便组织者更好地把控活动全局，做到有计划、有目的、有质量。

（1）活动计划

活动计划是指对活动的具体安排，主要内容包括活动策划团队名单、任务分配、宣传方式、报名方式、活动名称、活动主题、活动目的、活动日期、活动地点、参与人员、参与嘉宾、活动流程、费用、奖品、合影以及后续推广等。为了更好地对活动全程进行控制，通常在制订活动计划时，还需要制作一个活动全程的进度表，比如活动总共有几个阶段、每个阶段的主要内容是什么、在什么时间节点进行什么环节等。

（2）团队分工

如果社群类型不同、活动目的不同，那么线下活动的内容和流程就会不一样，团队分工也就不一样。一般来说，社群在策划线下活动时，主要需进行以下分工。

- **策划统筹：** 策划统筹是指制订活动方案，把控活动方向，统筹活动安排等。
- **宣传推广：** 线上宣传推广是指在确定活动信息后，需要组织线上管理人员对活动进行推广，比如在社群、公众号、微博、豆瓣、论坛、知乎等平台进行宣传，参与人员报名安排，设计和发布活动海报，邀请媒体等。此外，也可收集活动参与人员对于活动的建议，反馈给策划统筹人员，以进一步对活动方案进行优化。在活动开展的过程中，宣传人员还可以针对活动进行直播，发布参与人员的游戏、奖品、分享等合影照片。
- **对外联系：** 对外联系是指筛选和洽谈活动场地、活动设备，邀请活动嘉宾。必须确认活动场地和设备正常无误，活动嘉宾的邀约和分享文稿无误。为了方便及时沟通，对外联系人员可以制作一份活动重要人员的通信录。
- **活动支持：** 活动支持是指在活动现场开展活动流程的各类人员，包括活动接

网络营销：从入门到精通（微课版）

待人员、签到管理人员、设备管理人员、摄影人员、主持人等。

- **总结复盘：**总结复盘是指对活动的效果进行总结和反馈，生成复盘报告，为下一次的线下活动提供经验。

团队分工可以保证活动的顺利开展。设置了合理的团队分工并明确各分工组的具体任务后，不管是活动筹备期、活动宣传期、活动进行期还是活动复盘期，都可以做到有条不紊。

## 5.2.3　任务实训及考核

根据所介绍的相关知识，完成如表5-3所示的实训任务。

表5-3　实训任务

| 序号 | 任务描述 | 任务要求 |
|---|---|---|
| 1 | 了解社群线上活动的开展方式 | 简单介绍目前比较常用的、可以提高社群活跃度的线上活动开展方式 |
| 2 | 了解社群线下活动的开展方式 | 了解社群线下活动的开展主要有哪些阶段，每个阶段需要进行哪些工作 |

填写表5-4所示的内容并上交，考查对本节知识的掌握程度。

表5-4　任务考核

| 序号 | 考核内容 | 分值（100分） | 说明 |
|---|---|---|---|
| 1 | 简单说明社群分享和社群讨论的过程 | | |
| 2 | 简单说明社群线下活动宣传阶段的主要任务 | | |

## 5.3　建立优秀的社群运营团队

一个成功的社群离不开优秀社群运营团队的支撑，特别是当社群逐渐壮大后，成员管理、秩序维护、宣传推广、活动策划等各个方面都需要运营人员的投入，因此必须拥有一支优秀的社群运营团队，才能保证社群继续健康、向上地生存下去。

134

课堂讨论

针对下列问题展开讨论：
（1）设想一下，一个社群运营团队需要拥有哪些必不可少的人员？
（2）怎样培养和维护社群运营人才？

从本质上说，社群运营实际上是一种用户运营，主要通过社群这个媒介来更好地接触和管理用户，而对于用户运营而言，人力是运营过程中必不可少的部分。如果缺乏足够且优秀的运营人员，社群就无法真正触达用户群，发挥出理想的价值。本节将主要对运营团队的发展、运营人才的培养等内容进行介绍，让用户可以快速了解社群运营团队建设的基础知识。

# 5.3.1　运营团队的发展

社群的发展几乎都要经过由小到大的过程，当社群发展到不同阶段时，需要不同的运营结构对其进行支撑。

## 1. 社群运营团队的基本结构

社群结构与其他组织一样，应该尽量层级精简，权责分明。层级精简意味着信息传达更加直接通畅，效率更好。特别是在社群发展初期这个阶段，社群的组织者、领袖人物或核心人物可以直接参与运营，再搭配一个或几个运营助手，负责信息的收集、整理和反馈等。

当社群发展到一定阶段后，如社群成员有了比较明显的分层，出现了比较核心的成员，能够对社群维护起到比较重要的作用时，可以将这些核心成员有效地利用与培养起来。当然，此时由于社群规模扩大，人员增多，也应该根据实际需求相应增加管理人员。同时，为了扩大社群的影响力，还可以分别设置不同的管理组，负责不同方面的管理事务，比如负责公众号等平台推广的管理组、负责社群管理和活动组织的管理组、负责信息收集和反馈的管理组等。同时，由于管理人员增多，在设置社群群组时，可以将管理组和社群成员分开，社群的一般事宜可以先经由管理组讨论，再向社群扩散。

当社群进一步发展和扩大时，社群的组织结构又需要进行相应的细化。此时，随着普通成员和核心成员的增多，可以分别为管理人员、核心成员、普通成员设置不同的群组，社群的一般事宜先经由管理组讨论，再向核心成员群扩散，征求核心成员的建议，优化后再扩散到普通成员群组。这个阶段的管理群组的设置通常也更加完善和详细，比如有专门负责社群发展统筹的、专门负责社群宣传推广的、专门负责社群内容策划的、专门负责社群数据分析的、专门负责社群品牌扩大的、专门负责社群活动管理和人员管理的等。

当然，不同的社群类型在运营结构的设计上不尽相同，而建设运营团队的根本目的就是保证社群正常、持续地运营，因此运营团队需要根据社群所处的阶段、社群的运营要求、社群的运营情况等进行不断的优化和升级。

### 2．社群运营团队的壮大

社群运营团队需要根据社群的实际情况发展壮大，并不能盲目和随意改变。在决定壮大运营团队前，需要对实际的运营形势进行分析和判断，再确认是否进行团队的升级。

- **形势分析：** 很多对入门要求较高的社群，通常对新成员的加入控制得较严格，这种类型的社群在决定壮大社群规模和社群运营团队时，需要对社群运营的形势进行详细分析，比如分析当前社群所在行业的发展趋势和发展前景、当前社群的发展方向和营收能力、当前社群的竞争对手和竞争情况、社群的核心竞争力等，在数据分析的基础上确定运营团队的完善和升级。

- **权力分配：** 当社群越大、运营团队越大时，管理者就要学会合理分配管理权力，提携新的管理者，培养他们的管理能力。在权力分配的过程中，需要注意的重点问题包括将权力分配给谁、按怎样的步骤和过程逐次分配权力、授权内容有哪些、权责合并等。权力分配并不是单纯的放权，放权之后，适当的控制和反馈措施也十分必要。

- **营收分析：** 社群运营需要持续的资金支持，因此运营者必须重视社群长期、持续的现金营收，重视运营状况，这样才能将社群进一步做大做强。

## 5.3.2　运营人才的培养

当一个社群组建起运营团队架构后，就需要为相应的位置引入相应的人才。对于社群运营而言，人才发现、人才培养、人才维护都十分重要。

### 1．人才发现

随着社群的发展壮大，为了避免运营团队的老成员因负担太重而流失，社群运营者一定要积极从社群核心成员、积极成员中挖掘新的管理者，并将他们融入老成员的管理团队。发现新人和培养新人可以为社群运营团队输送优质人才，同时作为运营团队的后备力量，使社群人才不会出现严重的断层。

（1）人才的特征

在社群运营中，一个优质的人才通常具有一项或几项比较出众的特质，比如才华出众、行动力强、稳定产出等。其中才华出众是指在文字、图片、视频等作品上有较好的表现，或具有较好的组织、沟通、协调、运作能力，或具有优秀的社交能力，可以妥善处理各方的关系；行动力强是指可以发起或组织一个完整的活动，对于所安排的任务可以快速执行并反馈；稳定产出是指可以持续创造和产出质量较好的内容。具有上述资质的人才通常可以为社群运营做出更多的贡献，同时也可以降低社群对人才的培育成本。

### 专家指导

> 除了上述特质外，一些社群成员还拥有资源优势，比如在某个地区、某个行业中拥有一些资源，可以为社群活动的开展提供便利。当然，不管拥有哪一种资质的人才，其前提都是必须与社群保持相同的价值观，认同社群文化，这样才可能与社群共同成长和发展。

（2）发现人才

人才的挖掘和发现并没有固定的渠道，通过任务的完成情况、活动的组织情况，或者通过招募和老成员推荐，都可以发现人才。在发现人才后，并非立刻就要为其安排活动或进行授权，可以适当安排一些项目或任务，对其能力进行试验和考查，再根据结果进行后续的培养安排。此外，一定的制度刺激也可以发现人才，比如通过设置具有激励效应的制度，刺激新人不断展示自己、提升自己，从而获得更大的空间和平台。

（3）吸引人才

一个优秀的社群可以吸引各种具有不同特质的优秀人才加入。有些人加入是因为喜欢与更多的人分享自己的知识和观点，有些人加入是为了探索更多自己感兴趣的领域，有些人加入是为了将自己在社群中的成长经验反哺给更多喜欢社群的人，有些人加入是为了进行酬劳、人脉、影响力等资源的互换。因此，当一个社群拥有一定的口碑和曝光度之后，就可以吸引人才主动加入社群的运营。

**2．人才培养**

通常来说，有能力、积极主动、有团队精神的新人更适合被培养。在培养新人的过程中，首先需要明确新人的定位，根据其特质采用不同的培养方案。比如针对内容创作的培养、针对活动组织的培养等；还可以指定一位老成员对其进行协助指导。在新人完成某个项目的任务后，应该对其所完成的效果进行总结复盘，同时制定相应的升级考核制度，激励新人不断优化工作、提高效率。

**3．人才维护**

对于任何运营团队来说，稳定性都是非常重要的，社群运营者必须对社群人才进行维护，防止人才的流失。

一个社群的核心成员流失，会对社群造成非常不利的影响。一般来说，影响社

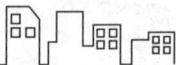

群人才流失的主要因素包括：工作难以与生活同时兼顾、付出与回报落差较大、无法在社群中得到认同感、无法在社群中继续获得成长、团队中产生矛盾或社群发展不良等。

所以，为了防止人才流失，必须针对这些因素进行改进。完善社群的运营流程和组织架构，让核心成员可以保持正常的工作频率，可以有弹性地协调工作，不必在社群和生活之间左右为难；控制运营的规模，清晰规划社群未来的发展，让运营团队有一个默契的工作氛围、合理的工作回报和广阔的成长空间；注重运营团队的感情建设，加强核心成员之间的联系；增强社群的品牌影响力，保持社群的健康发展，提高社群的价值，避免因社群本身的问题而造成的人才流失。

### 5.3.3　任务实训及考核

根据所介绍的相关知识，完成表5-5所示的实训任务。

表5-5　实训任务

| 序号 | 任务描述 | 任务要求 |
|---|---|---|
| 1 | 了解社群运营团队的基本结构 | 简单介绍不同发展阶段的运营团队应该如何设置其基本结构 |
| 2 | 了解社群运营团队如何开发人才 | 分别从发现、培养、维护的角度介绍开发运用团队人才的方法 |

填写表5-6所示的内容并上交，考查对本节知识的掌握程度。

表5-6　任务考核

| 序号 | 考核内容 | 分值（100分） | 说明 |
|---|---|---|---|
| 1 | 简单介绍社群运营规模壮大的前提和重点 | | |
| 2 | 简单说明社群运营团队应该优先培养的人才类型 | | |

## 拓展延伸

互联网发展带来的信息流和社交性，促进了社群经济的产生，并使其逐渐发展成基于互联网的新型商业模式。不管是电商社群、兴趣社群、知识社群还是行业社群，通过合理的运营都能带来可观的经济效益。下面将继续介绍一些社群营销的相关知识，让读者可以进一步理解和掌握社群营销的方式，提高社群营销的效率。

**一、一个成功的社群，在运营时应该遵循哪些主要准则？**

一个成功运营的社群，通常在核心价值定位、有效引导和规模控制等方面都有非常不俗的表现。

**1. 核心价值定位**

核心价值定位是一个社群生存发展的基础，也是社群的目标导向。核心价值定位并不是简单的社群定位，而是可以让社群从众多同类社群中脱颖而出的优点和竞争力，这是企业做社群必须思考的问题。对于企业而言，很多成功运营的社群都是基于自身产品，比如小米社群的运营重点是小米的多样玩法，"罗辑思维"社群围绕着社群领袖罗振宇，这些都是社群的核心竞争力。

**2. 有效引导**

现在很多的社群，在运营初期非常活跃，然而经过一段时间的发展之后，就很容易变成沉寂的"死群"或者没有意义的聊天室，这些都是群内缺乏引导的表现。

- **规则引导**：规则引导可以让社团更加长久，社群的稳定发展与严谨的规则密不可分。在创建和运营社群时，应该对社群的出入口进行筛选，成员的加入和退出都应该有相应的要求，社群内部的行为规范应该统一。良好的社群规则可以培养成独特的文化共识，增加社群成员的荣誉感。除了社群规则外，群内运作机制也是社群日常事务管理中的重要部分，适当的激励机制、角色分工可以让社群成员保持活跃，保证社群的规范化运作。

- **人工引导**：除了社群规则之外，人工引导也是社群引导中非常有效且重要的部分。人工引导包括管理人员引导和领袖成员的引导，可以对群内成员起到示范引导的作用，让社群不偏离最初的定位及轨道。同时，领袖成员普遍具有一定的能力，更容易获得社群成员的信任，并增强社群成员对社群产品和品牌的信心。

- **活动引导**：社群的活跃度需要活动的刺激，活动具有宣传拉新、增强成员黏性、激发社群活跃度的作用。在活动预热和开展期间，群内的讨论话题也非常容易强化社群的主题。一般来说，参与活动越积极的社群，社群内部的联系和黏性就越强。比如小米社群，在手机的调研、开发、宣传等各个环节举办了大量的线上线下活动，有效地增强了社群内部粉丝间的交流和参与感，还培养了社群成员的荣誉感。

**3. 控制规模**

每个社群都有自己的成长周期，当社群逐渐发展起来，吸引了大量用户加入后，运营者就需要注意对社群规模进行控制和管理。如果社群中新手太多，很容易使社群的日常讨论沦为普通的咨询，领袖人物和资深成员日渐沉默，社群缺乏专业、有效的引导，从而使一个分享内容的、有价值的社群沦为普通聊天群。

## 二、社群运营难以长久，主要是由哪些原因引起的？

社群的长期运营需要社群组织者和社群成员的共同努力。一般来说，具有组织感、仪式感、归属感、参与感的社群更容易长久，反之，缺乏这几点特质的社群在运营中就很容易出现各种问题。下面对影响社群长久运营的主要因素进行介绍。

- **失去定位：**失去定位是指社群自身从一开始就没有明确的定位，或者在管理中没有彻底贯彻社群的定位，使社群逐渐偏离最初的轨道，社群成员缺乏共同的话题，很少讨论与社群主题相关的问题。社群中缺乏分享有价值话题的成员，不仅会降低社群本身的价值，而且无法培养社群成员的主人翁精神，难以形成成员对社群的黏性和忠诚度。因此，在建群之初和社群运营期间，都应该明确社群的主题、定位、分享机制，才能保证社群持续长久地运营。

- **缺乏引导：**一个缺乏管理和引导的社群很容易沦为沉寂的社群。社群运营有一个很重要的思想，叫"去中心化"。一个社群如果完全去中心化，很容易沦为聊天群，降低社群的质量。然而，也有很多人认为社群有领袖、有管理、有规则就违背了"去中心化"的宗旨，这当然是不对的。一定程度的社群引导和管理，可以激励社群成员共同参与社群的运营，共同创造有价值的内容，使社群内容不再由特定的人群产生，使社群内的沟通更加积极通畅。任何社群都需要优秀的运营和管理，才能维持健康的生命力，所以，社群管理、社群规则、社群领袖与去中心化并不冲突，这些都是社群运营中必不可少的部分。

- **过于约束：**部分社群在规模扩大后，为了加大管理力度，群主会制定非常严格的群规，比如管理成员的闲聊和分享，制定非常严格的考勤、活动制度等。社群实际上类似于一个网络组织，如果群内规则太多、约束太强，会大大加深群员的压力，使成员难以兼顾生活、工作和社群的关系，甚至无法从社群中感觉轻松和得到收获，从而导致社群成员的流失。一般来说，一个社群的群规最好应该经过群员的讨论，获得更多支持的群规更容易被遵守。因此对于社群而言，顺应大众制定的组织纪律才可以让社群更加长久。

- **频繁骚扰：**社群骚扰一般包括广告骚扰和聊天骚扰两种形式。如果社群中经常出现广告信息，很容易使群内成员感觉社群不够专业。如果闲聊的情况比较多，也很容易打扰其他成员的正常工作和生活。所以，群主和管理员必须对骚扰情况进行控制。社群内并非不能发广告，但不能直接发垃圾广告或硬广告。在发广告的同时最好能给群内成员一些福利，同时合理控制社群成员的闲聊时间。

- **内容枯燥：**内容枯燥一般是指社群中的讨论内容比较枯燥，或者活动方式比较枯燥。社群成员加入社群一般都基于某种目的，满足成员的目的，就不会使社群显得枯燥。目前，比较受欢迎的活动形式大多是定期分享，特别是一些大型社群，通常会由群主和管理提前协调群员，每周规划1~2个主题，在特定时间邀请不同群员或者外来顾问进行分享，刺激群员一起讨论和交流，从而增强社群成员的主人翁意识，引导社群成员自主为社群创造内容。

- **人才蒸发**：当一个社群对新成员的引入管理不当，致使社群的日常交流和分享质量下降时，就很容易导致价值成员的陆续沉默和离开。因此，社群运营一定要设定一定的门槛，并控制社群成员的行为，或者对核心用户进行分群管理，再使用其他群对新加入的成员进行筛选。

- **成员陈旧**：成员陈旧与人才蒸发相反，当一个社群长时间缺乏新成员的加入，就很容易失去活跃度，陷入沉寂。社群需要新成员带来新活力，以持续调动旧成员的积极性。通常来说，当一个社群在设置入群门槛时筛选越仔细，后期的成员流失率就会越低。同时，为了增加社群成员的归属感，增强成员的社群主人翁精神，还可以为加入社群、活动纪念等事件设计一些仪式，让社群成员更想为社群付出，并能主动为社群引入新鲜血液。

## 📈 实战与提升 ● ● ● ● ●

通过对本章知识的学习，对下列问题展开讨论与练习，在巩固所学知识的同时，拓展视野，进一步提高自己的能力。

（1）搜索并查看现在运营比较成功的社群，分析这些社群的同好性质、内容输出方式、运营方式和运营平台等。

**提示**：以"十点读书会"的社群运营为例，十点读书会以阅读分享为出发点，最开始通过微博分享书摘，策划赠书活动，积累原始粉丝，后来通过运营公众号不断推送优质文章，扩大影响力。开通微社区，满足社群成员交流和分享的需求。推出"电台"等众多栏目，定期邀请嘉宾分享，打造新媒体传播矩阵。招募线下城市读书会的会员和班长，组织线下读书会，让社群落地。

（2）分析成功运营的社群，看看它们如何策划社群活动，打造社群品牌的知名度。

# 第6章 视频与直播营销

## 学习目标

　　在视觉化营销时代，越能快速吸引消费者的眼球、给消费者带来惊喜的方式，就越能产生明显的营销效果。信息表现形式的多元化将集文字、声音、图像于一体的视频和直播迅速带入了多媒体营销市场，并使其凭借超强的传播力和影响力成为现代主流的营销方式之一，广泛活跃在个人或企业营销的多个领域。

## 学习导图

```
                                        ┌─ 网络视频营销概述
                                        ├─ 网络视频营销的表现形式
                     通过网络视频实现营销推广 ┤
                                        ├─ 网络视频的发布流程
                                        └─ 网络视频的营销策略
视频与直播营销
                                        ┌─ 直播营销概述
                                        ├─ 直播营销的特点与优势
                                        ├─ 直播营销的常用方式
                     通过直播提高营销热度 ──┤
                                        ├─ 直播活动的内容安排
                                        ├─ 直播活动的互动设计
                                        └─ 粉丝的发展和维护
```

自2010年开始，京东将6月18日正式定为店庆日，在每年的这一天，京东都会推出一系列的大型促销活动。而2016年成立的京东生鲜事业部就在这一天首次隆重亮相，达到了打响品牌知名度、传播活动信息、引爆网络时尚美食圈的效果。

京东生鲜通过"618"开展促销活动，搭建了京东生鲜展台，推出了试吃服务和龙虾舞表演，并在充分造势后利用各大网站的首页推荐位进行展示，然后通过微博、微信等渠道进行618"低价购美味"主题营销，充分传播"美味不平等""美味三重奏"等系列海报，为京东生鲜引爆流量。同时，京东还招募了50位"素人"主播，在斗鱼直播平台上直播制作由京东生鲜提供的波士顿鲜活大龙虾。直播时间一共3天，每天分时段全程直播，全方位展现京东生鲜的品质与促销信息。紧接着策划了在半小时内利用周围环境制作龙虾大餐的线下挑战赛，结合线上、线下各个渠道进行京东生鲜的营销。最后，还通过央视财经频道的"聚焦'618'电商大战"专题进行专题报道，在电视播报与新闻稿、评论稿的大力引导下进行营销事件的提炼与曝光，彻底打响了京东生鲜的名号，促进了产品的销售。

京东生鲜本次活动的直播视频点击量累计超过626万人次，微博话题"'618'龙虾免费吃""'618'任选三件""第二件半价""京东生鲜'618'"等的阅读量超过6000万人次，很好地宣传了产品，并提高了京东生鲜的品牌知名度和美誉度。

在电子商务时代，企业的竞争越来越激烈的产品同质化现象越来越严重。企业之间的竞争不再仅限于产品、价格、价值的竞争，还有渠道、营销方式的竞争，谁能快速传播信息并占领市场，谁就能率先获得竞争优势。在这样的大环境下，视频直播这种直观、真实、全面的营销渠道开始展现出巨大的营销价值，并逐渐被更多的个人或企业应用到产品和品牌的推广活动中。

【思考】

（1）什么是直播营销？它有什么特点和优势？

（2）有哪些依靠直播获得资源的经典营销案例？

（3）如何使用直播打造个人品牌和企业品牌？

# 6.1 通过网络视频实现营销推广

视频营销是一种以视频为主体，以内容为核心，以创意为导向，通过精细策划进行产品营销与品牌传播的营销方式，电视广告、网络视频、宣传片、微电影等都是视频营销的常见形式。视频营销类似于电视短片，但传播方式更加灵活，同时，互联网提供的平台使视频营销兼具互动、主动、传播速度快等优势，实际应用更加广泛。

**课堂讨论**

针对下列问题展开讨论：
（1）现在有哪些比较知名的短视频发布平台？
（2）你知道有哪些通过视频进行营销的个人或企业？

互联网技术和视频平台的兴起与发展，让观看视频成为用户日常网络活动中的重要组成部分，这种普遍的网络用户行为促成了新型视频营销的诞生，并使其逐步成为网络营销中常用且有效的营销利器。视频营销具有感染力强、形式内容多样、创意新颖等特点，借助互联网甚至可以在短时间内进行大范围、低成本的快速传播，形成病毒营销的趋势，为企业带来巨大的营销价值。本节将对网络视频营销概况、网络视频营销的表现形式、网络视频的发布流程和网络视频营销策略等内容进行介绍，详细讲解网络视频营销的相关技巧和方法。

## 6.1.1 网络视频营销概述

视频营销作为一种主流的营销方式，在企业营销实践活动中使用的频率非常高。随着互联网技术的不断发展，网络视频营销开始成为视频营销的主要形式。网络视频营销建立在互联网技术的基础上，企业通过进行网络视频营销可以实现展示产品内容和活动、推广品牌和服务的目的。与传统的视频营销相比，基于网络的视频营销活动具有更大的优势。

### 1. 目标精准

网络视频营销是一种传播非常精准的营销方式，通常只有对产品、品牌、视频内容感兴趣的用户才会对视频产生兴趣，进而持续关注，甚至由关注者变为传播分享者，将视频分享给与自己拥有相同特征和兴趣的用户。一般来说，经典、有趣、轻松的视频更容易被用户主动传播，当视频获得用户的主动传播后，就会使企业、产品或品牌等信息在互联网上迅速扩散。

**2．成本低廉**

与传统的电视视频广告相比，网络视频的营销成本要低很多。企业如果想通过电视广告播放视频进行宣传，往往需要花费几十万到几百万元；然而通过互联网进行视频营销，一般只需花费几万元甚至更少的视频制作费用，就可以获得相当可观的曝光量和传播量。

**3．互动性高**

网络视频营销具有极高的互动性，用户在观看视频之后，可以通过回复的形式与视频发布者和其他观看视频的用户进行互动。回复即是一种造势，往往回复越高的视频，热度越高、传播能力越强。

**4．传播更广更快**

互联网的传播速度很快，很多视频在发布后很短的时间内就可以得到大量的传播。企业可以根据需要在指定的时间段将视频推送给用户观看，用户也可以主动去相关网站寻找感兴趣的视频，而不必像传统视频广告一样，等待传播平台的播放。同时，每天关注各种视频网站的网络用户数量非常多，一旦视频拥有热度，就会被用户主动传播到各大社交平台，迅速地扩大传播范围。

**5．可预测效果**

网络视频的投放效果，通常可以根据一些数据进行分析和预测，比如网站的访问量、视频点击数、收藏数、用户停留时长、转发量和评论数量等。这个数据不仅可以预测视频效果，还可以为下一次的视频营销提供决策依据。

## 6.1.2　网络视频营销的表现形式

网络视频营销是基于互联网的一种营销方式，兼具视频和网络的特点，并且随着多媒体技术和信息网络技术的发展，视频营销的表现形式还在不断地创新和变化。现在比较常见的网络视频表现形式主要包括传统影视节目二次传播、网络视频短剧、创意视频、微电影和用户自发生产的视频等类型。

**1．传统影视节目二次传播**

传统的影视节目大多只进行一次传播，但当传统影视节目中具有新闻性、讨论性、可欣赏性的内容被网站或网络用户再次发布到视频网站时，就可以进行二次传播。二次传播可以增加用户的深度交流，让更多被二次传播吸引过来的用户转而关注原本的影视节目，对用户进行广泛引流，从而提高节目的收视率和知名度等。传统影视节目的二次传播是传统媒体与新媒体的互补，彼此互相拓展和延伸，实现全方位、立体化的整合推广。一般来说，很多比较受欢迎的热门综艺节目、电视节目很容易在网络上实现二次传播，比如《了不起的挑战》《最强大脑》等。图6-1所示为《最强大脑》《了不起的挑战》综艺节目在社交平台的二次传播。

图6-1　传统影视节目的二次传播

### 2．网络视频短剧

网络视频短剧多是一些剧情轻松、有趣或有创意的视频集，通常有比较完整的故事情节，主要通过网络进行传播，从而达到吸引用户、传播产品和品牌的目的。网络视频短剧非常贴合互联网，非常便于与网络用户进行沟通互动，既可以进行品牌曝光，又可以培养用户对品牌的喜好度和忠诚度，保持网络用户与品牌持续而良好的沟通。比如《嘻哈四重奏》《天生运动狂》等短剧，均在视频网站上获得了大量的点击播放，甚至高于传统的电视剧集，让广告品牌深入人心。作为《嘻哈四重奏》投资方之一的康师傅绿茶，在《嘻哈四重奏》播放过程中销量一度上升了10%。

网络视频短剧的时长比较短，比较符合现在网络用户碎片化的时间特点。以网络为传播媒介，可以有效提高短剧的传播速度、扩大辐射的宽度，保持与网络用户的良好互动。短剧内容通常比较贴近生活，题材灵活，容易引起观众的亲近感。短剧制作成本低，可以边制作边播放，充分保持与网络用户的互动热度，投其所好地制作出更好的内容，获得更好的传播效果。

### 3．创意视频

创意视频是指内容新颖、角度创新的短视频，通常极富创意、幽默感和故事性，一般时长为3~8分，以网络为主要传播媒介。创意视频营销是通过创意将广告植入到一段短视频中的一种营销方式；视频可以是原创拍摄，也可以剪辑而成。一个好的创意视频可以带来巨大的传播效果，像病毒一样传播和扩散，并通过网络快速复制给无数受众。图6-2所示为办公室小野的创意视频。

图6-2  创意视频

创意视频对内容要求较高，企业要想使用创意视频进行营销，首先必须找到合适的品牌诉求点，配合幽默、诙谐、惊奇等元素进行推广，这样才能更好地吸引网络用户的眼球。

### 4. 微电影

微电影即微型电影，是主要通过互联网进行传播的一种短影片，具有完整的故事情节，具有较短的制作周期和较小规模的投资，适合用户在移动状态、短时休闲状态下观看；内容包括幽默搞怪、时尚潮流、公益教育、商业定制等主题，可以单独成篇，也可系列成剧。

微电影通常比较短小精美，可以围绕产品和品牌来设计故事。企业在使用微电影进行宣传时，将产品需求、品牌推广与观众的休闲娱乐相结合，既能满足用户的观影需求，又不会占用用户太多的时间，让观众可以在故事情节中自然而然地对品牌产生认知。图6-3所示为慕思寝具投拍的《床上关系》微电影。为了保证微电影的质量，慕思寝具全程深度参与前期策划、剧本创作、演员挑选、拍摄剪辑、影片上线，让影片从头到尾保持品牌与影片的巧妙融合。

图6-3  微电影

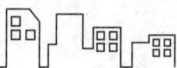

### 5．用户自发生产的视频

用户自发生产的视频指用户通过互联网以视频的形式向其他用户展示与产品相关的信息。由于更具真实性，所以它很容易引起其他用户关注和讨论的积极性。与其他视频形式相比，用户自发生产的视频更有利于品牌与用户之间的互动，让用户真正参与到品牌传递的过程中，增加了品牌的黏性，深化了推广效果。图6-4所示为用户自制的微软广告混剪视频。

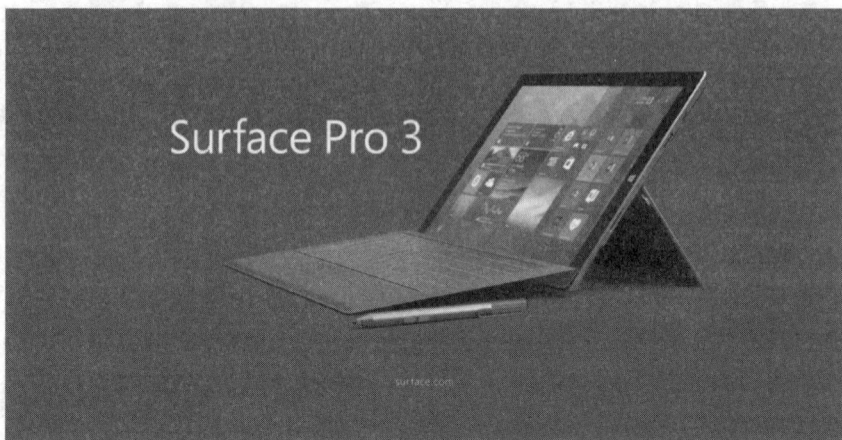

图6-4　用户自制视频

## 6.1.3　网络视频的发布流程

现代硬件设备和软件技术的发展，让网络视频的制作不再是一件专业、困难的事，只要掌握基本的操作知识，就可以运用自己的思维、经历和创意制作出独具特色的视频，并借助互联网将视频传播出去，达到营销推广的目的。

### 1．确定网络视频的类型

前面介绍了视频营销的常见表现形式。原则上来说，不同的表现形式适合不同的企业，具有不同的效果，比如微电影、网络视频短剧等形式均需要花费一定的成本，需要专业的团队进行策划和制作，才能达到良好的效果。创意视频对视频剧本的专业性要求不高，但通常也需要花费一定的成本，且一定要具备独特的创意，才能吸引用户关注。传统节目的二次传播和用户自发生产的视频，相比之下成本较低，个人也可以完成，但要求制作者具备一定的敏锐度，可以快速准确地发现用户喜欢关注的问题，借助视频对这个问题进行催化，才能引起广泛的传播。

因此，在进行视频营销之前，要根据实际情况选择一种合适的视频类型，再针对这种视频类型进行专门的策划和设计。

## 2. 网络视频制作流程

与专业视频相比，制作网络视频的复杂性和技术性更低，但为了保证视频的质量，也需要遵循一定的制作流程。

（1）构思内容

网络视频营销的关键点是内容，内容的好坏直接决定了视频的传播度和影响力。由于网络视频通常时长较短，所以在构思视频内容时，要确保可以在短时间内完成故事主题、情节或创意的表述，保持视频的完整性，将产品和品牌信息完美地嵌入视频中，且不影响用户对视频的观看和理解。

（2）剧本设计

不管是哪一种视频类型，最好都提前设计一个完整的剧本，有情节、有逻辑、有观看价值的视频才能给用户留下更深刻的影响。通过对人物、对白、动作、情节、背景、音乐等元素进行设计，准确地向用户传达视频的视觉效果和情感效果，引起用户的好感和共鸣。

（3）角色选择

如果视频需要通过角色来传达信息，那么角色的选择一定要符合视频和品牌的定位，能够体现产品或品牌的特质，让视频内容与推广内容自然贴合，不矛盾。

（4）视频拍摄

拍摄视频可以使用专业的拍摄工具，如DV、摄像机等，也可以使用手机等移动设备进行简单的拍摄，具体拍摄器材的选择需要依据视频的性质而定。在拍摄视频时，要注意内景和外景的选择，场景风格以适应视频内容为前提。

（5）剪辑制作

剪辑是指将所拍摄的视频整理成一个完整的故事，剪除多余的影像，进行声音、特效等后期制作。在剪辑过程中，还需要考虑将产品和品牌的推广信息添加到视频中，制作出符合企业要求的营销视频。

（6）压缩上传

完成视频的制作后，在保证视频质量不受影响的前提下，将视频压缩成大小合适的文件，转换成视频网站支持的影音格式，再上传到相关视频网站中。

## 3. 网络视频发布技巧

一个能够得到广泛传播的视频，不仅需要优质的内容和恰当的宣传，还需选择正确的发布平台和投放方式。

传统视频的媒体投放一般会选择电视台的黄金时段进行发布，而网络视频的发布则通常选择流量更高的视频平台，比如优酷、爱奇艺、腾讯、哔哩哔哩等。图6-5所示为哔哩哔哩视频网站的广告栏目页面。

当然，如果想将视频精准投放到目标人群更集中的平台，可以根据视频内容的特点来选择特定的网络平台，如果想扩大视频的宣传范围和影响范围，也可以多平台投放视频，同时灵活使用社交媒体进行进一步的推广和宣传。

图6-5　视频投放平台

## 6.1.4　网络视频的营销策略

进行网络视频营销的目的主要是促进视频的有效传播，加强对用户的信息传播和沟通，增强视频营销的效果。

**1．网络视频整合营销策略**

整合营销是对各种营销工具、营销手段的系统化结合，注重系统化管理，强调协调统一。网络视频的整合营销不仅体现在工具和手段的整合上，还要以消费者为中心，以产品和服务为核心，以互联网为媒介，整合视频营销的多种形式和内容，达到立体传播的效果。

不同的网络用户通常拥有不同的网络习惯，拥有不同的与视频进行接触的途径，这使得单一的视频传播途径很难收获良好的效果。因此，开展视频营销时不仅需要在公司网站开辟专区，吸引目标客户的关注，还应该与主流的门户、视频网站合作，以扩大视频的影响力。此外，在通过互联网进行视频营销的过程中，还可以整合线下活动资源和媒体进行品牌的传播，进一步扩大推广效果。

除了渠道的整合之外，对视频营销的模式和类型也可进行整合。微电影、音乐电视、动画视频、网络自制短剧，创意视频、贴片广告、植入式视频、网友自制视频等，将不同类型的网络视频模式和类型进行组合，组合成各种不同的营销方案，以满足不同渠道、不同用户、不同营销目标的要求。

**2．网络视频创意营销策略**

在多元化网络营销时代，人们每天都可以通过网络接收到无数新鲜有趣的信息，网络视频如果想从无数的信息中脱颖而出、获得传播，创意是非常重要的。创意营销是一种具有创新性的营销活动，要求视频的内容、形式等突破既有的思维定式，从构思、执行、宣传到发布的每一个环节都体现出创意。创意营销可以有效吸引用户的关注和兴趣，获得病毒式的营销效果。

视频的创意营销主要体现在两个方面，一个是内容，另一个是形式。

（1）内容

在"内容为王"的营销时代，视频内容的质量才是视频的生存之本，大部分网络用户更愿意主动分享和传播经典、有趣、轻松的视频，同时这种形式也是最容易形成病毒式扩散的形式，病毒营销的前提是企业需要设计出好的、有价值的视频内容。此外，大多数能够脱颖而出并广为传播的网络视频，通常都具有一个共同的特点，就是具有故事性，因此，一个优秀的视频一定要会讲故事，设计值得品味的开头、过程和结尾，故事情节跌宕起伏，才能留住用户的注意力。

在构思视频的内容时，为了快速获得关注和形成热点，可以利用事件进行借势，也就是事件营销。事件营销不仅可以在线上发挥巨大的作用，也一直是线下活动的热点，国内很多品牌都依靠事件营销取得了成功。在利用事件进行营销的基础上，还可以进一步实现进阶，即从利用事件发展为制造事件，即主动策划有影响力的事件，开发新的营销价值。

（2）形式

形式的创新也是视频创意营销的重要组成部分。现在的视频形式非常多元化，精彩的创意内容与恰当的视频形式相搭配，才能获得更好的传播效果，而这就需要营销人员和制作人员根据内容去设计更适合的视频形式。比如定位格调的视频，可以采用电影版的表现形式，给用户美好的视觉享受；定位幽默、点评的视频，可以使用脱口秀的表现形式等，以获得用户的共鸣。

**3．网络视频连锁传播营销策略**

视频营销的传播渠道是营销中非常重要的一环，很多时候，单一的传播渠道往往无法取得良好的营销效果，此时就需要采用多渠道、多链接、环环相扣，具有连续性和连锁性的传播方式，以扩大视频的影响范围，延长影响时间。

（1）纵向连锁传播

纵向连锁传播是贯穿于网络视频构思、制作、宣传、发布、传播每一个环节的传播策略，纵向传播即精确抓住每一个环节的传播点，配合相应的渠道进行推广。比如某企业要制作一个推广视频，制作初期可以透露视频的制作消息，包括视频的热点、拍摄人员等信息，进行宣传预热。在制作阶段也可以剪辑一些片段发布到网上，利用各种媒体渠道和新闻渠道进行宣传。视频上线后，进一步对前期预热的效果进行扩大和升华，加大宣传的力度和深度，增强视频营销的作用。

（2）横向连锁传播

横向连锁传播贯穿于整个纵向传播的过程，又在每一个环节进行横向延伸。选择更多、更热门、更合适的传播平台，不局限于某一个媒体或网站，将社交平台、门户网站、视频平台全部纳入横向连锁传播体系中，扩大每一个纵向环节的传播策略，扩大传播的深度和广度，让营销效果进一步延伸，从而实现立体化营销。

**4. 网络视频互动体验营销策略**

基于互联网进行的营销活动，实际上就是一种关系营销，关系越牢固，营销效果就越好。网络视频互动体验营销是指在视频营销的过程中，及时与视频受众保持互动和沟通，关注受众的体验，并根据他们的需求提供更多的体验手段。一般来说，消费者的体验效果越好，营销效果就越出众。

网络视频互动体验营销的前提是拥有一个多样化的互动渠道，能够支持更多用户参与互动，比如常见的具有互动功能的视频网站、社交平台都可以实现沟通。同时，为了优化用户的体验，建立更牢固的关系，需要综合设计丰富的视频体验方式，比如通过镜头、画面、拍摄、构图、色彩等专业手法制作视频，为用户提供美好的视觉体验；用贴心的元素、贴近用户的角度、日常生活中的素材制作视频，优化用户的心理体验等。在保证视频本身互动性的基础上，还需要通过平台与用户保持直接的互动，包括引导用户评论、转发、分享和点赞等，让用户可以通过多元化的互动平台，自由、便利地表达自己的看法和意见。

## 6.1.5 任务实训及考核

根据所介绍的相关知识，完成表6-1所示的实训任务。

表6-1 实训任务

| 序号 | 任务描述 | 任务要求 |
|---|---|---|
| 1 | 在主流的视频平台查看不同栏目下的热门短视频和视频评论 | 通过观看短视频，分析热门短视频的内容、特点和传播人群 |
| 2 | 在社交平台观看传播度较广的短视频，并查看与该视频有关的讨论 | 结合短视频在社交平台的传播，分析视频整合营销的优势 |

填写表6-2所示的内容并上交，考查对本节知识的掌握程度。

表6-2　任务考核

| 序号 | 考核内容 | 分值（100分） | 说明 |
|---|---|---|---|
| 1 | 列举网络视频营销常见的表现形式 | | |
| 2 | 列举说明网络视频营销的常用策略 | | |

## 6.2　通过直播提高营销热度

直播营销是在现场随着事件的发生、发展，同时制作和播出的视频营销方式，以直播平台为载体。

网络信息的形式十分丰富，与图文相比，视频具有更加直观的场景表现力，特别是视频直播，直播者可以与用户进行实时互动，快速建立起情感共鸣。直播形式的多样化发展，使直播这种新兴的营销机会被各大企业关注，并快速涌现出了一批直播平台。企业通过这些直播平台可以更加立体化地展示企业文化，传递品牌信息，开展各种营销活动，与消费者开展更加直观的互动。

**课堂讨论**

针对下列问题展开讨论：
（1）什么是直播营销？
（2）直播营销有哪些方式？
（3）怎么安排直播营销活动？

直播营销以直播平台为载体，通过现场展示的方式来传递企业品牌或产品信息，其形式主要有两种：既可以直接在电脑端上进行直播，也可以通过手机摄像头对各种信息进行实时呈现，以方便其他网络用户观看并进行互动。直播营销是目前的主流渠道营销方式，掌握其操作方法可以帮助企业更加灵活地进行各种营销方案的策划与实施。本节将详细介绍直播营销的相关知识，使读者为企业制订营销计划做好准备。

### 6.2.1　直播营销概述

电视或广播等传统媒体平台的现场直播是最早的直播形式，如体育比赛直播、新闻直播等。而随着移动互联网和智能手机技术的快速发展，网络直播等新兴的直播方式开始兴起，其通过在互联网设备上安装直播软件来进行直播，达到展示信息的目的。图6-6所示为虎牙直播平台中的户外直播，主播直播捕鱼的场景，同时也通过直播出售鱼。

日常生活中接触到的直播有哪些？请举例说明。春节联欢晚会属于直播吗？它与网络直播有什么区别？

图6-6　虎牙直播平台

某位旅行达人通过手机将自己旅行途中的趣事录制下来，以视频的形式发布到网上，属于直播营销吗？网络游戏直播、发布会直播属于直播营销吗？

直播营销包括场景、人物、产品和创意4个要素。场景是指营造的直播气氛，让观众身临其境；人物是指直播的主角，可以是主播或直播嘉宾，以展示内容的方式与观众互动；产品要与直播中的道具或互动有关，以软广告植入的方式达到营销产品的目的；创意则是优化直播效果、吸引观众观看的方式，如明星访谈、互动提问等形式就比简单的表演直播的效果更加吸引观众。

## 6.2.2　直播营销的特点与优势

随着互联网的发展，直播营销以其即时事件、常用媒介、直达受众等特点广受企业营销的青睐。

- **即时事件：** 顾名思义，直播可以同步看到事件的发生、发展与结果，第一时间反映现场的状态，为观众了解信息提供了直观、即时的方式。特别是对于投票、资讯、发布会等形式的直播来说，主播可以在介绍最新进展的同时，邀请观众同步参与互动。
- **常用媒介：** 直播营销的设备很简单，常见的手机、计算机等都支持直播。而基于互联网的直播营销，可以直接通过手机传播，营销的传播范围更广、传播速度更快，营销所达到的效果也愈加明显。
- **直达受众：** 直播营销不会对直播内容进行剪辑和加工，播出的内容与观众所看到的内容是完全一致的，因此，要注重直播流程与设备的维护，避免出现直播失误而给观众留下不好的印象。

在传统营销模式下，企业主要通过户外广告、新闻报道和线下活动等方式来进行营销，营销展现的效果不佳；而互联网环境下的直播营销，则通过更低的营销成本、更广的营销覆盖、更直接的营销效果、更有效的营销反馈来达到更佳的营销效果。

- **更低的营销成本：** 传统营销的渠道主要有电视、广播、楼宇、展位等，投放成本从几万元到上百万元不等，对于资产并不雄厚的中小企业来说并没有竞争力。而直播营销的直播设备简单，直播场景可由企业自己构建，是目前成本较低的营销方式之一。特别是对于个人电商来说，可以仅靠一部手机就完成一次直播营销。
- **更广的营销覆盖：** 一般的营销方式，观众在查看信息的同时需要自己在脑海中构建场景，而直播营销可以直接将产品的形态、使用过程等直观地展现给观众，将其带入营销的场景，达到全方位体验产品的效果。
- **更直接的销售效果：** 不管是哪种营销方式，都是为了获得更好的销售效果。通过直播营销方式，可以更加直观地通过主播的言语来传递各种优惠信息，同时开展现场促销活动，极大地刺激了观众的消费热情，提高了营销的效果。
- **更有效的营销反馈：** 在确定目标产品的前提下，企业开展营销活动的目的是为了展现产品的价值，实现盈利。在这个过程中，企业需要不断优化产品和营销策略，对产品进行升级改进，使营销效果最大化。而直播营销强有力的双向互动模式，可以在主播直播内容的同时，接收观众的反馈信息，如弹幕、评论等。这些反馈中不仅包括产品信息的反馈，还有直播观众的现场表现，这也为企业下一次开展直播营销提供了改进的空间。

## 6.2.3　直播营销的常用方式

直播营销的方式在很大程度上决定着直播的效果。对企业来说，要根据营销的目的、前期策划来选择合适的营销方式。直播营销的方式主要有5种，包括颜值营销、明星营销、利他营销、对比营销和采访营销。

- **颜值营销**：颜值营销对主播的形象要求较高，男主播要求英俊帅气，女主播要求青春靓丽。通过高颜值的容貌来吸引大量观众观看直播，并产生打赏行为，这种方式能够带来大量的流量，是进行前期引流的有效手段。

- **明星营销**：明星本身就带有流量与话题，通过明星来进行营销，可以充分调动明星自身的粉丝群体。这些粉丝数量庞大，互动力强，可以为直播营销带来较高的热度。但邀请明星需要一定的资金，企业需要在充足的预算下选择与自身品牌形象相符的明星。

- **利他营销**：利他营销主要是通过分享知识或生活技能，在提高观众技能的同时，借助主播或嘉宾的分享来推广产品，如护肤步骤直播、化妆技巧直播等。

- **对比营销**：对比营销是指通过与其他同类型的产品进行对比，展现所营销产品的差异化、优势，以增强说服力。这种方式适合于产品性能测评直播，但不建议在直播中诋毁被对比的产品。

- **采访营销**：采访营销是主播站在第三方的角度阐述观点和看法，如采访嘉宾、专家、路人等，以第三方的观点来增加产品信息的可信度。这种直播方式切忌作假。在没有专家和嘉宾的情况下可选择采访路人，以拉近与观众的距离。

## 6.2.4  直播活动的内容安排

与简单地对着摄像头聊天或计算机屏幕分享等直播不同，企业直播营销需要在营销目的、目标用户的基础上进行设计，策划专门的营销活动执行方案，并根据方案来执行。一般来说，直播营销活动可以分为：直播开场，即帮助观众获取感知；直播过程，引起观众的兴趣；直播结尾，促使观众接受营销内容。每个阶段的内容安排与营销技巧都不同，下面分别进行介绍。

### 1. 直播活动开场

开场的目的是让观众了解直播的内容、形式和组织者等信息，给观众留下良好的第一印象，以使观众判断该直播是否具有可看性。开场的观众主要来自前期宣传所吸引的粉丝、在直播平台上随意浏览的网友，这些观众一般在进入直播的1分钟内可以做出是否继续观看的决定，因此要做好直播活动的开场设计。直播活动的开场主要有6种，下面分别进行介绍。

- **直接介绍**：在直播开始时直接告诉观众本次直播的相关信息，包括主播自我介绍、主办方介绍、直播话题介绍、直播时间、直播流程等。要注意的是，这种方式比较枯燥，容易引起部分观众的不耐烦，因此建议添加一些吸引观众的活动环节，如抽奖、发红包、特约嘉宾等，以最大限度地保留已有观众。

- **提出问题：**提问可以引发观众思考，带动主播与观众之间的互动，使观众有一种参与感。同时，又能通过观众的反馈预测本次直播的最终效果。
- **数据引入：**对于专业性较强的直播活动，可以通过展示数据的方式来进行开场，增加观众的信服度。这种开场方式要求数据必须真实可靠，否则容易引起观众的质疑，为直播带来负面影响。
- **故事开场：**趣味性、传奇性的故事可以快速引发消费者的讨论与共鸣，为直播活动营造一个良好的氛围。注意不要选择争议性太大的故事，容易引起观众的激烈讨论，无法快速进入主题反而得不偿失。
- **道具开场：**营销产品、卡通娃娃、礼品、场景工具等都可作为辅助开场道具，通过对道具的简单说明来进入主题。
- **借助热点：**参与直播营销的观众大部分为热衷上网的用户，这些用户对目前的热门事件非常熟悉，借助热门事件可以快速融入观众，拉近与他们之间的距离。

### 2. 直播活动过程

直播活动过程主要是对直播内容的详细展示，除了全方位、详细地展示信息外，还可设计一些互动活动，如抽奖、赠送礼物等来吸引观众，提高观众对活动的兴趣。

### 3. 直播活动结尾

直播从开始到结束，观众的数量一直在发生变化，到结尾时最终还留下的观众，在一定程度上都是本次营销活动的潜在目标客户群，因此，一定要注重直播活动的结尾，最大程度引导直播结束时的剩余流量，实现企业产品与品牌的宣传与销售转化。

- **引导关注：**直播结尾时可以将企业的自媒体账号和关注方式告知观众，引导观众关注，使其成为自己的粉丝，便于后期的粉丝维护。
- **邀请报名：**直播结尾时告知观众加入粉丝平台的方式，并邀请其报名。加入粉丝平台的这部分观众对直播内容的认可度较高，能够快速参与直播互动，具有转化为忠实粉丝的潜力。
- **销售转化：**直播结尾时告知观众进入官方网址或网店的方法，促进其购买，实现销售转化。建议给观众一些有利于他们利益的信息或营造一种紧迫感，如打折、优惠或供不应求等。

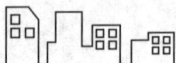

## 6.2.5　直播活动的互动设计

在直播过程中开展各种互动，可以在增加观众兴趣的同时激发活动高潮，常见的直播活动互动设计主要有弹幕互动、参与剧情、直播红包、发起任务等，下面分别进行介绍。

### 1．弹幕互动

弹幕是以字幕形式出现的评论，它以飘在屏幕中的形式密集出现，所有观看的观众都可以看到这些内容。直播时观众的评论就会以弹幕的形式出现，主播在直播过程中要关注弹幕的内容并挑选一些与观众互动，特别是对于观众的一些提问、建议、赞美等内容，如"能介绍一下这个产品的原材料吗？""小姐姐皮肤真好，是用介绍的这个护肤品吗？""什么时候抽奖呀？"等。

### 2．参与剧情

参与剧情适合于户外直播，通过邀请网友参与直播内容的下一步策划与执行，加强观众的参与感，同时还能借助观众的创意增加直播的趣味性。若采纳了观众的意见，可以给参与的观众一些奖励，提高观众的积极性。如2016年的里约奥运会期间，咪咕直播与凤凰网联合推出的"走着！看里约"直播，就通过采纳网友的意见，以采访里约街头不同国家不同肤色的奥运观赛人群来进行直播。

### 3．直播红包

观看直播的观众可以通过直播平台打赏主播，如赠送"游艇""跑车"等虚拟礼物。同样，主播也可以发红包或赠送礼物等方式来回馈观众，增加直播的人气并加强互动。主播发放红包时要提前告知观众发放的时间，如"10分钟后有一大波红包来袭""20:00准时发红包"等，这是为了让观众知道抢红包的时间，在做好准备的同时，暗示观众邀请更多人加入直播等待红包，提高直播的人气。

---

🎓 **专家指导**

直播红包可以直接通过直播平台发放，也可以通过支付宝、微信、微博等第三方平台发放，为站外平台引流，便于直播结束后的效果发酵。

---

### 4．发起任务

在直播中发起任务是指让观众按照指定的方式，在指定的时间内完成一系列任务的行为，如邀请观众进入一个微信群，在微信群中发表自己的糗事；邀请观众在某个帖子或微博下评论；号召观众一起做出与主播相同的动作，并分享到社交网站上等。发起任务可以快速凝聚观众，形成团体力量，使观众有一种成就感和满足感。

## 6.2.6　粉丝的发展和维护

直播活动吸引的粉丝需要进行维护才能使他们从粉丝变为客户，再成为忠实客户，实现企业的营销目的。直播活动的粉丝可以在直播结束后通过线上活动、信息分享、邀请参与策划、线下活动等方式进行维护。

- **线上活动：** 刚刚加入群内的粉丝可以通过线上活动来迅速融入群体，与群内其他成员熟悉起来，获得归属感。此时的线上活动主要以折扣、促销信息、抽奖、有奖问答等为主。
- **信息分享：** 粉丝比普通用户具有更强的消费与互动能力，企业的各种营销信息要第一时间让粉丝知晓并提供一些只有粉丝才能享受的特殊服务，因此可在粉丝群中定期分享最新资讯，如专属折扣链接、爆款产品提前购、红包口令、新品预购、限量抢购等，让粉丝感受到企业对他们的重视，增加粉丝对企业的忠诚度。
- **邀请参与策划：** 邀请粉丝参与下一场直播的策划，将粉丝的意见与创意融入营销计划，既可以缓解企业运营人员的压力，又可以让粉丝得到充分的荣誉感，使粉丝与企业更加凝聚，产生归属感。一般来说，粉丝可在直播的筹备阶段参与选题、场地、文案策划、海报设计、主持人推荐等内容；在直播过程中进行互动；直播结束后分享内容，转发信息等。
- **线下活动：** 虽然直播是基于互联网进行营销的，但线下活动仍不可缺少。结合线上和线下可以更好地凝聚粉丝，培养粉丝对企业的忠诚度。常见的线下活动主要有聚会、观影、表演等，在开展线下活动时可以给参加活动的粉丝一些特殊的福利，如新品试用、优惠券等，同时利用这种面对面的交流获取粉丝的反馈意见，为企业下一阶段的营销策略做好准备。

## 6.2.7　任务实训及考核

根据介绍的相关知识，完成表6-3所示的实训任务。

表6-3　实训任务

| 序号 | 任务描述 | 任务要求 |
|---|---|---|
| 1 | 下载一个直播平台并观看一场直播 | 要求熟悉直播营销的操作过程 |
| 2 | 以发布弹幕、加群等方式参与直播互动 | 要求理解直播互动的方式 |

填写表6-4所示的内容并上交，考查对本节知识的掌握程度。

表6-4　任务考核

| 序号 | 考核内容 | 分值（100分） | 说明 |
|------|----------|----------------|------|
| 1 | 什么是直播营销？直播营销有哪些方式？ | | |
| 2 | 直播活动的开场、过程和结尾是怎样的？ | | |

# 拓展延伸

　　视频营销和直播营销是现在非常热门的营销方式，一个成功的视频或直播营销通常可以为产品或品牌带来巨大的宣传效果。下面继续介绍一些视频营销和直播营销的知识，帮助用户进一步理解和掌握这两种营销方式。

## 一、网络视频短剧是怎么进行品牌推广和营销的？

　　内容营销时代，内容才是营销的重点。网络短剧也一样，营销推广的前提必然是优质的内容，在保证内容前提下，再进行产品植入。一般来说，网络短剧主要有3种植入方式。

- **简单植入：** 简单植入即将品牌标识独立呈现在短剧中，比如在短剧中简单展示品牌Logo、品牌名称等。简单植入的营销方式多表现为冠名、赞助等，由于该植入方式的品牌可以随意替换，与短剧本身的联系性并不紧密，所以广告效果表现也比较一般。

- **整合植入：** 整合植入是指将产品或品牌信息融入短剧内容中，使用户在观看短剧的过程中可以自然而然地看到品牌信息，甚至借此引起关注和讨论，达到品牌传播的目的。整合植入的营销方式比较含蓄，但营销效果通常更好。

- **焦点植入：** 焦点植入的层次在整合植入之上，要求产品文化、品牌精神要与视频短剧的内容十分契合，可以完美地通过短剧的情节展开把产品诉求同步表达出来，让观众可以深刻感知到产品文化或品牌内涵。焦点植入不仅营销效果更好，同时也十分有利于培养用户对产品和品牌的忠诚度，甚至有一些企业会为自己的品牌量身定做网络短剧，实现推广营销的目的。

## 二、有哪些主流的直播平台？

　　直播平台的种类很多，目前主流的直播平台有一直播、美拍直播、斗鱼直播、花椒直播、熊猫直播、百度视频、优酷直播、今日头条、虎牙直播等，下面简单介绍常用的直播平台。

- **虎牙直播：** 虎牙直播是中国领先的互动直播平台，可提供同时1000万人在线高清观看直播，其直播内容主要包括游戏、美食、秀场、电视、演唱会、发布会、体育等。

- **一直播：** 2016年5月13日，新浪微博与秒拍宣布共同推出移动直播应用"一直播"，承担起微博直播业务的支持职能。微博用户可以通过一直播在微博内直接发起直播，也可以通过微博直接实现观看、互动。
- **斗鱼直播：** 斗鱼的前身为生放送直播，于2014年1月1日起正式更名为斗鱼。目前，斗鱼以游戏直播为主，涵盖了体育、综艺、娱乐等多种直播内容。
- **花椒直播：** 花椒直播定位手机直播社交平台，2015年6月4日正式上线。主要直播娱乐新闻、明星发布会、生活趣闻等内容。
- **映客直播：** 映客直播上线于2015年5月，定位全民生活的视频移动直播平台。
- **美拍直播：** 美拍直播是美图公司于2016年推出的移动直播类平台，主要以生活类直播为主，直播时长限制在30分以内。

## 实战与提升

通过本章知识的学习，对下列问题展开讨论与练习，在巩固所学知识的同时，拓展视野，进一步提高自己的能力。

（1）查看现在比较热门和流行的短视频，分析这些视频的内容、传播形式和传播渠道。

提示：以"papi酱"的系列视频为例，分析其视频的风格、内容、特点，并了解其主要的传播渠道和传播形式。

（2）了解现在主流的直播平台，分析目前比较热门的直播形式。

提示：以"熊猫TV""斗鱼"直播平台为例，分析其热门的直播类型，了解这些直播是怎样实现推广宣传的。

# 第7章 内容营销与口碑塑造

## 学习目标

互联网时代，流量成为企业或个人打造品牌的主要资源，很多时候一个品牌能否获得持续的流量并实现更高效的变现，往往取决于口碑。消费者通过口碑了解品牌，企业通过口碑树立品牌，而口碑的塑造，又要求企业能够为用户提供有价值的内容，这就需要制订行之有效的内容营销策略，内容营销是口碑塑造的有效手段。

## 学习导图

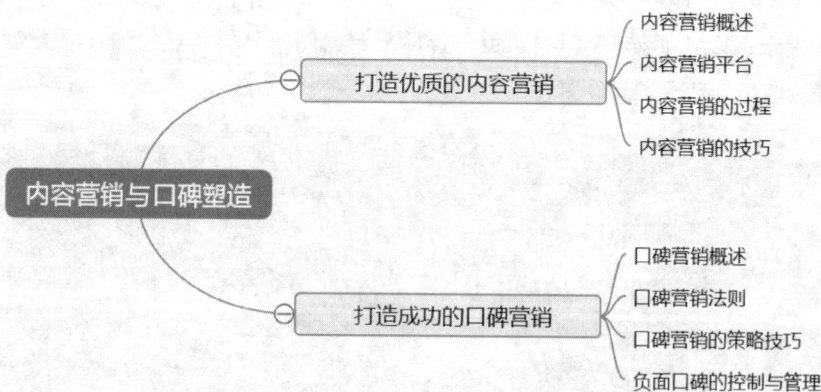

内容营销与口碑塑造

打造优质的内容营销
- 内容营销概述
- 内容营销平台
- 内容营销的过程
- 内容营销的技巧

打造成功的口碑营销
- 口碑营销概述
- 口碑营销法则
- 口碑营销的策略技巧
- 负面口碑的控制与管理

**案例导入**

《所有的玛丽苏加起来都抵不过一个她！》

最近无意间看到一部剧，

看完后心情久久不能平静。

只想对编剧说：

您这瞎编的功夫实在让在下佩服！

他——秦始皇，

一个历史上叱咤风云横扫六合的帝王！

……

怎么可能为一个女子不断妥协屈尊？

可笑至极！

但仔细想想，

也不是完全没可能……

还真有这么一个女子，

魅力大到能让众多帝王都魂牵梦绕！

这个折服了众多帝王的女子就是

西王母！

……

大禹曾拜她为师。

——载于《荀子·大略》

西周时期，

周穆王有幸见过她一面，

然后："乐之忘归"。

——载于《史记·赵世家》

当君主仁义治国，百姓安居乐业时，

西王母就会出现，天降祥瑞。

如果西王母当时没空，

那么这个送祥瑞的任务就交由使者来完成。

九尾狐就是西王母身边的祥瑞使者之一，

日常工作就是散发仙药。

关于九尾狐，

乾隆年间有一本耗时十余年编撰的书，

叫《兽谱》。

......

不同的神兽具备不同的神力，

可带来不同的好运。

如果以上神兽同时出现在你面前，

那么恭喜！

这代表着2018你一定好运连连了~

故宫淘宝以《兽谱》中的神兽为原型，

精心手绘了这款《春来瑞气满瑶池》新年台历

祥瑞之人必有瑞兽相伴！

台历仅售60元/本。

以上是"故宫淘宝"发布在微博上的一则软文的节选，阅读量已达到92W+。文章采用图文搭配的方式，配图或诙谐幽默，或精美大气，非常适合阅读。

故宫淘宝主要进行文博产品的营销，销售冰箱贴、手机壳、记事本、骨瓷杯、胶带纸、书签、折扇等生活和办公用品，每一样产品的设计都充分体现了故宫元素，比如骨瓷杯上用雍正皇帝御批文字写着"丝毫无虑，尽量发胖"，手机壳上印着龙袍凤褂等。

故宫淘宝将受众定位为"有文化、有娱乐精神、热爱生活"的年轻人，通过打造时尚、独特、富有娱乐性的营销内容吸引目标受众的注意，满足他们对时尚和娱乐的需求。

故宫淘宝通过营销传递出了一个亲民、有温度、有感情的故宫形象，颠覆了人们对故宫森严、肃穆的传统印象，其原创的营销文章中既为用户提供了知识价值，又进行了产品营销，在吸引用户主动阅读的同时，又不会引起用户反感。依靠自媒体的内容营销，故宫文创产品一年的销售额就超过10亿元。

【思考】

（1）什么是内容营销？内容营销为什么能够成功？

（2）故宫淘宝是怎样进行内容营销的？

## 7.1 打造优质的内容营销

随着互联网技术和信息技术的快速发展，人们的网络行为习惯渐渐发生了变化，从最初的被动接受商家信息，到如今主动通过各种媒体渠道获取内容，消费者对网上信息的真实性有了更多的考量，分辨信息质量的能力更得到了显著提高。在这种环境下，传统的网络营销方式对消费者的影响逐渐变小，而内容营销逐渐兴起，并成为影响消费者购物行为的主要因素。

课堂讨论

针对下列问题展开讨论：
（1）内容营销是怎么发展起来的？
（2）内容营销有哪些类型？
（3）举例说明常见的内容营销方式。

社会化媒体的诞生改变了信息传播的方式，对于企业而言，传统媒体时代依靠传播平台进行营销的方法逐步被淘汰，转而发展为依靠内容传播营销信息。通过提供目标消费者感兴趣的"内容"，与受众建立产生良好的关系，从而达到提高营销效果的目的。

内容营销是一种营销思维模式，它与传统营销主动寻找消费者不同，内容营销要求企业能生产和利用各种内外部内容信息，吸引特定受众进行主动关注。内容营销的重点是内容是否有吸引力、是否能够吸引消费者关注，并影响消费者的消费心理与购物行为。本节将介绍内容营销的相关知识，帮助读者掌握内容营销的方式。

## 7.1.1　内容营销概述

内容营销是一种为用户提供有价值的服务的营销策略，能主动吸引用户、打动用户，影响用户和品牌、产品间的正面关系，有可衡量的成果，可以通过查看各平台的阅读数、转发量、点赞数等数据分析总体营销效果。

内容营销可以将图片、文字、视频和音乐等元素以内容的形式呈现出来，使其成为消费者可以消费的信息，如淘宝头条和京东快报就是最为典型的内容营销方式。通过文章的形式将需要营销的内容转化为有价值的服务，剖析和满足目标用户的需求，进而吸引用户点击、阅读，引起用户的购买兴趣。同时这种内容的表达方式还可以在企业与消费者之间建立强有力的互动，为企业品牌与形象的建立提供了更直接的途径。

图7-1所示为京东快报、发现、发现好货的首页，它们都是京东专为内容营销开发的功能，用于向消费者推荐各种购物咨询或分享购物、使用心得，其实质是通过对用户购物行为进行分析，将这些内容精准推送给与之匹配的消费者，实现精准化营销。它是一种促进流量变现和用户消费升级的新型营销方式，可以简单地看作以内容聚集粉丝来提高转化率的一种营销方式。

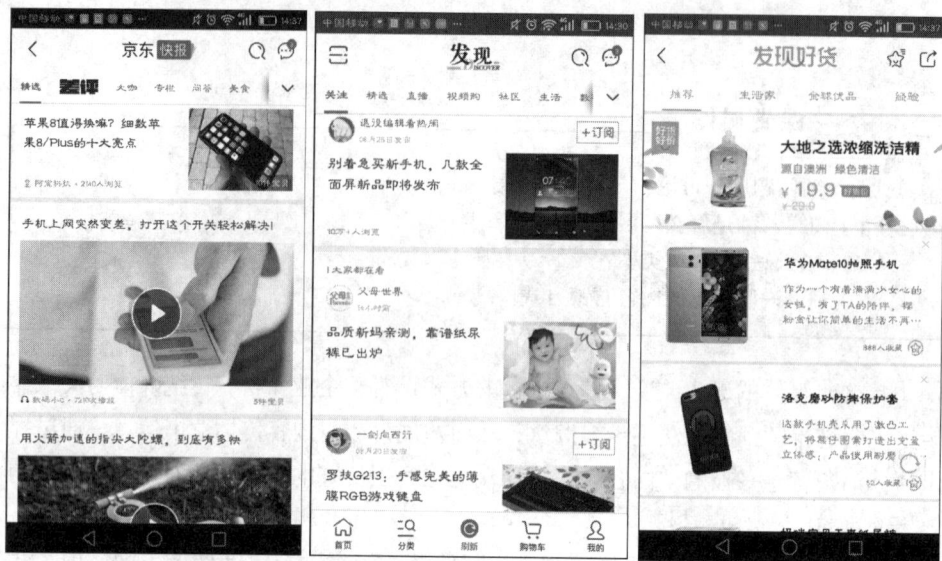

图7-1　京东快报、发现、发现好货的首页

**专家指导**

内容营销的出发点是人，所以如何进入消费者的生活圈、如何融入他们的新媒体社交、如何跟他们互动、如何影响他们的决策，是内容营销必须考虑的问题。在进行内容营销时，必须了解目标对象，了解他们怎样使用社交媒体，然后据此打造出迎合他们需求和喜好的"内容性"产品。

## 7.1.2　内容营销平台

内容营销的表现形式非常丰富，包括软文、社交媒体、新闻稿、音频、播客、博客、白皮书、音乐、动画、图片、信息图、在线教学或电视广播、幻灯片、视频、研讨会、App、游戏等，其本质是一种内容的分享传达，通过有价值的内容将品牌和产品信息传达给用户。当然，优质内容是支撑内容营销的基石，而平台则为内容营销提供传播机会。一般来说，不同的平台通常可以为内容营销带来不一样的效果，常见的内容营销平台主要可以分为传统媒体和新媒体两个类别。

### 1. 传统媒体

传统媒体是指报刊、户外、广播、电视等传统的传播平台，新闻、视频、声音、图片等是使用传统媒体进行内容营销的主要形式，比如耐克跑步广告片"Last"——向最后一名马拉松运动员致敬，如图7-2所示，广告场景为一场马拉松比赛即将结束，工作人员已经开始清理现场，但仍有落在最后的女孩在坚持跑步。通过真实、有个性的普通人影响更多其他的普通人，从而产生情感共鸣，达到品牌宣传的目的。

图7-2　耐克跑步广告片

### 2．新媒体

新媒体是继传统媒体之后兴起的媒体，主要盛行于互联网之上，互联网时代将各种新媒体平台带入创业高峰，甚至成为新时代的一种商业趋势。新媒体包含的种类比较多，移动互联网门户网站、社交平台、媒体写作平台、App、视频网站等都属于新媒体的范畴。

（1）移动互联网门户网站

移动互联网门户网站是指搜狐、新浪、网易、腾讯等门户网站，这些网站的访问量非常巨大，如果能够成功在这些门户网站进行营销，一般可以收获非常显著的营销效果。但移动互联网门户网站的营销难度较大，营销成本也相对较高，需要企业与之有经常性的合作。

（2）社交平台

社交平台的营销多依附于社交工具，比如微信、QQ、微博等，其中微信和微博都是访问量特别大且具有很大营销价值的社交平台，为内容营销提供了非常有利的先天条件。

微信营销主要包括个人平台、微信朋友圈、微信公众平台3种途径，是一个深社交、精传播的平台。微信营销倾向于社会化关系网络，比较注重用户圈子的维系，内容的传播范围相对较小，但传播比较精准，其一对一的社交特点让用户之间的关系更加密切，双方的信任建立在好友的基础上，关系更牢固。

微博营销操作简单、信息发布便捷、互动性强、成本低，能及时与粉丝进行沟通获得反馈。微博是一个浅社交、泛传播的平台，更倾向于社会化信息网络，传播范围广，但信息容易海量同化，并且用户之间的关系相对微弱。

因此，微信作为一个圈子化的平台，更适合企业进行信息推送、客户关系维护和活动推广等营销活动，图7-3所示为微信内容营销。

图7-3　微信公众平台的内容营销

　　而微博更具有媒体特性，更适合进行企业品牌的曝光、公共关系和媒体关系的维护、客户关系的维护等，图7-4所示为微博内容营销。

图7-4　微博内容营销

🎓 **专家指导**

　　内容营销是一种营销思维，并没有固定的形式和方法，任何媒介渠道和平台都可以使用该思维进行营销。

（3）媒体写作平台

媒体写作平台是自媒体非常活跃的营销平台，也是非常适合进行内容营销的平台，可以帮助企业、个人或机构扩大影响力，增加曝光度和关注度，比如今日头条、企鹅号、大鱼号、百家号、搜狐号、豆瓣、知乎、简书等。媒体写作平台既可以发布图文结合的原创文章，也可以发布视频，图7-5所示为发布在今日头条上的营销视频。

图7-5 今日头条的视频营销

媒体写作平台与其他营销平台类似，基本都可以通过相关数据分析出营销效果，实现更精准的营销。以今日头条为例，今日头条的"数据统计"栏为用户提供了"文章分析""头条号指数""用户分析""订阅用户"4个功能，其中"文章分析"可以查看文章或视频的相关数据，包括推荐量、阅读（播放）量、评论量、转发量等；"头条号指数"可以文章内容和读者行为为基础分析出账号价值；"用户分析"可以查看用户数据，包括新增用户、累积用户、新增订阅、累积订阅等，还可以查看用户的性别比例、年龄分布、地域分布、终端分布、兴趣探索等数据，便于更有针对性地提供目标用户所需求的内容。

在媒体写作平台进行内容营销通常需要结合实际数据分析平台具体情况，制订出更适合的营销计划，推送更受目标用户关注的内容。

（4）App

App平台主要包括两种形式，一种是企业自建App，这种形式成本较高，推广难度比较大，一般适合已经具有一定影响力、拥有大量忠诚粉丝的企业或个人。另一种是借助第三方App平台，比如知乎、豆瓣、果壳等，运用这些App中的流量，结合活动营销、问答营销等形式进行内容营销，灵活地将多平台的优势结合起来，这种形式成本更低，也更方便操作，图7-6所示为在知乎上进行内容营销。

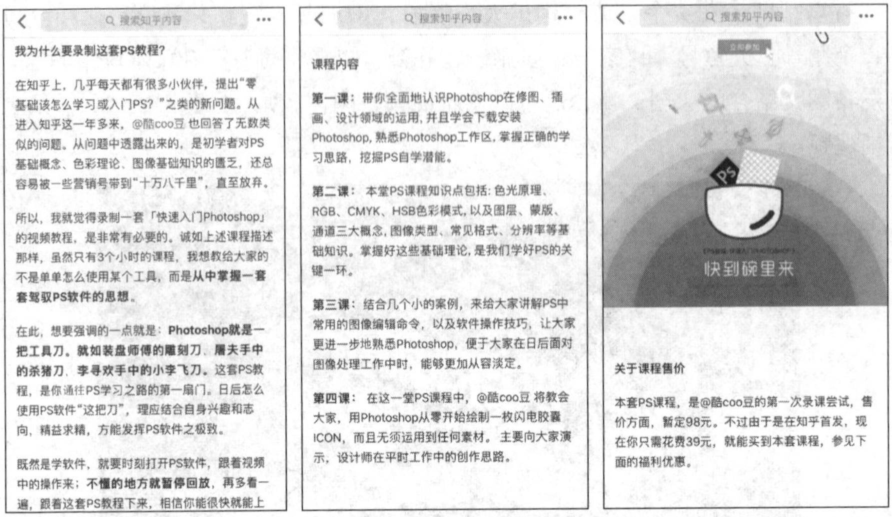

图7-6　知乎问答式的内容营销

（5）视频网站

互联网技术的发展促进了视频网站的不断发展，也丰富了视频的表现形式，短视频、网络剧、视频广告、情景短剧、宣传片、微电影、视频直播等各种各样的视频形式不仅丰富了人们的网络生活，也为内容营销提供了更多渠道。

比如欧莱雅为了给用户提供更多的内容和价值，创建了"内容工厂"，为美宝莲、契尔氏等美容品牌的产品提供实时的、本地的共享内容。对干货视频、美妆教程，以及社交媒体上的照片进行视觉和文本内容的创造，并与著名视频网站YouTube进行密切合作，继续创建更多品牌相关的内容，每当推出新产品，就制作出相应的产品视频教程，不仅传递产品的用法，更展示了如何利用产品打造出一个完美的造型，进一步满足了消费者的搜索需求。图7-7所示为欧莱雅为旗下产品制作的干货视频。

杜蕾斯在发售新品期间，在国内著名的弹幕视频分享网站哔哩哔哩上创建视频直播间，直播产品发售。充分利用该网站用户参与度高、互动率高的特点，给网友提供自我创造的平台，即使直播情节极其单调，但依靠用户的弹幕带动了更多用户的参与，让用户创造的弹幕和视频相结合，完美地完成了一个广告片的宣传工作。

这些都是建立在视频网站上的内容营销事件，通过动画、文字、视频、声音等媒介呈现内容，吸引用户主动关注，最终影响消费者的消费心理与购物行为。

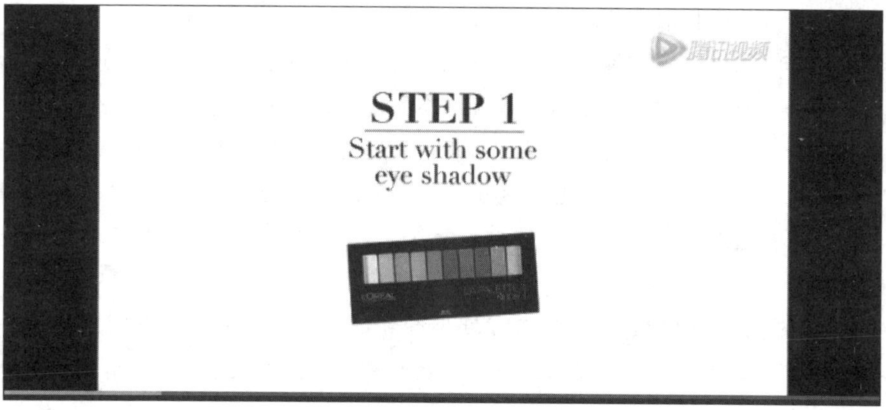

图7-7 欧莱雅干货视频

## 7.1.3 内容营销的过程

内容营销区别于传统的产品营销,内容营销通常需要以内容为载体进行市场推广,加快品牌传播,增进产品销售。而要实现内容营销,全面、灵活、准确、流行的内容基础和营销策略必不可少。

### 1. 圈定目标人群

圈定目标人群是指圈定具有重点价值的客户群。原则上讲,一个产品的受众范围通常会比较广,比如主要面向婴幼儿的无刺激产品,同时会受到很多女性的青睐。而在这个大范围的受众群体中,并不是每一个用户都能为产品创造价值,受众对产品的接受度、了解度都会影响到最终的销售效果,企业不可能在每一位可能的用户身上投注成本,因此需要圈定核心受众,尽可能缩小投入范围,解析核心受众的消费方式、消费习惯和消费心理,挖掘他们的痛点,针对核心受众部署营销策略,提高推广的精准性。

### 2. 找到合适的营销方式

不同的产品和品牌、不同的营销目的、不同的营销途径,通常都会有各自适合的营销方式。比如很多知识型自媒体喜欢通过出书、发布热门文章的方式进行推广,一些知名的达人、名人喜欢通过演讲、直播的方式来进行宣传,很多网络红人喜欢通过拍视频的方式进行营销。营销方式的选择并没有固定的标准,只要该营销方式可以更恰当、更完整地对营销内容进行表达,或者该营销方式是自己比较擅长的领域,就可以针对所选择的营销方式进行相应的内容策划。

### 3. 提高内容营销的技能

内容营销并没有具体的工作内容,因此营销人员要想提高内容营销的质量,必须从多个方面提高和锻炼自己。

- **协作、管理和编辑能力**：很多时候，内容营销都不是某一个人的工作，而需要一整个团队对产品的信息进行汇总和设计，需要其他部门的共同协作和配合，营销人员更要时刻了解营销项目的进度，保持与其他人员的沟通。在确定内容营销的基本信息后，再由具有一定编辑能力的人对营销内容进行组织和表达，所以一个优秀的营销人员必须懂得与团队协作，提高自己的编辑能力。

- **熟练运用社会化媒体**：进行互联网营销的人必须时刻关注互联网环境的变化，掌握各种社会化媒体的使用方法，融入用户的生活中，才能写出更贴近用户、更吸引用户的内容。

- **懂得分析数据**：数据可以体现内容的传播度、回应度和转化率，懂得分析数据的营销人员可以更快速直观地了解自己的长处和短处，进行自我纠正和提高。

🎓 **专家指导**

内容营销人员还可以了解一些基本的SEO的原理，懂得如何使用关键词，懂得最好在何时何地、以何种形式把营销元素体现出来。

#### 4．寻找适合的媒介

一个好的内容必须依靠好的媒介和渠道进行推广和传播，让更多用户发现和关注，才能实现真正的营销价值，这时，营销媒介和渠道就显得格外重要。新媒体为内容营销提供了更广阔的平台，每一个平台都有特点和优势，可以根据具体的营销策略选择适合自己的平台或全平台进行推广。此外，还可以借助有影响力的人力因素进行推广，比如自由撰稿人、合作伙伴的推广渠道、行业意见领袖、高人气达人、忠实优质的粉丝等。

#### 5．对营销内容进行策划和包装

现在的很多营销案例看似"无心插柳"取得了成功，其实大多都是经过一系列的策划"制造"出来的，所以包装内容是内容营销中非常重要的一环。好内容需要好宣传，懂得适当地在不同时间段上反复使用、包装内容，可以有效扩大内容传播的范围，同时保持内容在核心受众中的曝光度。

#### 6．培养营销习惯

内容营销策略通常是一种中长期策略，需要企业进行长期的坚持和沉淀，将"内容"这个观念深入用户的心中，甚至形成用户对品牌的固有印象，因此必须培养一个好的内容营销习惯。坚持更新，创造更多优质的内容，持续向用户分享有价值的信息。

### 7. 打造内容亮点

内容营销的核心就是打造亮点，创造更多的品牌或产品价值。在进行内容营销的过程中，往往难以保证每一个内容推广都有亮点，但依然要将寻找亮点作为内容营销的重点。内容营销的亮点一般围绕关键词、价值、品牌、用户几个因素进行打造。

- **关键词**：能被用户关注和搜索的内容才有机会发挥出营销价值，因此关键词在文章中具有很大的意义，当用户读完一个内容推送时，能够记住推送者想要重点传达的关键词，那么这个内容推送无疑就是成功的。
- **价值**：价值包含很多方面，比如推送内容的价值、品牌的价值、产品的价值等。现在的市场上，产品类型、产品价格、销售渠道等同质化现象非常严重，普通用户难以对看上去十分相似的产品进行准确区分，所以在进行内容营销的过程中，企业应该将自己的价值充分凸显出来，让自己的产品可以从同类产品中脱颖而出。
- **品牌**：现在的网络营销趋势逐渐向品牌化的方向发展，品牌可以有效提高用户对产品的辨识度、接受度和忠诚度，品牌化的产品也更容易被大众接受，因此内容营销要有意识地树立和宣传品牌，设计自己的风格，打造个性化。
- **用户**：用户是内容营销的中心，拥有用户才可以实现最终的营销效果。而想要拥有用户，就要了解用户，学会挖掘用户的痛点，提供他们真正需要的信息，所以很多内容营销事件都是站在用户的立场，从用户的角度出发进行内容的策划。

### 8. 设计便捷的转化入口

不管是视频、声音、图片还是文章，任何优质内容营销在推出时都需要一个方便用户行动的入口，比如快速关注、直接购买、了解更多、收藏转发等，让用户可以及时通过简单便捷的入口对所接受的信息进行关注、购买、收藏等转化。一般来说，用户刚接受信息的时候是转化的最佳时刻，时间间隔越久，入口操作越复杂，用户的转化率就越低。

由于内容营销的发布渠道很多，每个渠道都拥有不同的入口和功能，所以营销人员可以选择合适的渠道进行内容的营销和发布，也可以自己制作方便用户读取或点击的二维码或导向链接。

### 9. 效果的追踪和反馈

一般来说，衡量内容营销的质量和效果可以遵循内容制作效率、内容传播广度、内容传播次数、内容转化率等指标。根据各项指标的实际表现，对内容营销的效果进行评价和判断，再针对表现不佳的指标进行优化改善，从而获取更大的营销价值。

## 7.1.4 内容营销的技巧

在现在的互联网营销趋势中，能否把内容更好地传递给目标受众是评价营销效果的一个重要因素，在通过内容对产品、品牌、核心价值进行传递的过程中，可以借助一些营销技巧对营销内容进行补充和支撑。

### 1. 品牌人格化

品牌人格化是指降低传统品牌的高度，赋予品牌有血有肉的态度、个性、风格和气场，让"品牌"可以与用户打成一片，甚至建立专属的用户圈子，这样才能更好地与用户互动，增进用户与品牌的情感联系，图7-8所示为故宫淘宝与用户之间的互动。

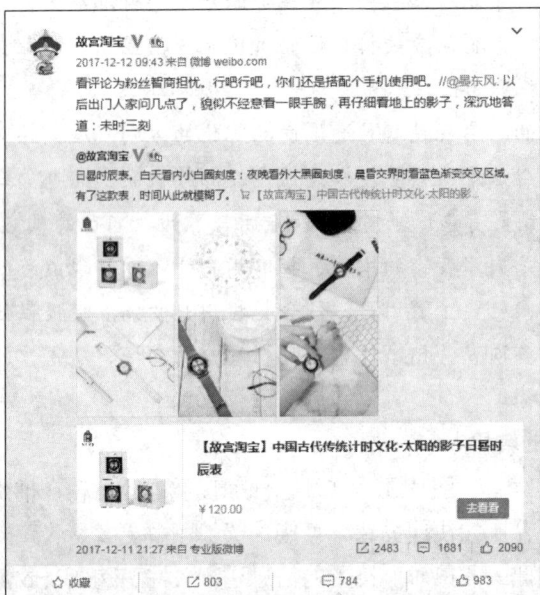

图7-8　品牌人格化的用户互动

### 2. 讲普通人的故事

用户大多是普通人，所以真实、自然、有感情的普通人的故事才会更贴近用户，更容易让用户产生共鸣，这也可以在无形中拉近用户与品牌的距离，影响用户对品牌的情感，比如耐克以马拉松为主题拍摄的广告片"Last"就是在讲述普通人的故事。

### 3. 打造自营销

内容型的产品营销可以打造成自营销，特别是当内容营销可以赋予目标用户身份标签、归属感、共鸣感的时候，通过强化产品与用户之间的联系和故事，让用户可以在品牌选购阶段就对产品发生忠诚度。比如锤子手机发布的文艺青年版手机坚果，如图7-9所示。锤子团队通过对文艺青年进行调研，找出了文艺青年群体更喜欢的颜色，在产品外壳上做足文章，彰显了文艺青年最向往、最想对外界表达的特质，让文艺青年可以自发聚拢，不断强化产品给予的标签，最终形成自营销。

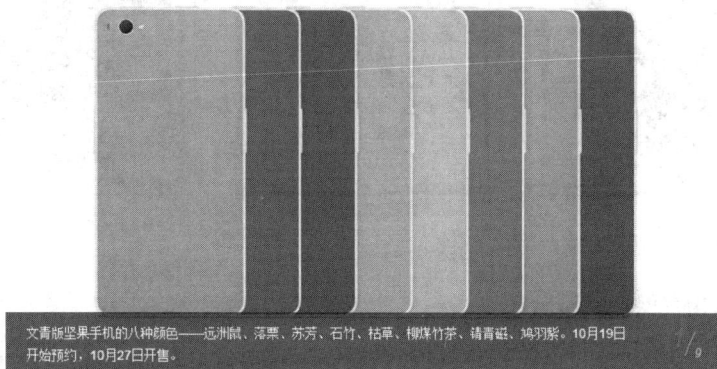

文青版坚果手机的八种颜色——远洲赋、深栗、苏芳、石竹、枯草、柳烨竹茅、靖青磁、鸿羽紫。10月19日开始预约，10月27日开售。

图7-9　文艺青年版手机坚果

### 4．运用社会数据和热点

社会数据和热点同样是十分贴近用户生活的素材，一方面有助于归纳用户观点，对用户进行洞察，另一方面也有助于引导用户去理解和关心这些话题，激发用户分享的欲望，比如比较普遍的雾霾话题等。

### 5．洞察社会情感和心理

洞察社会情感和心理是为了了解和剖析用户的情感需求，通过表达用户的情感需求，策划出容易引起用户共鸣的营销内容。比如现在很多的节日营销，借助用户对亲人、朋友的情感，设计感性的营销内容，再通过高质量的视觉展示和阅读体验，使用户感同身受，从而留下深刻的印象。

### 6．抓住时代文化的标签

青少年文化的崛起不仅代表了新一代用户的文化底线和价值观，同时也对网络营销的方向产生了深远影响。现在，越来越多的品牌在进行内容营销时，会主动迎合青少年的喜好，比如网络文化、二次元文化等，图7-10所示为肯德基结合二次元文化进行的内容营销。青少年用户是网络用户的主要组成部分，青少年的网络娱乐和社交方式甚至会融入主流文化中，影响更多用户的网络习惯和行为，因此很多企业不断使用贴合青少年文化和价值观的娱乐内容，发现和挖掘内容营销的新商机。

图7-10　肯德基的二次元营销

### 7．与用户保持高质量互动

用户互动既可以维护用户感情，培养用户忠诚度，形成良好的口碑效应，还可以促进品牌的广度传播，特别是当用户互动质量较高时，很容易激励用户自发进行品牌传播。比如凯迪拉克一直围绕着66号公路进行传播与营销，一方面讲述66号公路所代表的精神，另一方面通过试驾或电影故事加深用户的印象，凝聚用户向心力。凯迪拉克在入驻微信平台之后，更是以这个具有代表性和象征性的66号公路继续与用户进行互动，引导用户讨论自己心目中最具代表性的66号公路，让用户自发分享和创造出富有感染力的小故事。

**🎓 专家指导**

引导用户自发参与品牌的传播，不仅可以自主设计话题，邀请用户进行分享和讨论，也可以借助当前讨论热度比较高的网络热点引起用户的讨论，再结合品牌信息对热点内容进行再创造。

### 8．将内容与体验结合

把内容设计成产品销售过程中的重要体验环节，可以强化用户的购物体验，同时增强企业的服务质量和口碑。特别是内容设计比较贴心、合理时，用户通过内容可反复感受产品的内涵，理解产品可以带来的利益，甚至可以培养用户新的生活方式，形成用户对于品牌的向心力、忠诚度和黏性，并进一步形成多循环的传播和购买。

### 9．热点借势

热点借势实际上就是借势营销，品牌通过结合当下比较热门的热点，创造出有趣的内容，调动用户参与度和讨论度。借势营销的范围比较广泛，其素材可以是网络流行、娱乐新闻、社会事件等，也可是文化、节日等，好的借势营销很容易形成病毒式的品牌传播效果。

### 10．让用户参与营销

很多内容营销在推广期间虽然可以形成大规模的影响力，但大多时候这种影响力都难以持续，所以很多企业和品牌开始把营销和用户结合起来，发动大量用户参与营销，进行持续推广。比如康师傅在做公益活动时与咕咚体育、滴滴打车合作，只要用户带着咕咚手环活动或使用滴滴打车出行，跑步的步数和打车的距离都能转化为水滴数，当用户把水滴数捐给康师傅母亲水窖项目时，每凑足一定水滴数，康师傅就将捐出一口水窖。康师傅的这个营销活动，不仅把公益项目变成了一个整年的传播活动，还使更多用户参与进去，在增强用户参与感的同时，依靠用户参与自发形成内容，并且转化成内容营销。

## 7.1.5　任务实训及考核

根据介绍的相关知识，完成表7-1所示的实训任务。

表7-1　实训任务

| 序号 | 任务描述 | 任务要求 |
| --- | --- | --- |
| 1 | 简单介绍适合进行内容营销的新媒体平台 | 了解各个不同平台的特点和优势，分析其适合进行哪种形式的内容营销 |
| 2 | 简单介绍进行内容营销时需要重视的重要步骤和过程 | 了解每个重要过程中的主要内容 |
| 3 | 简单介绍进行内容营销时可以采用的营销技巧 | 了解每个营销技巧在内容营销实际操作中的应用，并试着分析不同技巧适合哪种类型的品牌进行营销 |

填写表7-2所示的内容并上交，考查对本节知识的掌握程度。

表7-2 任务考核

| 序号 | 考核内容 | 分值（100分） | 说明 |
|------|----------|--------------|------|
| 1 | 什么是内容营销？其类型有哪些？ | | |
| 2 | 主要的内容营销平台有哪些？试举例说明 | | |
| 3 | 进行内容营销时需要经过哪些重要过程？ | | |
| 4 | 可以采用哪些技巧进行内容营销？ | | |

# 7.2 打造成功的口碑营销

口碑营销是现在非常主流的一种营销思想，具有成功率高、可信度强、影响范围大的特点。从企业营销的实践层面进行分析，口碑营销是企业在进行市场调查和定位后，制订一系列口碑推广计划，运用各种有效手段引发用户对其产品、服务和形象的交流和传播，并激励用户主动向其周边人群进行介绍和推荐的市场营销方式。用户主动传播公司产品和服务正面评价的过程，可以让更多人通过口碑了解产品、树立品牌，最终达到企业销售产品和提供服务的目的。

**课堂讨论**

针对下列问题展开讨论：
（1）什么是口碑营销？
（2）我们生活中有哪些口碑较好的企业？
（3）怎么进行口碑控制和管理？

与传统的营销环境相比较，现在的营销主体、营销对象和营销方式都发生了巨大的变化，运营者主动灌输、自我推荐的营销方式已经逐步被消费者主动获取、主动接受的方式取代。特别是网络营销时代，很多时候再精美的广告都比不上网络用户的一句称赞，因此让每一位顾客都能正面传播自己的品牌、产品或服务，成了企业经营者梦寐以求的营销效果。

企业打造口碑营销的前提是拥有口碑基础，而口碑的形成可以是意外发酵的事件，也可以由企业主动引导和打造。通过分析消费者之间的相互作用和相互影响，促进口碑广告的传播，从而制造出爆炸性的需求。本节将对口碑营销概述、口碑营销法则、口碑营销的策略技巧、负面口碑的控制与管理等内容进行介绍，帮助读者完整认识口碑打造和口碑管理的全过程。

## 7.2.1 口碑营销概述

口碑营销又称病毒营销，主要是通过可以"感染"目标受众的营销事件将营销信息广泛传播出去，营销事件的影响力往往直接决定最终的营销效果。

在当今这个信息爆炸，人人都是媒体的环境下，消费者对各种信息都具有极强的免疫能力，甚至部分消费者始终对企业推广抱有怀疑的态度，反而是消费者之间广泛传播的正面宣传，或者新颖的口碑话题更容易吸引大众的关注与议论。比如张瑞敏砸冰箱事件在当时就引起了大众热议，海尔也由此获得了广泛的传播与极高的赞誉。

传统的口碑营销通常具有非商业性、可信度高、主动性强、成本较低等特点，而与传统口碑营销相比，新环境下的口碑营销又表现出了一些新的特征。

- **传播主体匿名：** 互联网为用户的言论自由提供了更大的便利，传播者可以匿名发布信息，更加自由地表达和分享自己对产品、品牌、服务的看法，或参与相关讨论。同时匿名发布也为企业制造口碑营销事件提供了空间，让企业可以更加便捷地进行口碑引导和控制。

- **传播形式多样：** 口碑营销具有非常丰富的表现形式，文字、图片、声音、视频都可以作为传播媒介，在进行口碑传播的过程中还可以有效增加传播内容的趣味性。此外，网络传播形式更加方便用户进行信息的获取和分享，进一步扩大口碑影响力。

- **突破时空限制：** 传统的口碑营销大多是将信息传播给用户生活中身边的少数人，而网络口碑营销借助互联网，可以将信息传播到各个地区和人群，不受地域空间的限制。

- **传播效率高：** 互联网让口碑传播不再仅限于一对一传播，还可以进行一对多的大范围传播，各种社交平台、门户网站、贴吧论坛等让口碑信息的传递变得更加直接，效率更高。

- **互动性强：** 在进行口碑传播的过程中，用户可以在第一时间对信息进行交流和回应，同时传播者和接受者之间良好的互动质量还可以增加两者之间的情感联系，为口碑传播赋予更多的感情价值，提高接受者对品牌的信任度。

- **相对可控：** 网络口碑在很多时候都可以进行人为控制，互联网使传播方可以及时了解用户对口碑的实时反响，然后根据反馈信息进行及时回应，引导口碑传播向更好的方向发展。

- **传播成本低：** 与传统的口碑营销相比，新环境下的口碑营销只需要耗费更少的时间和机会成本，就可以实现非常优质的传播效果。

## 7.2.2　口碑营销法则

现在的主流网络群体多为年轻人，一般来说，符合年轻人需求的有趣、新奇、个性的信息更容易在网络中得到传播，所以要想口碑像病毒一样扩散传播出去，就要懂得吸引主流网络用户的眼球。

**课堂讨论**

针对下列问题展开讨论：

（1）设想一下，自己在日常网络消费中，会接受其他人推荐的产品吗？在购买商品之前是否会查看相关评价？

（2）你在日常生活接触过哪些能让你产生认同感的口碑宣传事件？

### 1．趣味性

网络上的信息非常繁杂，网络用户每天接收的信息有限，所以绝大多数人只会关注自己感兴趣的信息，在这种环境下，平庸、平淡的信息非常容易被淹没，难以引起用户的注意，所以在进行口碑营销时，一定要保证营销信息的个性化和趣味性，越有特色、越新颖好玩的信息往往越容易吸引用户注意，也越容易得到用户的自发分享和传播。图7-11所示的可口可乐昵称瓶，用个性化的标签拉近个人与品牌之间的距离，既新颖有趣，又可以使用户"对号入座"，产生认同感。

图7-11　可口可乐昵称瓶

## 2．便于传播

很多口碑营销案例不仅需要运营者在背后进行推波助澜，还要简化信息内容和传播流程，符合互联网用户的阅读习惯，这样才能得到广泛传播，实现较好的营销效果，所以对于口碑营销而言，简明易懂的信息和多渠道扩散都十分重要。运营者在设计口碑营销方案时，还要设计好传播方法，比如借助新媒体进行传播或将传统媒体与新媒体相结合。

## 3．保证品质

用户永远是产品最好的广告商，令用户满意，就相当于为产品建立口碑，所以企业在进行口碑营销的同时，还需要生产优质的产品，提供优质的服务，为用户带来完美的购物体验，让用户主动对品牌进行传播。比如2017年夏天，海尔主动为各大高校的学生宿舍提供安装、折扣、咨询、维护等优质服务，在社会化媒体上掀起了"高校装空调"的热潮，甚至很多高校学生要求海尔与自己的学校接洽，大大提高了海尔空调的传播热度，如图7-12所示。

图7-12　海尔空调高校服务

## 4．赢得信任和尊重

用户的信任是品牌口碑得以传播的重要因素，往往一家正派的、有道德的企业更容易赢得用户的好感。比如一代烟王褚时健创造的褚橙，褚时健在71岁时家庭和事业都遭遇巨大变故，到了75岁仍旧选择再次进行创业，他不仅把看上去不可能做成的事做得成功，还对产品品质进行严格把控，用人格魅力赢得了用户的尊重，用产品品质赢得用户的信任，图7-13所示为褚橙的官方网站和宣传文案。

图7-13　褚橙官网

## 7.2.3　口碑营销的策略技巧

一个成功的口碑营销往往能为品牌带来很多常规推广无法实现的效果，为企业带来多方面的利益，然而好口碑也需要好策略。

### 1. 口碑营销的策略

美国口碑营销大师安迪·塞诺威兹通过5个"T"开头的英文字母阐述了一个非常清晰的口碑营销分析框架和操作步骤，分别是：谈论者（Talkers）、话题（Topics）、工具（Tools）、参与（TakingPart）和跟踪（Tracking）。

- **谈论者（Talkers）**：*每一种营销都需要一种媒介，对于口碑营销而言，媒介就是谈论者，也就是可能参与传播过程的消费者、粉丝、意见领袖、评论员等。消费者是产品和服务的亲身体验者，最可能通过网络与其他人分享使用心得，并对产品和服务的优劣给予评价；粉丝是品牌的簇拥者，他们可能不会消费产品，但却喜欢参与产品和服务的讨论，帮助提高品牌的热度，比如很多奢侈品的粉丝；企业在进行口碑营销时，首先需要找到合适的谈论者传播企业信息。意见领袖是在一个参考群体里，因特殊技能、知识、人格和其他特质等因素而能对群体里的其他成员产生影响力的人，意见领袖的观点和态度往往可以影响大量的用户，将品牌口碑引爆，让企业的知名度迅速扩张；评论员通常是专职的记者、媒体人、博主、作家等，他们本身均具有一定的影响力，也可以为口碑的推广起到提高热度的作用。*
- **话题（Topics）**：*话题是谈论者谈论的中心内容，也是引发口碑传播的关*

键。几乎所有的口碑营销都由一个话题引发，这个话题通常不是官方的正式宣传内容，而是一个可以激起人们的兴趣和情感共鸣，进而引发讨论的简单信息。一般来说，任何能够抓住人们注意力的事物都可以作为口碑宣传的话题，比如一段音乐、一个包装、一句文案、一个故事等。

- **工具（Tools）**：合适的工具可以加快口碑传播的速度，新媒体的多样化为口碑营销提供了效果显著的传播途径，比如传统的电子邮件，即时通信、微博、微信等社会化媒体，可以为消费者提供评论参考的论坛、贴吧、社区，甚至天猫、京东等电子商务平台，都可作为网络口碑传播的工具。

- **参与（TakingPart）**：口碑传播的过程实际上就是谈论者与接收者对话交流的过程，一个持续扩散和传播的正面口碑离不开谈论者与接收者的共同参与。如果缺少参与这个过程，可能好不容易打造的口碑影响力很快就会消失，甚至演变成负面口碑，只有积极参与到用户口碑活动中，才能赢得用户的持续关注和好感，获得更多积极的口碑。

- **跟踪（Tracking）**：口碑是消费者对品牌态度的一种真实反应，企业在跟踪搜集相关信息时，可以真正了解用户的看法，把握用户真正的心理和需求，并可以通过用户反馈的情况制订更明智的口碑营销计划。

### 2. 口碑营销的技巧

合理运用营销技巧可以为口碑推广带来巨大的助力，下面对口碑营销的常用技巧进行介绍。

（1）口碑话题的打造

口碑营销始于话题，具备公众讨论条件的话题才能催生高效的传播效果，发挥更好的作用。一般来说，简洁易懂、便于传播、贴近生活的话题更容易引起公正的广泛谈论，为了保证话题质量，企业可以自主创造口碑话题。

- **以服务创造话题**：服务是增强用户消费体验感的重要环节，同时服务也是消费者越来越重视和关注的问题。很多企业进行网络营销的目的，都是想要依靠服务来赢取消费者口碑，形成口碑效应，培养用户忠诚度。现在，周到的全程式服务几乎是消费者对产品的基本要求，其他更多的增值服务、差异化服务、个性化服务才是征服消费者的关键。比如海底捞的服务口碑一直是口碑营销的标杆，很多消费者之所以钟情于"海底捞"，最重要的原因就是海底捞一流的服务质量，甚至很多消费者慕名而来，专门去体验海底捞的服务。在很多"海底捞"门店，消费者可以吃着水果、喝着饮料，一边享受着免费上网、擦鞋、美甲等服务，一边进行排队等待。在用餐时，服务员会为长发女士提供皮筋和发夹，防止头发垂到食物里；会为戴眼镜的消费者提供擦镜布，为普通用户提供保护手机的小塑料袋，甚至服务员还会帮消费者喂小孩子吃饭，陪他们在儿童天地做游戏，正是这些个性化服务，让海底捞的服务拥有了良好的口碑。

- **以情感创造话题：** 物质上的满足可以赢得消费者的信任，情感上的满足同样可以赢得消费者的爱戴。很多时候，用户选择产品或服务并不以功能性为唯一标准，能否在感情上为产品赋予附加价值，也是影响用户选择的重要条件，特别是在口碑营销上，感情话题往往具有巨大的作用。比如在春节时段的营销中，借助春节团圆的话题引发用户的共鸣，突出品牌温情、温馨的特色，从而扩大品牌影响力，形成良好的口碑效应。

- **以公益创造话题：** 公益行为是一种十分正面的行为，很容易为企业树立起良好的品牌形象，在引发用户传播的同时，还能提高品牌美誉度，公益活动的关注群体和收益群体往往会自发对品牌口碑进行传播。

- **以质量创造口碑：** 产品质量是企业进行口碑营销的基础，质量不过关，口碑营销注定会失败。产品质量是消费者对产品的基本要求，对于一些在质量上有优势的企业，也可以在产品质量上做文章，通过质量对产品进行口碑推广。

- **以事件创造口碑：** 重要的社会时间、新闻事件、体育事件通常很容易给用户留下深刻的印象，并引发大范围的讨论和分享，所以很多企业都开始将品牌口碑和事件结合起来，提高品牌的影响力。比如蒙牛在"神舟五号"发射时的营销事件，蒙牛乳业搭乘着中国人的航天梦，把自己的口碑也推向了高空，伴随着"神舟五号"的发射升空，蒙牛先后获得液态奶销量第一、消费者满意度第一、品牌辐射力第一的营销成绩。

- **以体验创造口碑：** 体验营销在网络营销中并不陌生，体验不仅可以让用户亲自试验产品质量和服务，获得用户的信任，还能有效拉近用户与品牌的距离，引导用户主动对品牌进行口碑宣传。

- **以故事创造口碑：** 一个吸引人的故事很容易打动消费者，影响他们的购物选择，并促成他们的口口相传。现在很多的知名品牌，几乎都有一则或几则比较富有传奇色彩或充满情感的故事，甚至很多企业和品牌因传奇故事而诞生，这些传奇故事不仅可以加深消费者对品牌的印象，还可以成为消费者信赖品牌、保持忠诚的基础，比如广为人知的雕爷牛腩，花费数百万元巨资购买香港食神的独家秘方，巨资、食神、秘方都为品牌赋予了传奇色彩，增加了品牌的知名度。

- **以广告创造口碑：** 一则好广告也可以成为口碑宣传的良好话题，一个强烈的主张，一个突出的概念，往往就是消费者们进行讨论的话题，比如"陈欧体"——我为自己代言，就是靠广告在网络上引发了巨大的讨论热潮。

- **以互动创造口碑**：口碑营销的过程离不开消费者的参与，保持与消费者的互动，调动他们的积极性，也是进行口碑营销的一种有效途径，比如设计简单、趣味、个性化的活动，与消费者建立深刻的情感联系等。

### 🎓 专家指导

> 除了上述打造话题的方式外，企业也可以利用免费信息、特色产品等进行口碑话题的打造，比如在最初杀毒软件收费使用的环境下，很多计算机防护软件和杀毒软件就是依靠免费杀毒打造出了自己的知名度和口碑。

（2）消费者真实需求挖掘

洞察消费者的真实需求才知道消费者对什么话题感兴趣，才能有针对性地制造话题，引爆话题，所以在网络口碑传播的过程中，对消费者的心理、行为进行跟踪调查十分重要。在挖掘消费者真实需求时，首先需要对目标消费者的言论、社交行为等进行分析，了解他们的网络行为，比如经常访问的论坛、贴吧、网站、社交媒体等，及时掌握他们的观念和动向。其次，可以举办有偿的用户反馈调查，刺激消费者对产品和品牌进行积极反馈。另外，还可以建立完善的消费者互动平台，加强与消费者的互动，从互动中挖掘消费者的真实需求，或通过搜索引擎数据分析了解消费者的真实需求。

（3）口碑测试和培养

企业在选择口碑话题时，通常会选择自己具有优势或便于打造的话题，而很多时候口碑话题的选择并不是单一的，可以挑选比较有竞争力的多个口碑话题分别进行测试，然后选择效果最好的话题进行重点培养。比如一款营养食品，可以提炼温情、家庭、方便、美味、健康等多个话题，经过测试发现目标消费者对家庭这个话题更有讨论热度，则可以从感情的角度出发，重点培养家庭这个话题。

（4）媒体资源的选择和整合

合适的媒体资源和媒体平台可以让网络口碑的传播效果更佳，通常不同的话题方向可以选择与之适应的不同媒体平台。现在比较主流的媒体平台是社交网络服务平台，包括社交网站和社交软件。社交平台的操作比较简单，并且传播速度快、覆盖面广、交互性强，没有时间和空间的限制。同时，社交平台的用户彼此之间都有一定的感情基础和信任基础，能够最大限度地互相影响，为口碑传播创造更好的环境。企业在利用社交平台进行口碑营销时，还可以详细收集和记录用户的数据，包括性别、年龄、职业、收入、爱好等，方便更精准地挖掘用户需求，掌握用户心理、行为的动向。当然，根据实际的口碑营销策略和营销需求，企业也可以采取传统媒体和新媒体相结合的方式，创造更大的影响范围。

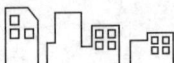

（5）提高用户互动质量

提高用户互动质量可以保持用户对品牌口碑的传播热情，消费者接触品牌和产品的时间越长，参与品牌口碑正面传播的积极性就会越高，所以保持与用户的高质量互动，可以保证品牌在用户群众中持续较高的曝光率，深化品牌口碑在用户心中的形象。

（6）发掘和培养意见领袖

意见领袖通常代表着一个领域、一个行业或一个团体中的权威，意见领袖的观点更容易被大众所接受和信任，意见领袖的行为也会对大众的行为产生重大影响，所以挖掘或培养一个有影响力的意见领袖，可以对网络口碑宣传起到十分积极的作用。在口碑营销的过程中，可以寻找个人口碑较好的意见领袖，与他们进行合作，获得他们的支持，并充分发挥他们的引导作用，向用户传递品牌理念，培养广泛的品牌口碑。

## 7.2.4  负面口碑的控制与管理

口碑是一把双刃剑，既能因为正面传播为企业带来口碑效应，也会由于负面传播给品牌带来巨大的负面影响。负面口碑通常是指消费者对某品牌、产品或服务提出的负面意见，当消费者对品牌、产品或服务产生了不满情绪，很容易在各种渠道发布不利于品牌的负面信息。在互联网时代，负面口碑的传播速度非常快，往往在很短的时间内就会影响到大范围的用户人群。负面口碑会严重影响企业的形象，降低用户对品牌的忠诚度，所以企业在进行口碑营销的过程中，一定要学会对负面口碑进行控制和管理。

### 1．控制负面口碑

控制负面口碑即控制口碑传递过程中的信息流，对口碑信息流的合理控制可以使口碑信息真实、完整地展示给用户，方便企业及时掌握突发事件，对不利的口碑信息进行恰当管理。从实践的角度来讲，保持企业与用户之间的密切交流是及时控制负面口碑最常用，也最有效的方法之一。

（1）搭建有效的沟通平台

社交平台是口碑传播的最大渠道之一，作为大部分网络用户的信息交流和聚集之地，负面口碑大多传播于社交平台，同时企业也可以借社交平台进行口碑控制。为了进一步了解负面口碑的传播路径，企业必须熟悉不同平台的特点和文化，熟悉不同平台的受众面和影响力，巧妙利用各平台的功能和作用搭建企业与用户的沟通平台，在倾听消费者意见和反馈的同时，与话题的提出者、回应者进行直接对话和互动，尽量减弱负面口碑的影响，化解企业与用户之间的矛盾。

（2）及时进行回应

当用户针对企业产品或服务的缺陷提出质疑时，很容易在社交平台上引起广泛传播，因此企业一定要时刻关注用户反馈，及时对用户的质疑和投诉进行回应，避免负面口碑的不断扩散。企业在发现口碑负面信息的第一时间，应该积极主动地介入，通过用户可以接受和认可的方式与之进行沟通。

**2．管理负面口碑**

一般来说，当消费者得到不愉快的消费体验，或实际效果与消费者预期产生差距时，比较容易出现负面口碑。当负面口碑已经形成且已经在社交平台发生传播时，企业应该迅速对负面口碑进行管理。

（1）正确处理用户投诉

巧妙化解企业与用户的矛盾，迅速、圆满地解决用户的投诉和问题，加强用户的服务体验，不仅可以大幅度提高用户的满意度，还有利于培养用户的忠诚度，让用户成为品牌积极正面的宣传者，将负面口碑化解为正面口碑。因此正确处理负面口碑，是管理负面口碑的一种重要手段。

- **快速反应**：企业在对待负面口碑问题时，反应速度一定要快。快速反应可以阻止负面口碑的大范围传播，为负面口碑问题的处理争取时间，同时能够让用户通过企业的反应速度了解企业的服务品质，让消费者感觉企业对产品和服务质量的重视，让消费者对企业产生好感，对负面口碑的消除产生积极作用。

- **态度坦诚**：如果企业出现负面口碑问题，不能一味地对负面问题进行遮掩和转移，这种态度十分容易让消费者产生企业不负责任的感觉。企业应该正确对待产品或服务中存在的问题，坦诚自己的错误，发表道歉声明，勇于承担责任，并提出令用户满意的解决方案，才能为消费者留下良好的印象，消除负面口碑的恶劣影响。

在进行用户投诉管理的过程中，如果用户反馈较好，对企业处理问题的方式和手段给予赞同和理解，可以借机对负面口碑传播进行引导，将其扭转成正面口碑。

（2）引导舆论

在解决了负面问题后，如果想进一步消除负面口碑的影响，可以利用舆论对口碑的传播方向进行引导。比如推荐用户的正面言论和观点，感谢用户的热心和支持；寻找并组织专家解决用户的疑问，为用户提供更多的售后服务；转载权威人士的观点，客观分析问题，引导大众了解事实真相，控制负面口碑的传播。

（3）加强重点客户管理

企业的重点客户通常是指乐于传播品牌，容易受品牌影响的一部分用户，这部分用户一般对品牌的感情较深，忠诚度比较高，通过对重点客户进行优质的管理和服务，可以使他们主动站在品牌的角度对负面口碑进行引导，影响其他用户对品牌负面口碑的传播，扭转品牌传播方向。

## 7.2.5 任务实训及考核

根据介绍的相关知识，完成表7-3所示的实训任务。

表7-3 实训任务

| 序号 | 任务描述 | 任务要求 |
|---|---|---|
| 1 | 思考怎样使口碑在网络中得到广泛传播 | 从网络口碑营销法则的角度分析网络口碑的营销方式 |
| 2 | 网络口碑营销有哪些实用技巧 | 简单列举可以使用哪些技巧提高网络口碑营销的质量 |

填写表7-4所示的内容并上交，考查对本节知识的掌握程度。

表7-4 任务考核

| 序号 | 考核内容 | 分值（100分） | 说明 |
|---|---|---|---|
| 1 | 什么是网络口碑营销？它有什么作用？ | | |
| 2 | 什么是网络负面口碑？ | | |
| 3 | 怎么进行负面口碑的控制和管理？ | | |

# 拓展延伸

内容营销是目前甚至未来很长一段时间内都较为主流的营销方式，在网络营销中占有非常重要的地位，下面对内容营销过程中遇到的一些问题进行介绍，帮助用户进一步对内容营销进行理解。

### 一、如何保证内容营销的质量？

对于内容营销而言，为了满足不同用户的需求，就需要针对不同用户采用不同的营销方式，打折促销、搞笑视频、头条推荐、经验分享等营销方式要想获得较好的营销效果，均需在内容上做文章。如何留住用户，让用户对营销内容产生进一步的兴趣，直接受内容质量的影响。为了保证内容质量，在进行内容营销时通常需要遵循以下4个原则。

- **加强内容与用户的联系**：内容与用户之间的联系是营销信息得以推广的前提，很多进行内容营销的企业会投入很多时间和精力创造富有乐趣，同时与用户联系更紧密的内容信息，这些信息往往更容易感染用户，引发用户共鸣，便于用户与他人分享，甚至改变用户的价值观，让用户主动参与到创造内容的过程中来。

- **为内容营销寻找人性化的素材**：人性化是贴近用户、拉近用户距离非常有效的一种手段，一般来说，人性化的素材主要包括4个方面的内容：社交人格化、叙事社会化、内容即食性、科普娱乐性。社交人格化是指为品牌或产品赋予人的形象，通过互动的方式创造内容；叙事社会化是指用故事来做内容，用好的故事引发用户的感情投入，优质的故事甚至可以刺激用户主动补充和创建故事内容，比如现在很多自媒体营销账号进行内容营销的素材，很大一部分都是用户提供的；内容即食性是指内容可以引起用户兴趣，同时方便其阅读，比如很多品牌经常利用简单、精炼、搞笑、娱乐、竞争等性质的内容来吸引用户眼球，从而提高内容的阅读量、传播深度和知名度；科普娱乐性是指内容应该通过大众熟悉和喜欢的方式进行推广，将复杂议题简单化，用娱乐诙谐的手法普及给消费者，有效地进行产品和品牌价值的传递。

- **策划更多的用户共同参与**：互动是内容营销的一个重要因素，而要实现更多用户的一起参与，渠道发布、媒体选择和活动策划的每一个环节都至关重要。渠道发布是指借助影响力较大的合适媒体进行发布，通常是一种付费发布行为，比如广告投放、媒体合作等。媒体选择多指新媒体的选择，在新媒体上进行内容营销更加方便自己对营销过程进行控制和监管，也可以与用户进行实际沟通。活动策划是指通过策划内容营销活动赢得用户的口碑和支持。

- **重视内容的创意**：内容营销的目的通常表现为鼓舞用户、娱乐用户、教育用户或说服用户，在进行内容营销之前，先明确营销目的和想要实现的营销效果，然后根据目标有的放矢，用最合适的方式与创意机制来创造内容。

## 二、与广泛的内容营销相比，电子商务平台的内容营销有哪些类型？

电子商务是网络营销的重要组成部分，甚至很多在各种媒体平台进行网络营销的企业，其最终目的就是向电子商务平台引流。内容电商也是以内容来刺激消费者购物行为的一种营销模式，不但降低了高额的流量成本，还能快速获得消费者的认同，为企业树立良好的形象，提高用户忠诚度。内容电商根据内容呈现方式的不同，可以分为不同的类型，最为典型的是UGC口碑体验和PGC内容电商，下面分别进行介绍。

### 1. UGC口碑体验

UGC（User Generated Content）即用户原创内容，也可叫作UCC（User Created Content），是指用户将自己原创的内容通过互联网平台进行展示或者提供给其他用户。

UGC口碑体验是指用户在各大互联网平台上自行创作内容，通过这些内容来协助企业或产品实现口碑营销。其实质是通过原创性的内容，向对产品不了解的客户提供证明，打消顾客的疑虑，建立与客户之间的信任。一般来说，可以通过社区、博客、微博、微信、电商平台论坛等渠道来发布UGC内容，提供真实可靠的文字说明和图片信息，回答其他潜在消费者的疑问，加强互动，提高消费者的购物体验，形成良好的客户口碑传播，增强品牌的竞争力，从而带来更多的购买转化。

UGC口碑传播的一个有效方法是通过消费者的评论和真实体验来增强传播效果，以打造更可靠、更具有认同感的品牌形象。现在的电商平台中有很多UGC的入口，如微淘、京东发现、淘宝头条、小红书等，图7-14所示为小红书的首页。

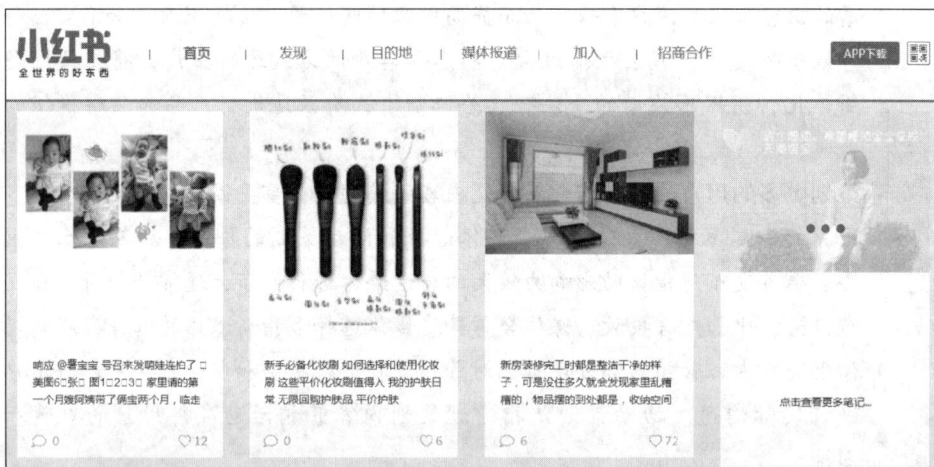

图7-14　小红书首页

### 2. PGC内容电商

PGC（Professionally Generated Content，专业生产内容），也叫PPC（Professionally Produced Content）。它与UGC的区别在于，其内容质量更高，专业性更强，是通过从各个领域的细分市场来纵向挖掘内容，为消费者提供真正有价值的内容。

PGC主要有两种类型，一是知识、技能、方法的分享；二是主题式推荐。知识、技能、方法的分享是在专业技能的基础上进行内容的创作，如一个美食店铺的PGC内容营销，就是进行各种美食内容的分享，如美食制作、美食推荐等；主题式推荐则是通过小而美的内容来吸引具有相同需求的用户，引起消费者的共鸣和归属感，从而获得忠实客户。

除了UGC和PGC外，OGC（Occupationally Generated Content，职业生产内容），也是内容营销的一种方式。它与PGC的区别在于，PGC是一种义务共享，不收取任何报酬；OGC则属于职务行为。

## 📈 实战与提升 ●●●●

通过本章知识的学习，对下列问题展开讨论与练习，在巩固所学知识的同时，拓展视野，进一步提高自己的能力。

（1）假设一个网络课程想要进行内容营销，它可以选择哪些媒体平台进行宣传？简单列举该网络课程进行内容营销的大致过程。

（2）了解几起网络上出现过的负面口碑事件，分析哪些负面口碑营销取得了成功，它是通过什么方法取得的成功？

提示：一则负面口碑营销事件——某日，法制晚报发布了一条暗访海底捞的新闻，该新闻在社交媒体上一经暴露，就吸引了大量用户的关注，引发热议。新闻指出海底捞后厨存在大量卫生问题，看了新闻的网友纷纷表示"恶心""再也不吃海底捞了"。作为一个以服务质量闻名的全国连锁企业，严重的卫生问题让海底捞的口碑瞬间陷入巨大的危机，然而在短短6小时内，海底捞的两次公关竟然实现了网友口碑值的迅速转变，成功化解了负面口碑的影响，换得大量网友的好感。海底捞是如何做到口碑逆转的呢？新闻曝光仅过去4个小时，海底捞火锅于微博首次发表回应，第一次公关诚恳、迅速，虽然起到了一定效果，但很多网友依然表示"可怕、恶心、不会光顾"。第二次公关速度依然很快，海底捞明确表示事故门店停业整改，所有门店全面排查，配合政府部门、顾客和媒体的监督，同时提出虫害整改措施，主要责任人担责，并且妥善安排了停业门店的所有员工，甚至在海底捞网站上也可以查看到大量对于食品安全自查自纠的通告。

# 第8章 其他网络营销模式

## 学习目标

随着网络营销的逐步发展和完善，越来越多的新媒体营销模式慢慢被开发出来，不仅在各个营销领域得到广泛应用，还带来了十分优秀的营销效果。在网络营销多元化发展的现在，单一的营销模式已经失去了竞争优势，多种营销模式和营销渠道的结合才能在网络营销中占据有利位置。

## 学习导图

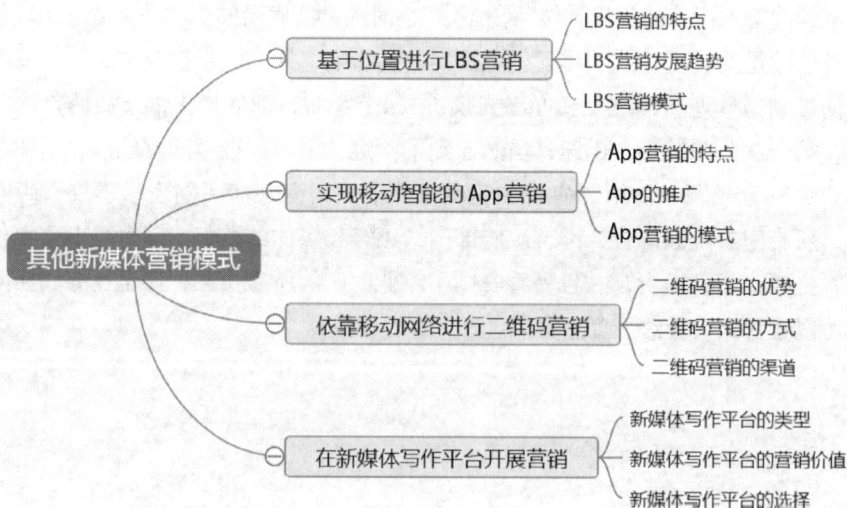

在新媒体营销模式中，用户位置是一个十分重要的节点，体现出了非常高的商业价值。移动互联网技术不仅将用户聚集到了移动生活中，也促进了营销活动向移动方向的转移。与传统PC端网络营销相比，移动营销最关键的区别就在于基于用户位置的LBS定位。

通过LBS定位，线下商户可以将品牌推广给线上用户，而线上用户则可以通过平台推广找到线下商户进行消费，这种互动式服务十分利于用户关系和圈子的建立，让线上线下的联系更加紧密，从而实现商业价值。

宝马MINI的Getaway Stockholom App+AR+LBS营销案例就是结合App、AR、LBS进行移动营销的典范，且营销效果获得了非常广泛的认可。

宝马MINI在斯德哥尔摩城市某处设置了一台虚拟的MINI最新款车，参与者先下载App，通过App可以查看虚拟MINI所在的位置并抢夺这辆虚拟的MINI，只要下载了App的人均可参与抢夺，利用追逐游戏的规则，后一名抢夺者来抢时，前一名需要离开，最后一名抢到并保留这辆虚拟MINI的参与者可以获得一辆真实的MINI新车。

这次活动很好地将LBS与App结合了起来，通过AR技术展示虚拟车辆，通过"抢"的方式聚集受众。在这场活动中，大约每人平均持有虚拟车型的时间为5小时6分，90个国家的用户参与了抢夺，让品牌、新产品都通过这次活动获得了良好的传播。活动结束后的首季度，MINI的销量上涨108%。

现在的新媒体营销要想获得精准的推送，都需要依靠LBS，几乎每一款App都会尝试获取用户的位置信息，实时更新用户的地理位置，才能实现基于地理位置的信息推送。

【思考】

（1）什么是LBS营销？

（2）LBS营销通常会与哪些移动营销方式相结合？

# 8.1 基于位置进行LBS营销

LBS是Location Based Service的缩写，指通过电信移动运营商的无线电通信网络获取移动终端用户的地理坐标等位置信息，在地理信息系统平台的支持下，为用户提供相应服务的一种增值业务，是一种基于位置的服务。LBS有两个比较核心的内容，一个是确定移动设备或用户所在的地理位置，另一个是提供与位置相关的各类信息服务。而LBS营销，其实就是企业借助互联网，在固定用户或移动用户之间完成定位和服务销售的一种营销方式。

课堂讨论

针对下列问题展开讨论：
（1）生活中有哪些比较常见的定位服务？
（2）设想一下，在什么情况下，你会开启手机中 App 的定位服务功能？

LBS营销的产生和发展离不开移动互联网技术和移动电子商务的支持，同时精准营销思维在营销活动中的普及，也为LBS营销增添了巨大的动力。移动互联网在移动中依然可以保持网络连接的特性，使LBS可以为用户提供更加个性化的位置服务，精准营销思维的融入也让LBS营销在准确性、互动性、经济性、可控性和动态性上发挥出了更大的价值。本节将对LBS营销的特点、LBS营销发展趋势、LBS营销模式和方法等知识进行介绍，帮助用户认识LBS营销。

## 8.1.1 LBS营销的特点

与其他营销方式相比，LBS营销因为定位的特殊性，有着独特的优势和特点，下面对LBS营销的主要特点进行介绍。

- **精准**：LBS营销是一种十分精准的营销，可以将虚拟化社会网络和实际地理位置相结合，运营商通过用户的签到、点评等行为可以抓取用户的消费行为轨迹、时间和地点等信息。企业通过用户的LBS服务分析出用户的签到商家数、图书展示数等LBS数据，掌握用户的生活方式和消费习惯，就能够有针对性地为用户推送更精准的销售信息，同时还可以根据移动用户的消费特质制定更加准确有效的市场细分策略和营销方式。
- **习惯**：LBS营销有两个比较基本的前提，一是用户主动分享自己的地理位置，二是允许接收企业的推广信息，所以进行LBS营销时，一定要重视用户的习惯培养，要让用户乐于接收位置营销信息，才能发挥更好的价值。
- **安全**：LBS营销是基于用户定位的营销方式，这就不可避免地涉及用户位置隐私的问题，LBS营销在为用户提供服务便利的同时，如果不能妥善地处理好用户隐私问题，很容易造成用户兴趣爱好、运动模式、健康状况、生活习惯、年龄收入等信息的泄露，甚至造成用户被跟踪、被攻击等严重后果，因此LBS营销服务必须用严密的手段保护好用户隐私。

🎓 专家指导

> 用户隐私信息的保护可以从这几个方面着手：增加用户身份的不确定性、增加位置的不确定性、消除用户身份和位置之间的关联性，使攻击者不能准确确定用户的身份和位置，并且无法准确将用户与位置联系起来。

## 8.1.2　LBS营销发展趋势

LBS营销的发展增加了定位营销的空间，使越来越多的移动应用与位置产生紧密关系，用户对交通出行、定位、生活服务、移动电子商务等服务的需求越来越大，进一步加快了位置服务产业的发展。从市场需求的角度来看，LBS营销已经逐渐呈现出以下3种发展趋势。

- **O2O：** LBS营销的O2O模式是LBS应用和传统服务业的深度融合，通过打造LBS产业集群方式，形成完整的O2O平台，实现全方位的立体化营销。特别是在移动互联网、物联网等新应用的推动下，餐饮、娱乐、旅游、金融等传统服务业的LBS应用快速涌现，基于LBS的本地化生活服务规模还将进一步扩大。

- **移动支付：** LBS生活服务市场的发展与移动支付密不可分，传统的支付形式无法满足O2O的支付需求，而基于LBS的O2O业务则与移动支付紧密结合。利用LBS应用，商家可以对用户推送产品和服务，再通过移动支付完成交易，从而形成完整的O2O业务闭环，既培养了用户的移动支付习惯，又提高了基于LBS的O2O业务的结算效率。

- **大数据：** 大数据是现在企业营销时重点观察分析的指标，LBS与大数据相结合，可以对个体用户需求进行更准确的定位和搜集，及时对运营商的营销能力做出评估，对营销方向给出建议，还能为用户提供更个性化、精细化的服务。

移动互联网技术为LBS营销提供了更好的思路，而为了获得更好的营销效果，LBS营销必须更加专注于用户需求的挖掘和服务，进一步细分市场，让LBS更具针对性，打造出特色化的LBS服务平台。

## 8.1.3　LBS营销模式

根据LBS营销应用的领域不同，可以将其大致划分为签到模式、LBS+地图模式、LBS+O2O模式、LBS+SNS模式、LBS+广告模式，每一种模式并非各自独立，也可以进行组合营销。

## 1. 签到模式

签到模式是指用户根据移动端的LBS定位提示到达某地点，在企业的应用软件中留下该位置信息进行签到，从而获得某些服务或利益。一般来说，签到模式主要有推广活动签到和优惠活动签到两种主要模式。

### （1）推广活动签到

签到模式可以让企业和用户之间形成良好有效的互动，提高活动的关注度，所以早期很多企业在进行品牌推广、公益活动等需要聚集人气的活动时会使用该形式，比如上海大众汽车Think Blue蓝享计划，以街旁为LBS合作伙伴，在北上广3大城市的核心商业中心打造"蓝思观察站"，同时在3大城市繁华地段的地铁、商场中设置蓝色阶梯，鼓励用户多走楼梯，少乘坐电梯扶梯，减少电梯能耗。用户通过定位信息在活动指定地点签到即可收藏虚拟徽章，使用街旁账号登录活动网站可以累积"蓝币"，赢取缤纷好礼。

### （2）优惠活动签到

优惠活动签到是指企业借助LBS平台快速聚集消费者，通过活动使其产生消费行为，或产生有利于企业品牌的行为和心理。优惠活动签到有利于企业通过折扣优惠等手段实现产品促销，同时还能提高用户对企业App的黏性，培养用户的消费习惯。比如去哪儿网等旅游电商平台推出的住宿签到服务，用户入驻预订酒店后，可以通过网站的手机端App进行签到，获得现金折扣。

## 2. LBS+地图模式

LBS营销离不开实时地图功能的支持，所以基于LBS手机地图的应用也是目前十分主流的LBS营销模式，LBS+地图模式几乎可以在所有移动电子商务领域进行使用。

- **导航服务：** 导航服务即电子地图的基本服务，如百度地图、高德地图等。
- **生活服务：** 餐饮、住宿、娱乐、出行等本地生活服务几乎都需要将地理位置信息推送给用户。
- **社交：** 现在大部分社交工具几乎都有实时定位功能，支持用户通过地理位置定位寻找附近好友。
- **持续定位：** 跑步、步行等运动类数据，物流类的车联网、公交换乘等服务也需要借助LBS的地理位置服务。
- **安全设备：** 现在很多物品上也内置了定位功能，可以方便用户端App实时获取物品的地理信息，比如一些儿童手表等。
- **移动支付：** 移动支付工具在使用时也需要使用到定位功能。

## 3. LBS+O2O模式

LBS+O2O模式是对传统团购模式的进一步延伸，可以缩短消费者和商家之间的距离，让消费者及时看到店铺信息并产生消费，多见于本地化产品和服务。

（1）LBS+O2O模式的餐饮

LBS+O2O模式的餐饮是现在非常常见的一种营销模式，用户有用餐需求的时候，通过LBS服务搜索附近或指定区域的餐厅，LBS会根据用户需求为其推送符合搜索条件的餐厅，进行精准营销。通过LBS服务，用户不仅可以了解餐厅的基本信息，而且可以查看餐厅的口碑和评价，选择更优质的餐厅，提高服务体验。用户选择并进入餐厅后，LBS技术还可以自动生成该餐厅的菜单，用户点餐后自动生成订单给后厨，用户用餐结束后再通过LBS移动支付功能完成付款。

（2）LBS+O2O模式的商店

利用LBS+O2O模式的商店比较常见的类型是超市、门店等。通过LBS服务对超市、门店附近的用户进行销售信息的推送，比如发送新品信息、打折信息、优惠券、试用券等，用户凭借手机收到的优惠信息到门店享受相关优惠，或实现线上销售、线下送货等服务。比如京东的O2O平台"京东到家"即是LBS+O2O模式的一种商店，"京东到家"主要向用户提供一定范围内生鲜、超市产品、鲜花蛋糕、订餐配送等本地生活服务，两小时内高速送达，用户借助LBS服务即可在"京东到家"搜索到附近社区店，通过线上订单购买产品。

（3）LBS+O2O模式的交通服务平台

LBS+O2O模式的交通是指用户利用打车应用和平台，发送自己的打车请求，LBS服务会对用户进行地理定位，并通知给附近车主，车主可以通过相应的应用和平台查看用户的位置，接单前往用户位置，获得本次服务的权限。比较知名的LBS+O2O模式的交通服务平台如"滴滴打车"等，将打车服务、时间和地点高度结合起来，通过地理定位寻找最近的车辆，减少用户等待时间，提高用户的服务体验。

### 专家指导

LBS+O2O模式的应用范围很广，除了餐饮、商店、交通之外，很多服装、娱乐、住宿等线下商店也运用了LBS技术为用户提供服务，用户可以在某个地方对自己进行定位，查看自己周边的店铺和商家信息，还可以访问商家相关App查询具体商品，前往店铺进行消费等。

### 4. LBS+SNS模式

SNS是指社交网络服务，包括社交软件和社交网站，是建立人与人之间的社交网络或社交关系的连接。LBS技术在SNS中的应用非常广，现在大多数的SNS应用几乎都和LBS结合，实现定位服务和社交功能的组合，比如很多社交应用的"查找附近好友"功能。微信作为一款圈子型的社交工具，也提供了基于LBS技术的"摇一摇""查找附近的人"功能，将微信的熟人社交延伸到陌生人的领域，让用户能够基于地理位置扩大好友群体。

#### 5. LBS+广告模式

LBS+广告模式是一种基于地理位置的广告服务，是一种移动广告。商家和LBS平台进行合作，向某个既定区域内的用户推送广告。根据广告的传播方向，可以将LBS模式的广告分为以广告为导向的Push类广告（即推送式广告）和以用户需求为导向的Pull类广告（即浏览式广告）两种类型。根据LBS+广告模式的应用方式，又可以分为位置感应广告、地理围栏广告和位置图谱广告。

（1）位置感知广告

位置感知广告是指根据用户地理位置的动态调整，确定用户与目的地之间的距离，并投放特定广告信息给用户的一种广告形式。比如Google曾经面向苹果和安卓两种系统推出的移动广告平台，通过地理定位功能，依据用户的实际位置显示附近或相应的广告内容，有效提高用户对广告的关注率和点击率。

（2）地理围栏广告

地理围栏广告是指向某个特定地域的用户推送广告，当用户进入该区域时或在该区域活动时，即可通过移动终端接收到相应广告信息。地理围栏广告的区域类型可以是一个经纬度、一个城市，也可以是一个地区或一个特定购物场所附近。

（3）位置图谱广告

位置图谱广告是指对某个特定区域内、具有某些共同特征的受众进行广告推送，比如针对具有某些消费偏好的人群推送、针对某个性别或年龄段的人群进行推送等。位置图谱广告可以提高广告推送的精准度，更精准地影响用户，与地理围栏广告相比，具有更大的主动性，效果更好。

## 8.1.4　任务实训及考核

根据介绍的相关知识，完成表8-1所示的实训任务。

表8-1　实训任务

| 序号 | 任务描述 | 任务要求 |
| --- | --- | --- |
| 1 | 了解LBS营销模式的趋势 | 了解LBS技术在日前营销市场中的应用，分析其未来可能的发展方向 |
| 2 | 分析LBS营销的模式 | 通过分析LBS营销的模式，了解生活中常见的LBS营销服务 |

填写表8-2所示的内容并上交，考查对本节知识的掌握程度。

表8-2 任务考核

| 序号 | 考核内容 | 分值（100分） | 说明 |
|------|---------|--------------|------|
| 1 | 简单介绍LBS+O2O模式在餐饮行业的实际应用 | | |
| 2 | 简单介绍LBS+SNS模式在实际生活中的应用 | | |

## 8.2 实现移动智能的App营销

App（Application）营销就是应用程序营销，它是基于智能手机和无线电子商务的发展而兴起的营销活动。App营销的核心主要是手机用户，企业将开发的App投放到手机或移动工具设备上，用户通过下载并使用App来获得信息或达到其他目的。企业则以App为载体，达到推广品牌、挖掘新客户、开展营销的目的，是目前较为流行的一种营销方式。

**课堂讨论**

针对下列问题展开讨论：
（1）看一看你的手机中安装了哪些 App？
（2）设想一下，你手机中的 App 都是在什么情况下安装的？

App营销是移动营销的主要内容，移动互联网的飞速发展，促进了移动应用的快速增加，也吸引了更多企业加入App营销的领域，并将App营销纳入企业整体营销战略中的一环。对于用户而言，App使用方便，操作简单，可以对移动终端本身不具备的功能进行扩展，具有很高的实用性。而对于企业而来，App营销可以结合图片、文字、音频、视频、游戏等方式展现品牌和产品信息，是品牌与用户之间形成消费关系的重要渠道，也是实现品牌O2O营销模式的天然枢纽，有利于企业实现较好的营销效果或盈利效果。本节将对App营销的特点、App推广方式和App营销模式等知识进行介绍，帮助用户认识App营销。

### 8.2.1 App营销的特点

App营销可以为企业带来各种不同类型的网络受众和大量的平台流量，好好挖掘这些流量和受众，可以为企业带来更多的忠实客户，实现企业品牌的传播。作为移动营销的一种特有营销方式，App营销有其独特的优势，下面简单介绍App营销的优势和特点。

- **良好的用户体验：** 与PC端相比，App设计了更加满足手机用户需求的功能和界面，风格简洁清晰，突出重点，文字、图片的显示比例和排版也都更加注重用户的视觉习惯。一切功能的开发都是为了展示核心的功能和特点，针对性强，能够很好地吸引对App感兴趣的用户，提升用户的使用体验。
- **互动性强：** App是一个功能完整的应用程序，除了可以使用App完成各种生活娱乐的需求外，还能通过评论、分享等行为进行互动，增加用户之间的联系。
- **种类丰富：** App的种类十分丰富，企业可以根据自己的营销目的选择不同类型的App进行推广，如购物、社交、拍照、学习、游戏、教育等不同的种类。
- **信息全面：** App中展示的信息非常全面，可以帮助用户快速、全面地了解产品或企业信息，通过这种方式打消用户对产品的顾虑，增强用户对企业的信心，提高用户的忠诚度与转化率。
- **方式灵活：** App的营销方式较为灵活，对于用户来说，可通过扫描二维码直接下载安装App。对于企业来说，可以通过手机或计算机后台发布、管理App中展示的内容。同时，用户在App中进行的活动可以被企业统计分析，以更好地进行用户行为分析，帮助企业改善营销策略。

### 专家指导

目前支撑App的主流系统主要包括安卓（Android）系统和苹果（iOS）系统。其中安卓（Android）系统是由Google公司成立的Open Handset Alliance（OHA，开放手持设备联盟）领导及开发的，一种基于Linux的自由及开放源代码的操作系统。苹果（iOS）系统是基于Apple的Cocoa Touch框架开发的移动操作系统，只支持iPhone手机、iPod touch、iPad以及Apple TV等苹果公司的产品使用，是一种属于类UNIX的商业操作系统。对于企业来说，要根据自身定位与用户分析来确定开发和投放的平台，最大限度地获取流量客户。

## 8.2.2　App的推广

企业开发好的App需要通过各种途径进行推广才能得到更多的用户，App的推广主要可以使用以下几种方法。

- **应用推荐平台：** 在各类App应用推荐网站、商店中进行上架，如App Store、安卓市场、小米应用、华为应用市场等。这些应用平台拥有大量的流量，可被用户搜索并下载安装。但需要注意进行App的排名优化，主要从用户的下载量和安装量、应用数据（如打开次数、停留时间、下载数量、评论数等）、App标题关键词、应用评分、应用描述、应用视频等角度进行优化，图8-1所示为华为应用市场与App Store中的不同App。

图8-1　不同应用市场中的App

- **发码内测：** 发码内测是指利用饥饿营销的方式，先对App进行造势和预热，塑造App的形象和价值，再以有限的条件来不断刺激用户，增加用户迫切希望获得的想法，如限时抢500个激活码等。
- **线下预装：** 对于有实力的企业来说，可和手机厂商进行合作，在手机出厂前将App直接预装到手机里，这样购买了手机的用户就直接成为该App的用户。
- **限时免费：** 对于部分收费的App来说，可通过开展限时免费等活动来吸引用户下载和使用，通过功能、界面、服务都方面的优势引导用户进行后续的付费体验。

## 8.2.3　App营销的模式

随着移动互联网的兴起，越来越多的互联网企业、电商平台，甚至传统企业开始将App作为销售的主战场之一，App营销的应用也越来越广泛。为了实现更好的营销效果，需要为不同的应用设计不同的营销模式，主流的App营销模式主要包括广告营销模式、用户营销模式、内容营销模式和购物网站营销模式4种类型。

### 1. 广告营销模式

广告营销模式是众多功能性应用和游戏应用中最基本的一种营销模式，广告主通过植入动态广告栏链接进行广告植入，当用户点击广告栏的时候就会进入指定的界面或链接，了解广告详情或参与活动。这种广告营销模式的操作十分简单，适用范围很广，广告主只要将广告投放到与自己产品受众匹配的热门应用上就能达到良好的传播效果，但这种广告植入方式十分影响用户对App的使用体验，很容易影响应用的持续发展。

为了保证广告的效果和App的寿命，在进行广告营销时，可以借助内容营销的方式对广告进行植入，比如内容植入、道具植入和背景植入等。内容植入是指在应用中自然地融入广告，且不影响用户对App的使用，甚至可以增加用户互动，达到更好的广告效果，比如在拼图游戏中植入品牌图片，让游戏用户对碎片进行组合，最终拼成一张完整的品牌或商品图片。道具植入是指将品牌融入应用的道具中，在用户游戏的过程中增加品牌的曝光率和影响力，比如餐厅游戏中将某食品品牌、餐具品牌作为道具等。背景植入是指将某品牌作为应用中某个界面、某个按钮、某个内容、某个主题的背景，还可以用奖励的方式引导用户使用该背景，对品牌进行宣传和深化。

### 2. 用户营销模式

用户营销模式常见于网站移植类和品牌应用类App，这种方式通常没有直接的变现方式，主要是为了让用户了解产品，培养品牌的影响力和用户的忠诚度。企业设计对用户具有一定价值和作用的应用供用户进行使用，用户通过该应用可以很直观地了解企业信息，与企业品牌产生更多的联系，同时应用又能够为用户提供便利。比如某化妆品品牌针对化妆定制相关应用，吸引目标用户的下载，在App中设计一些化妆、搭配、时尚等游戏内容，让用户在进行游戏的过程中，不断强化对品牌的印象，方便企业培养更精准的潜在客户群。

### 3. 内容营销模式

内容营销模式是指通过优质内容吸引精准客户和潜在客户，从而实现营销目的。内容营销模式的应用通常需要通过图片、文字、动画、视频、音乐等形式传达有价值的、符合用户需求的信息。在App中进行内容营销时，需要对目标受众进行准确定位，才能策划更有效的营销内容，同时还需要进行市场调查，分析市场数据，对内容主题、营销平台等进行确定。比如一些介绍搭配知识的App，通过为消费者提供实在有效的搭配技巧，吸引有服饰搭配需求的用户，然后向其推荐合适的商品。

### 4. 购物网站营销模式

购物网站营销模式的App多被购物网站所开发，商家开发出自己网站的相关

App，投放到各大应用商店供用户免费下载使用，用户可以通过该应用随时随地浏览商品或促销等信息，并完成下单和交易。购物网站营销模式的App是移动电商营销的主要趋势，对于用户而言，移动应用的特性更加方便商品的选购，对于购物网站而言，移动应用的便捷性也大大增加了流量和转化率，促成了更多的交易。

## 8.2.4 任务实训及考核

根据介绍的相关知识，完成表8-3所示的实训任务。

表8-3 实训任务

| 序号 | 任务描述 | 任务要求 |
|------|----------|----------|
| 1 | 了解App推广的方法 | 从企业的角度分析可以通过哪些途径进行App的推广 |
| 2 | 了解App广告营销模式 | 分析可以通过哪些方法在App中植入广告 |

填写表8-4所示的内容并上交，考查对本节知识的掌握程度。

表8-4 任务考核

| 序号 | 考核内容 | 分值（100分） | 说明 |
|------|----------|----------------|------|
| 1 | 什么是App营销？App营销的模式主要有哪些？ | | |
| 2 | 简单介绍用户营销模式的特点和作用。 | | |

## 8.3 依靠移动网络进行二维码营销

二维码是将特定的黑白相间的几何图形按照一定的规律，在二维方向上分布成新的组合图形。二维码图案指向的内容十分丰富，可以是产品资讯、促销活动、礼品赠送、在线预订、网址、文章等，它不仅为消费者提供了更加便利的服务，还给企业带来了更优质的营销途径。二维码营销就是将企业的营销信息植入二维码中，通过二维码图案进行传播，引导消费者扫描二维码，以推广企业的各种信息，刺激消费者产生消费行为。

**课堂讨论**

针对下列问题展开讨论：
（1）想一想二维码为我们的生活带来了哪些便利？
（2）你在生活中见过哪些类型的二维码营销案例？

二维码营销是一种十分具有潜力的营销方式，企业通过对二维码图案进行传播，引导消费者扫描二维码，进而了解相关的产品资讯或推广活动，从而刺激消费者进行购买。二维码营销也是移动营销中的重要组成部分，它的传播途径非常广泛，可以直接通过互联网进行发布传播，也可以印刷在纸张、卡片上，通过传统线下途径进行传播。本节将对二维码营销的优势、二维码营销渠道和二维码营销模式等知识进行介绍，帮助用户认识二维码营销。

## 8.3.1 二维码营销的优势

在市场营销逐渐向移动营销进行倾斜的多元化营销时代，二维码凭借其低成本、应用广泛、可塑性强、操作简单等特点，可以轻松打通商户线上线下发展的瓶颈，成为网络营销、O2O营销最好的商用载体之一。从企业的角度来看，二维码营销主要有以下几种比较明显的优势。

- 随着移动营销的快速发展和二维码在人们工作和生活中的广泛普及，功能齐全、人性化、省时实用的二维码营销策略将更容易打入市场，企业可以通过二维码便捷地为用户提供扫码下单、促销活动、礼品赠送、在线预订等功能。

- 企业通过对用户来源、路径、扫码次数等进行统计分析，可以制定出更精准、细分的营销推送，提高营销效果。

- 二维码为人们的数字化生活提供了便利，能够更好地融入人们的工作和生活。企业进行二维码营销时，可以将视频、文字、图片、促销、活动、链接等植入一个二维码内，并通过名片、报刊、展会、宣传单、公交站牌、网站、地铁墙、公交车身等线下途径进行投放，也可以通过社交平台、媒体平台、门户网站、贴吧论坛、企业网站等线上途径进行投放，方便企业实现线上线下的整合营销。

- 二维码营销内容可以根据企业的营销策略进行实时调整，需要更改内容信息时只需在系统后台更改，无须重新制作投放，有效减少了企业重新制作的成本。

- 二维码只需要用户通过手机扫描即可随时随地浏览、查询、支付等，传播十分便捷，对企业宣传、产品展示、活动促销、客户服务等都具有十分不错的效果。

## 8.3.2 二维码营销的方式

二维码信息容纳度高、表现形式多样化、易识别、容错率高、操作便捷等特点，让其在企业营销中占据了十分重要的地位，越来越多的企业和个人将二维码营销纳入整体营销策划的一部分。从企业运营层面来看，二维码营销主要包括以下4种形式。

- **植入社交软件**：植入社交软件是指以社交软件和社交应用为平台推广二维码。以微信为例，微信的特点可以让企业和用户之间建立起好友式的社交关系，实现基于微信的O2O营销，利用微信扫描二维码提供各种服务，为用户带来便捷、有价值的操作体验。
- **依托电商平台**：依托电商平台是指将二维码植入电子商务平台中，依托电子商务平台的流量引导用户扫描二维码。现在很多的电子商务平台中都有很多二维码宣传，消费者在扫描二维码时即可下载相应App，或关注网店账号。
- **依托企业服务**：依托企业服务是指企业在向用户提供服务时，引导用户对二维码进行扫描关注，或下载相关应用，比如在电影院使用二维码网上取票时，通过扫描二维码引导用户下载相应App，或查看相关营销信息等。
- **依托传统媒介**：依托传统媒介是指将二维码与传统媒介结合起来，实现线上营销和线下营销的互补，比如在宣传海报上印刷二维码，提示用户进行预约和订购，参加相应促销活动等。

## 8.3.3 二维码营销的渠道

二维码营销是移动营销背景下商户和企业之间竞相使用的一种营销方式，与其他营销活动一样，二维码营销也需要提前进行营销定位，确认营销目标和营销渠道，才能取得理想的营销效果。下面对主流的二维码营销渠道进行介绍。

### 1. 线上渠道

二维码营销的线上营销渠道比较多，通常选择受众定位比较精准的平台或用户基数比较大的平台，比如与产品相对应的论坛、贴吧、网站等，此外也可在微博、微信等渠道进行二维码推广效果。

（1）微博

微博是用户基础非常大且活跃度非常高的社交应用之一，微博上的热门话题通常可以在短时间内引起非常大的关注度，企业通过在微博上进行相关活动宣传推广二维码，通常也可以获得不错的效果，图8-2所示为微博上的二维码推广。

图8-2　微博上的二维码推广

（2）微信

微信作为十分主流的即时通信工具，不仅具有二维码传播能力，可以将二维码快速传播到具有相同特征和消费习惯的精准人群中，同时它还具有二维码扫描功能，方便用户进行二维码信息的读取，是企业进行二维码营销的主要场所之一，如二维码支付、扫码骑车、扫码取款和支付等新型的二维码营销及应用模式在微信上均可实现。除了微信本身的功能可以用于二维码营销，微信公众平台也是二维码营销的沃土，在微信公众平台进行推送时附带相关二维码信息，也能获得非常可观的营销效果，现在很多公众号在进行内容推送时都会附带二维码信息，图8-3所示为微信公众号上的二维码推广。

**专家指导**

二维码的线上传播渠道比较丰富，除了比较热门的社交应用和相关网站之外，贴吧、BBS社区、SNS社区、新闻网站、视频网站、问答平台、社群等均可实现二维码的有效传播。

（3）网站

现在的网络营销在持续朝着整合营销的方向发展，企业在各大贴吧、论坛进行内容营销时，可以与二维码灵活结合起来，比如在新浪、腾讯、豆瓣、天涯等网站或新媒体写作平台发布信息时，附带相关的二维码，引导用户扫描，达到增加用户、强化宣传效果的目的。

**2. 线下渠道**

与其他营销方式相比，二维码对线下传播渠道也具有非常高的适应性，特别是随着二维码对人们生活渗透得越来越深入，二维码应用的场所变得越来越多，二维码营销渠道也越来越多。

图8-3 微信公众号的二维码推广

（1）宣传品

在新型网络营销模式的冲击下，传统营销模式虽然经历了一定的衰变，但仍然具有非常强大的营销效果，将传统营销模式与网络营销进行整合更是未来营销的新趋势。现在很多的企业和商户开始通过平面、户外以及印刷品等媒体，结合二维码，策划整合式的线上线下营销方案，二维码与传统媒体进行捆绑，可以将传统媒体传播价值延伸至互联网中，累积更多不同渠道的新客户。传统的平面、户外以及印刷品等媒体所包含的种类非常多，宣传单、宣传画册、宣传海报、产品包装、产品说明书、产品吊牌、服装、卡片、优惠券、小赠品、户外广告、报纸、杂志、鼠标垫、周边产品、购物清单等都是非常典型的传统宣传媒介，图8-4所示为宣传单上的二维码推广信息。

图8-4 宣传单上的二维码

（2）名片

名片代表着企业和企业职员的形象，也是展示和宣传企业信息的一种传统媒介。将二维码与传统名片相结合，用户只需使用扫码软件进行扫码，就可以读取到名片上或更多要表达的内容信息。通过二维码名片，企业可以将用户引导到指定页面，了解产品款式、产品参数和产品介绍等信息，让用户更快速、更直接地接触到产品，提高转化率，图8-5所示为名片上的二维码信息。

图8-5　名片上的二维码

### 🎓 专家指导

> 线下平台的二维码营销如果运用得当，可以获得非常不错的营销效果，为了吸引用户进行扫码，可以适当采用一些营销小技巧，比如扫码有机会获得会员、优惠券、免单、赠品、打折、抽奖、辨别真伪、无线密码等好处，吸引用户主动对二维码进行扫描关注。

## 8.3.4　任务实训及考核

根据介绍的相关知识，完成表8-5所示的实训任务。

表8-5　实训任务

| 序号 | 任务描述 | 任务要求 |
| --- | --- | --- |
| 1 | 了解二维码营销的优势 | 从企业的角度分析二维码营销有哪些优势 |
| 2 | 了解二维码营销的渠道 | 分析企业在进行线下二维码营销时，可以采用哪些方法 |

填写表8-6所示的内容并上交，考查对本节知识的掌握程度。

表8-6　任务考核

| 序号 | 考核内容 | 分值（100分） | 说明 |
|---|---|---|---|
| 1 | 什么是二维码营销？二维码营销的方式主要有哪些 | | |
| 2 | 简单介绍二维码线上营销的渠道 | | |

# 8.4　在新媒体写作平台开展营销

新媒体是一种利用互联网、社交媒体等新传播手段进行信息传播的媒体形式，与传统媒体相比，新媒体既可以实现传统的专业媒体机构主导的"点对面"的传播，也可以实现普通大众自媒体主导的"点对点"传播。从网络营销的角度来看，新媒体为营销企业或个人提供了低成本、用户基数大、互动性强的信息生产平台，并在一定程度上保证了传播效果。

**课堂讨论**

针对下列问题展开讨论：
（1）你在新媒体写作平台上发布过或阅读过文章吗？
（2）现在比较知名的新媒体写作平台有哪些？

新媒体写作平台是新媒体环境下顺势产生的优质信息生产平台，现在的各大主流媒体都开通了自己的新媒体平台，自媒体可以通过这些平台分享自己的观点、输出个人价值，从而积累个人影响力并开展相关营销活动。本节将对新媒体写作平台的类型、新媒体写作平台的营销价值和新媒体写作平台的选择等知识进行介绍，帮助用户了解在新媒体写作平台开展营销的方法。

## 8.4.1　新媒体写作平台的类型

新媒体是基于互联网发展起来的一种新的媒体形态，区别于报刊、广播、电视等传统媒体，在传播主体、传播媒介上都有很大的不同，也正是这种不同，让"人人都是自媒体"成为一种趋势。越来越多的个人选择通过新媒体平台来表达自己，专业的新媒体写作平台依次出现。除了博客、微博、公众号、视频网等平台外，现在主流的自媒体写作平台还包括简书、今日头条、大鱼号、企鹅媒体平台、搜狐号、百家号、豆瓣、知乎等。

**1. 简书**

简书是一个优质的创作社区和内容输出平台，任何人都可以在其上创作自己的作品，与其他用户交流。简书界面简洁、体验效果较好，深受文艺青年和大学生的青睐。简书对文章的原创性要求较高，要想文章入选首页推荐，文章必须为原创，且具有较高的质量。

由于简书的准入门槛较低，用户数量和流量都十分可观，所以十分利于打造个人品牌。同时，在简书持续创作优质文章不仅可以获得大量粉丝，还可能与出版社或其他平台的大V号合作，进一步扩大自己的影响力。

### 2. 今日头条

今日头条是一款基于数据挖掘的推荐引擎产品，可以基于个性化推荐引擎技术，根据每个用户的兴趣、位置等多个维度进行个性化的信息推荐，推荐内容包括新闻、音乐、电影、游戏、购物等，还可以根据社交行为、阅读行为、地理位置、职业、年龄等挖掘用户兴趣，提取用户高维特征，再根据用户特征、环境特征、文章特征的匹配程度快速完成资讯的推荐。

今日头条精准的推送能力和丰富的资讯形式，为其赋予了较高的营销价值，同时用户多、流量大等特点，也吸引了越来越多的自媒体用户入驻。

### 3. 大鱼号

大鱼号是原UC订阅号、优酷自频道账号的统一升级，内容创作者只需一点接入"大鱼号"，即可畅享阿里文娱生态的多点分发渠道，获得多产品多平台的流量支持。第一阶段接入的平台为UC、UC头条、优酷、土豆、淘宝、神马搜索、豌豆荚，第二阶段接入的平台为天猫、支付宝等。

大鱼号升级之后，阿里文娱在原有"大鱼计划"10亿内容扶优基金之上，继续追加10亿元的投入，为创作者提供现金扶持，进一步激励优秀原创作者及短视频创作的产出。

### 4. 企鹅媒体平台

企鹅媒体平台是由腾讯推出的自媒体写作平台，提供开放全网流量、开放内容生产能力、开放用户连接、开放商业变现能力4个方面的能力。

媒体/自媒体在企鹅媒体平台发布的优质内容，可以通过手机QQ浏览器、天天快报、腾讯新闻客户端、微信新闻插件和手机QQ新闻插件进行一键分发，增加内容的曝光度和精准度，通过微社区等形式帮助媒体/自媒体实现与粉丝的互动，快捷建立起与粉丝的连接，方便快速沉淀粉丝群，实现粉丝资源的积累。

### 5. 搜狐号

搜狐号是搜狐门户网打造的分类内容分发平台，集中了搜狐网、手机搜狐网、搜狐新闻客户端3方面的资源进行推广，个人、媒体、企业、政府均可入驻。搜狐个人号面向个人，提供以文字、图片创作为主的内容管理、互动平台，帮助个人用户寻找自己的粉丝，打造自己的品牌。搜狐媒体号面向报纸、杂志、广播电视台、电台、互联网等媒体开放内容发布平台，与搜狐共享亿万移动用户。搜狐企业号面向企业、机构，以及其他提供内容或服务的组织，共享海量流量资源，扩大自身品牌影响力。搜狐政府号主要面向国家各省市区的各级党政机关，为扩大政务信息公开而打造。

### 6. 百家号

百家号是百度公司为内容创作者提供的内容发布、内容变现和粉丝管理平台。支持内容创作者轻松发布文章、图片、视频作品，未来还将进一步支持H5、VR、直播、动图等更多内容形态。百家号为内容创作者提供广告分成、原生广告和用户赞赏等多种变现机制，在百家号上发布的内容可以通过手机百度、百度搜索、百度浏览器等多种渠道进行分发，获取多渠道流量，实现粉丝的积累。

### 7. 豆瓣

豆瓣是一个主要提供图书、电影、音乐唱片的推荐、评论和比较，以及展示城市独特文化生活的平台。豆瓣以书评和影评为特色，吸引了一大批拥有良好教育背景的都市青年用户。通过豆瓣，内容创作者可以自由发布有关书籍、电影、音乐的评价和讨论，与其他用户进行互动，打造拥有相同兴趣爱好的粉丝圈子，积累自己的人气和影响力。

### 8. 知乎

知乎是一个网络问答社区，用户可以在知乎上提出问题，或与其他人分享知识、经验和见解。知乎用户通常都有各自的标签，标签相似的人可以围绕着某一个感兴趣的话题进行讨论，也可以关注其他兴趣一致的人。在知乎上，通过知识的解答、生产和分享，可以构建具有很高价值的人际关系网，通过交流的方式建立信任，从而打造自己的个人品牌。

## 8.4.2　新媒体写作平台的营销价值

互联网在人们生活和工作中的广泛普及，使新媒体逐渐变成信息接收和传播的主流媒体。与传统媒体相比，新媒体覆盖面更高、流量更大，优质自媒体的加入更使其不断展现出营销价值，下面对新媒体写作平台的主要营销价值进行介绍。

### 1. 打造个人品牌

互联网背景下的网络营销，依靠自媒体这种形式创造价值的不在少数，同道大叔变现1.78亿元，咪蒙一条广告可达50万元，都是依靠自媒体的渠道不断提升个人影响力，再通过不断的内容输出打造具有鲜明标志的个人品牌，积累庞大的粉丝群体，最终实现自媒体营销的变现。不管是哪一个自媒体写作平台，只要能够坚持提供高质量的内容服务，就能够打造出个人品牌。

### 2. 导入电商平台

很多自媒体人通过自媒体平台积累了人气后，会选择创建网上店铺，走上电子商务运营的道路，比如经营与自身定位比较相符的产品，利用自身在行业或圈子里的知名度引导粉丝进行购买，实现高效的价值产出，直接产生经济效益。比如"罗辑思维"的罗振宇，就是利用自媒体进行发展积累粉丝，再通过网上店铺出售自己的产品。

### 3. 实行内容付费

现在主流的自媒体平台几乎都开通了"打赏"的模式，当内容创作者为用户产出了有价值的内容时，喜爱该内容的粉丝就可能进行打赏，这就是内容付费的一种形式。粉丝打赏可以保持创作者的创作热情，知名度大、专业度高的创作者甚至可以开设专栏，供用户选择订阅，并进行付费。

# 8.4.3 新媒体写作平台的选择

选择一个合适的自媒体写作平台，能够获得事半功倍的营销效果，但从原则上来说，好的平台和好的运营都会对最终的营销产生直接影响。

### 1. 选择好平台

好平台可以为自媒体营销提供更大的价值，对于一个内容创作者而言，平台的流量、规则和曝光度都非常重要。

（1）流量

流量是选择自媒体协作平台首先要考虑的因素，流量大的平台通常具有更大的影响力，也会为创作者提供更多的展示机会，一般来说，百度、腾讯、阿里巴巴旗下的自媒体写作平台具有天生的流量优势和推广优势，定位精准、内容优质的创作者在这些平台更容易获得高阅读量。

（2）规则

不同的平台有不同的规则，对于一个原创型的内容创作者而言，平台规则是否对原创有利，直接影响着内容的最终影响力。保护原创内容的平台，更利于保护创作者的个人品牌，比如今日头条、企鹅媒体平台的原创计划，就可以为很大程度地保障创作者的权益。

（3）曝光

一个好的平台如果不能为内容创作者提供更多曝光机会，其营销价值就会打折。现在主流的自媒体写作平台在打造和突出内容创作者的个人品牌时都有不同的方式，比如搜狐号的个人品牌曝光度较大，简书上高质量的内容可以与出版社合作，或成为简书签约作者，今日头条的"千人计划"可以让自媒体人获得收益并进行签约，为自媒体人提供更多机会，大鱼号的"大鱼计划"和企鹅媒体平台的"芒种计划"可以为自媒体人带来较大的经济效益等。所以，选择合适的自媒体平台才能获得更多的个人品牌曝光机会。

**2. 平台选择策略**

自媒体写作平台的运营与微信公众号的运营比较类似，平台的选择、内容的推送等都应该与自我定位相符。现在主流的自媒体平台，因为其定位不同，吸引的用户也不一样，比如简书的用户中文艺青年和大学生比较多，文章类型也以励志故事、情感故事、专业的干货文章为主，新闻、体育类文章的热度就相对低一些。今日头条的用户多为社会人群，对新闻、娱乐等文章比较感兴趣。豆瓣的用户多为都市青年，更关注图书、歌曲、电影、生活等类型的文章。

在选择入住平台和主要运营平台时，可以先了解各平台的定位和用户人群，阅读平台推荐的热门文章，分析热门类型，再根据自己定位选择合适的平台。

🎓 **专家指导**

新手在运营自媒体写作平台时，可以选择一个方便打造个人知名度的平台作为主要运营平台，比如简书、今日头条等，在积累了一定的用户和粉丝，并拥有基本的影响力之后，再逐步向其他平台扩散，打造全平台的影响力。对于运营良好的自媒体来说，自媒体平台具有多方面的变现能力，比如广告，包括平台广告、原生广告等，同时平台也会用补贴的形式给予优质的原创作者奖励，出版社或其他知名平台通常会向有影响力的优质作者约稿，甚至有影响力的内容创作者也可以通过电商、社群的形式进行变现。

## 8.4.4　任务实训及考核

根据介绍的相关知识，完成表8-7所示的实训任务。

表8-7　实训任务

| 序号 | 任务描述 | 任务要求 |
| --- | --- | --- |
| 1 | 了解新媒体写作平台的营销价值 | 从打造个人品牌的角度进行分析，新媒体写作平台有哪些主要的营销价值 |
| 2 | 熟悉新媒体写作平台的选择方式 | 简单介绍自媒体人应该优先选择什么样的自媒体写作平台 |

填写表8-8所示的内容并上交，考查对本节知识的掌握程度。

表8-8　任务考核

| 序号 | 考核内容 | 分值（100分） | 说明 |
|---|---|---|---|
| 1 | 简单介绍现在主流的新媒体写作平台 | | |
| 2 | 简单介绍新媒体写作平台的选择策略 | | |

# 拓展延伸

　　互联网技术的飞速发展为网络营销带来了更多生机，不管是LBS、App、二维码还是新媒体写作平台，甚至微博、微信、社群、视频等主流营销方式，它们都不是独立的营销体系，都需要与其他营销方式相结合才能实现最大的营销效果。新媒体营销是一种整合的营销模式，一个合格的营销人员必须要了解每一种营销方式，在综合运营的基础上才能完成真正的营销。下面将继续介绍一些新媒体营销知识，帮助用户进一步理解和掌握新媒体营销方法。

## 一、LBS签到服务营销模式需要注意哪些问题？

　　为了提高LBS签到营销的效果，在开展LBS签到活动时，通常需要注意以下几个注意事项。

- 要让用户乐于主动分享并记录自己的地理位置，完成签到。
- 签到平台可以通过积分、勋章等奖励机制激励用户积极签到，适当为用户提供一定的福利。企业在与签到平台合作时，应该针对品牌和产品设计营销活动，提高品牌或产品的影响力，实现平台、企业和用户的三方共赢。
- 平台为了简化签到活动的流程，可以绑定用户常用的社交工具，同步分享用户的地理位置信息。
- 鼓励用户对签到活动进行反馈，产生优质的反馈内容，吸引用户社会化关系中的更多用户进行参与。

## 二、App的设计工具有哪些？

　　做App营销需要熟悉App的设计工具，常见的App设计工具有Axure RP、Balsamiq Mockup、墨刀等。其中，Axure RP是Axure Rapid Prototyping的缩写，是一款常用的快速原型设计工具，可以帮助企业进行App的定义需求和规格设计、功能设计、用户界面框架设计、流程图设计、原型和规格说明文档设计。Axure RP的工作界面简洁，提供了不同开发者的界面，设计出的App交互性好，元素丰富，但无法在导出HTML前预览，操作较为复杂，适合专业人员开发。Balsamiq Mockup是一款共享软件，但它的许可协议是收费的（授权79美元）。Balsamiq Mockup拥有非常丰富的Web原型图设计表现形式，支持几乎所有的HTML控件原型图，十分适合开发人员应用。墨刀是一款国内团队开发的，永久免费的，基于浏览器的手机原型设计工具，具有可视化操作的特点，能够帮助设计人员快速构建移动应用原型与线框图，并且能够实现云端保存，手机实时浏览，为很多设计人员所喜爱。

### 三、App Store中的应用主要有哪些营利模式？

移动终端使用的应用程序一般通过App Store进行获取，对于App开发者而言，主要可以通过以下模式进行营利。

- **移动广告**：移动广告是指广告主付费给应用开发者，以App为平台向该App的使用对象推送广告。这种营利方式比较依赖App的下载量和使用量，如果App比较受欢迎，有较好的受众市场，就能够获得比较好的广告宣传效果。
- **付费下载**：付费下载是指App开发者开发应用后，通过应用商店将该应用出售给目标用户使用。该营利方式的营利效果由App目标受众对App的接受程度而定，如果该群体对App有兴趣，愿意对其进行付费，则可以获得较好的营利效果，现在很多的游戏、主题、实用工具等较常采用该模式。
- **附加收费**：附加收费是指App主程序免费使用，但部分附加功能需要额外收费，如VIP功能等。
- **后期收费**：后期收费是指App本身免费使用，但会对App内的一些功能或道具进行收费，比如游戏应用中的道具收费等。
- **月租收费**：月租收费是指用户在使用App时，每个月均需支付一定的费用，才能正常使用该App的全部功能。
- **组合收费**：组合收费是指开发者开发众多App，通过比较受用户欢迎的App向其他收费App进行引流，吸引用户消费其他App的功能。

### 四、二维码营销有什么注意事项？

二维码营销的目的是为了引导用户扫描二维码，查看商家的各种推广信息。因此，制作二维码时还需要注意以下事项才能最大限度地调动用户积极性，吸引他们扫描二维码达到营销的效果。

- **提供有价值的内容**：二维码所指向的内容必须是在充分考虑用户需求的前提下制作的，如促销优惠、抽奖活动、礼品领取等用户感兴趣的内容，要有一定的吸引力才能刺激用户进行扫描。可通过一些文字信息说明扫描二维码后能够获得的价值，促进用户参与活动。
- **合适的二维码投放地点**：线上投放二维码需要商家结合各种推广手段扩大二维码的受众群体。线下投放二维码则要注意投放的地点是否合适，一般来说，公交车站的灯箱、电影院候影区等人流较多的地方的投放效果会比街道的广告牌的效果更佳。

- **落地页移动化：** 用户扫描二维码后跳转的页面应该是针对手机用户的移动页面，切忌链接到电脑版的网站，避免给用户带来不好的视觉和操作体验，影响用户对企业的印象。

- **内容简洁：** 二维码指向的内容一定要简洁明了，页面不要设计得太复杂，以直观、易操作为主，主要内容展示在手机屏幕的中央，方便用户阅读和操作。

### 五、怎么进行二维码的优化？

二维码的优化主要包括视觉优化和内容优化两个方面。

- **视觉：** 二维码默认情况下是黑白相间的图形，但其实二维码的外形可以重新进行设计，二维码的尺寸、颜色、类型或图片，都能够根据企业的需求自行进行设计。企业也可以结合自己的产品特色、品牌理念，添加一些能够展示自身特点的元素，如将房地产公司的二维码中添加建筑图片等。

- **内容：** 二维码可以存储的内容十分丰富，可以是文本、网址、名片、文件图片等，但由于二维码基于手机设备进行操作，所以首先要考虑手机屏幕的大小与用户操作的便捷性。为了方便用户快速了解二维码信息，扫描二维码后的打开速度不能太慢，因此不能链接太大的文件内容。对于链接网址来说，尽量设置短链接，降低二维码的密度，避免二维码过密无法扫描。其次，还要注意二维码的引导语，要求言简意赅，能够体现出营销目的，或指出消费者能够获得的利益，以引起消费者扫描的兴趣。

## 📈 实战与提升 ● ● ● ● ● ·

通过本章知识的学习，对下列问题展开讨论与练习，在巩固所学知识的同时，拓展视野，进一步提高自己的能力。

（1）根据自己在生活中的所见所闻，简单分析LBS营销可以与哪些营销方式进行结合，结合之后可以发挥出什么作用和价值。

（2）根据二维码营销的优势和特点，分析二维码营销主要可以应用在哪些行业或领域，除了商业使用，二维码还可以在哪些领域发挥价值。

（3）查找关于App营销的案例，总结不同案例的广告植入方法，并分析这些广告植入的优缺点。

# 第9章 网络营销变现

## 学习目标

变现是指把表面上非营利性的资产变成营业收入，通俗而言，就是把产品、人、知识等有形或者无形的事物转变为以金钱为主的物质财富。互联网营销的本质其实就是对流量的经营，将流量打造成有价值的产品，从而获得商业价值，而没有变现的流量，就无法带来真正的经济价值，所以进行网络营销的企业或个人不仅要懂得如何引入流量，还要学会对流量进行变现。

## 学习导图

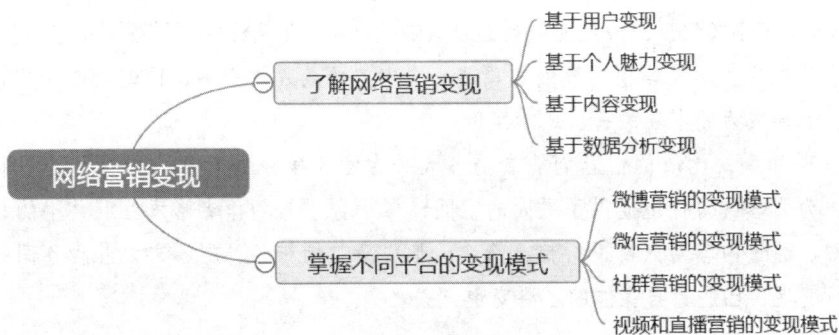

## 案例导入

互联网营销时代，营销变现不再仅仅依靠产品和服务来实现，不管是企业还是个人，只要能够让自身拥有的优势最大限度地发挥出来，就能够创造价值，成功变现。现在很多进行互联网创业的个人或企业，都开始通过互联网的各种营销方式和营销渠道，实现各种形式的变现，同道大叔就是一个十分典型的例子。

从2014年发布第一篇"星座吐槽"的漫画内容开始，同道大叔正式在自媒体圈成长起来，2014年~2017年，同道大叔由漫画博主成长为国内星座文化第一IP，完成了产品矩阵的完整布局。

在2014年创业初，同道大叔的粉丝只有七八万，当时App应用非常火，同道大叔基于粉丝对情感倾诉需求和社交效率提高的前提，上线了陪我App，一年时间大约获取百万用户，微博粉丝从10万增长到200万。App营销之后，同道大叔进入了自媒体内容的商业变现阶段，通过内容营销获取粉丝，并进行早期的商业化尝试，条漫广告、书籍出版、内容电商均取得了不错的效果。

为了延续自媒体的生命周期，保持粉丝对行业的关注度，同道大叔创作了同道大叔和十二星座卡通形象，开发延伸产品并进行电商化发展，实现了星座IP化，又通过星座运动会、星座博物馆、星座旅游等全产业链的布局，实现同道大叔星座品牌化，从段子手完美转变为星座品牌。

2016年上半年，同道文化营业收入为2442万元，净利润为617万元。2016年12月8日，美盛文化以2.17亿元收购同道大叔及其4家投资机构，同道文化整体估值约3亿元。这次收购是当前内容创业领域变现中数额最大的一笔，同道大叔文化也成为由内容端成为变现端的一次成功案例。

现如今，优质的内容创业者是各大平台竞相争夺的对象，内容创业机制的成熟，为内容IP的打造提供了更大的空间，各平台也与创作者形成互利共生的社群生态圈。通过内容对人群进行精准筛选，形成高黏性粉丝社群，再以各种不同的方式进行变现，已成为自媒体的主要变现方式之一。

**【思考】**

（1）什么是营销变现？它有什么特点和优势？

（2）现在有哪些主流的营销变现方式？

（3）如何通过打造品牌实现营销变现？

# 9.1 了解网络营销变现

互联网技术的发展让网络营销呈现出多元化和个性化，各种社交平台、媒体平台都为营销变现提供了思路和渠道。不管对于个人还是企业而言，变现都是实现价值的一种形式，传统的工作能力、技术能力、管理能力可以帮助人们获得收益，这是一种变现，而新媒体环境下的魅力、知识、个性、趣味、人气也是一种可以变现的能力，可以实现个人价值。

**课堂讨论**

针对下列问题展开讨论：
（1）现在有哪些比较常见的变现形式？
（2）个人品牌变现一般可以用哪些方式？

互联网催生了很多种新兴的营销变现方式，但无论是采用哪一种营销方式进行变现，用户、个人魅力、内容或者数据分析，都是变现主体必须具备的特点和能力，当变现主体成功将这些个人价值转换为流量后，即可依靠流量实现营销变现。本节将对基于用户变现、基于个人魅力变现、基于内容变现、基于数据分析变现等变现类型进行介绍，方便用户掌握基本的变现思路。

## 9.1.1 基于用户变现

用户是实现营销变现的基本前提和条件，在用户思维和粉丝经济大行其道的今天，是否拥有用户在根本上决定了是否能够有效地进行变现。

说到用户，不得不提一个词——流量。网络时代，流量是产生网络消费的基础和重要因素，从本质上来说，互联网产品就是将虚拟流量转化为真实收入的过程。一般来说，流量越大，可能产生的消费才会越多。

在电子商务平台，流量是各大商家竞相争夺的对象，流量几乎直接与销售额挂钩，电子商务平台的盈利基本都靠流量，靠流量背后的用户发生购买行为。而在其他非电子商务平台，如门户网站、视频网站等，流量就代表着人气，人气就是热度，热度就可以变现。

互联网一直是一些大型互联网企业的变现工具。在互联网开始发展的时期，网易以搜索引擎、免费邮箱、软件开发起家，从建立起自己的门户网站开始，就确立了"门户网站+广告"变现的销售模式，凭借着邮箱等功能集聚起来的大量用户资源，吸引了无数广告主在网易上进行广告投放。对于广告主而言，在网易的千万用

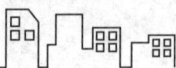

户中，哪怕只有极少部分的用户看到广告后出现了购买行为，也是非常有效地宣传方式。一直到现在，广告都是最有效的变现方式之一，只要是有用户的地方，永远不乏广告。

## 9.1.2 基于个人魅力变现

新媒体营销时代，魅力也可以量化成个人的价值。基于个人魅力变现实际上就是依赖用户对变现主体的认可或崇拜进行变现的一种形式。基于个人魅力进行变现的案例非常多，其中表现最突出的就是"网红"。

"网红"就是网络红人，指因为个人的某种能力、特质或事件在网络上变得知名的人群，比如早期的博客红人，图片网红时期的凤姐、芙蓉姐姐，文字网红时期的安妮宝贝、痞子蔡等，因为知名度很大，名气成为他们变现的手段或媒介。随着网络环境的不断变化和发展，"富媒体"形式的网络红人依次出现，如papi酱等，依靠丰富的富媒体形式吸引了大量粉丝。所以在现在的网络营销环境下，只要变现主体在某个领域有能力、有个性，都能基于自己的个人魅力实现变现。

- **颜值网红**：颜值网红是指靠长相获得大量关注和粉丝的网红，很多的杂志模特、直播主播、视频主播、淘宝店主等都属于颜值网红，他们一般会在各种社交平台上用图片或直播的方式展示自己的生活，引起大量粉丝的追捧和模仿，最后通过广告或者电商等形式进行变现，图9-1所示为通过将粉丝引流到淘宝店铺进行个人魅力变现的一种网红模式。

- **段子网红**：段子网红是指依靠在网络中发布一些经典、有趣、个性、诙谐的段子或视频引起大量粉丝关注的网红，比如留几手、天才小熊猫等，他们通过编写各种段子，用犀利或幽默的言辞博得粉丝的好感和追捧，然后通过广告和电商等形式实现变现，图9-2所示为通过发布广告实现个人魅力变现的段子网红模式。

- **知识网红**：知识网红是指将个人的知识、能力等打造成独特的魅力，吸引粉丝的关注，从而达到变现的目的。知识网红通常比较注重内容的输出和分享，更关注用户的提升和锻炼，为用户提供实在的价值。罗辑思维的罗振宇就是比较具有代表性的知识网红，在培养了一批铁杆粉丝后，通过收费会员、图书出售、线下活动等方式实现了知识的变现。

网络红人的特质并不是单一的，很多网络红人身上同时具备两种或以上的特质，比如同时具备颜值和知识，既可以进行知识分享又可以编写段子等。除此之外，正能量、生活、情感等方式也可以打造出相关领域的网络红人，如现在有很多以情感故事、情感交流为主要功能的自媒体，也累积了相当数量的忠实粉丝，实现了营销变现。

图9-1 颜值网红的电商变现

图9-2 段子网红的广告变现

## 9.1.3 基于内容变现

基于内容进行变现是内容营销环境下十分流行的一种变现形式，很多的企业和个人在进行营销时，都将内容作为营销的主要方向，这种现象也促进了更多内容创业者的产生，微信公众号、微博、各大视频网站、媒体写作网站等都是产出内容的主要平台。

内容变现的落脚点是内容，内容创业者们需要产出内容将粉丝聚集起来，吸引粉丝阅读内容，甚至一起创作内容，所以只有有名气、有阅读量、有粉丝的内容创业者才能实现有效的变现。与其他变现方式一样，内容变现的主流方式依然是广告、电商，除此之外，线下活动、跨界合作等也是内容变现的有效途径。

从文字到音频、视频、直播、VR等，内容的形式越来越多样化，用户可选择的接触内容的方式越来越多样化，然而不管内容创业形式如何变化，足够的用户基础和优质的内容，才是内容变现的核心。比如一个靠"买"吸引粉丝的公众号——"黎贝卡的异想世界"，黎贝卡因为爱买，爱分享，在公众号上分享了大量与购物、搭配等内容相关的干货文章，聚集了大批喜欢购物并且具有相当购买能力的忠实粉丝，黎贝卡在拥有用户基础后，与很多知名品牌进行了合作，她推广和合作的产品，几乎在很短的时间内就会被抢购一空，她和MINI合作推出的100辆限量款加勒比蓝汽车，开售4分钟就被火速抢光。

## 9.1.4 基于数据分析变现

在这个"用数据说话"的时代，大数据为营销提供了非常多的支撑，更强的决策力、洞察发现力和流程优化能力，往往都要依靠大数据来实现，特别是利用大数据为用户画像，不仅是商业营销的重要手段，也是企业参与商业竞争的利器。依据大数据分析出来用户年龄、性别、消费习惯、消费能力等特点，可以让企业更精准地定位用户，实现精准营销。

比如2015年国内市场SUV推出20款车型，到2016年上半年则调整为24款，新上市的SUV占整体汽车市场的42%，这种调整车型市场比例的决策就需要强大的数据支持。通过对数据进行分析，企业可以清楚得知每一款车型在市场上的销售情况和用户情况，如在SUV的5大类型中，紧凑型以46.9%高居SUV新车榜首，小型SUV以22.2%的占比排列第二。总体上二、三线城市的消费者更关注SUV，一线和超一线城市的消费者比较关注紧凑型和全尺寸的SUV，三线及以下城市更关注小型SUV。

### 9.1.5  任务实训及考核

根据介绍的相关知识，完成表9-1所示的实训任务。

表9-1  实训任务

| 序号 | 任务描述 | 任务要求 |
| --- | --- | --- |
| 1 | 了解网络营销主要的变现类型 | 分析不同的变现类型适合进行哪一种营销变现 |
| 2 | 分析内容变现和个人魅力变现 | 分析内容变现和个人魅力变现有哪些相同点，有哪些不同点 |

填写表9-2所示的内容并上交，考查对本节知识的掌握程度。

表9-2  任务考核

| 序号 | 考核内容 | 分值（100分） | 说明 |
| --- | --- | --- | --- |
| 1 | 简单描述什么是用户变现，有哪些变现要求？ | | |
| 2 | 简单描述什么是内容变现，有哪些变现要求？ | | |

## 9.2  掌握不同平台的变现模式

虽然不同的网络营销模式，在变现类型上具有很大的互通之处，然而具体的变现方式却存在很大的差异，通常来说，不同的营销模式都有更适合各自的变现方式。

针对下列问题展开讨论：

（1）一个靠个性化创意视频积累人气的视频主，可以采用哪些方式进行变现？

（2）哪些变现方式更适合自媒体使用？

现在主流的变现模式几乎都是经过很多互联网创业者们总结出来的，具有很高的实践性和操作性，但是即使是同一种营销方式，偏重的重点不同，适合自己的变现方式就会不一样，所以需要根据实际的营销情况进行选择。本节将对微博营销的变现模式、微信营销的变现模式、社群营销的变现模式、视频和直播营销的变现模式等进行介绍，方便用户掌握更丰富的营销变现方法，实现有效的营销变现。

## 9.2.1　微博营销的变现模式

微博是一个具有大范围传播效果的社交平台，在打造品牌曝光度和品牌影响力方面经常可以发挥出巨大的价值。微博的流量入口十分大，因此在流量方面具有很大的优势。总结来说，微博营销最常见的变现模式主要包括广告、引流、话题。

### 1. 广告

微博广告是指博主与广告主进行合作，发布或转发企业产品或品牌的相关广告，并获取广告主支付的费用的一种变现形式。微博广告变现能力通常与微博账户的粉丝数量呈直接关系，微博活跃粉丝的数量越多，微博的影响力越大，可以获取的广告酬劳就相对更多。广告的发布形式与其他途径类似，可以是直接发布广告，也可以通过段子、软文、漫画、视频等进行植入。

### 2. 引流

微博引流是指微博主将微博的粉丝引入其他入口，产生购买行为的一种变现方式，目前比较常见的微博引流方式包括引入网上店铺，直接促成购买行为，或者引入其他媒体或社交平台，产生直接或间接的变现效果。当微博具有一定的粉丝基础和影响力后，就可以与其他广告主进行合作，为其进行引流。

### 3. 话题

微博话题是微博热点、用户兴趣等多种讨论度较高的内容的专题聚合页面，一个好的话题微博可以获得大量的展现、讨论和转发。因为微博话题具有很高的宣传推广效果，特别是热门话题，所以很多企业都会选择通过微博话题来打造影响力和口碑。如果一个话题进入热门话题排行榜，不仅能为微博带来大量的阅读量和粉丝，同时还可以为自己的产品或品牌带来知名度，形成更多的转化。

### 🎓 专家指导

除了上述方式之外，微博视频也是微博营销变现的途径之一。从本质上说，不同平台的营销方式在实现变现时，都具有很大的互通性，所以很多网络营销人员或者创业者并不会仅仅依靠某一个平台，而是整合各个平台的资源，形成更大更有利的变现效果。

## 9.2.2 微信营销的变现模式

微信营销主要依托微信个人号和微信公众号两个平台，微信个人号更偏重于一对一的社交关系，可以打造范围内、圈子内的影响力，微信公众号的影响范围则更大更广，营销变现更倾向于专业化、内容化。

### 1. 个人号营销变现

微信个人号与微信好友的联系十分紧密，微信号主和好友同在一个朋友圈，不仅容易培养用户关系，同时还可以更直接地了解好友，划分好友标签，为他们推送更适合的产品和服务，提高转化率。一般来说，微信个人号的营销变现主要表现为微商模式。微商是微信个人号最早出现的变现方式之一，现在常见的微商类型多为品牌产品代售、代购等，通过微信和朋友圈出售商品，维护用户关系。

### 2. 公众号营销变现

微信公众号营销是网络营销中比较主流的一种形式，不管是设计内容、服务用户，还是累积粉丝、提升热度，最终目的都是为了营销变现，微信公众号的变现方式主要包括以下几种。

- **平台广告**：通过平台广告的方式变现是自媒体最常见的盈利方式，很多自媒体平台甚至会为内容优质的自媒体提供扶持。目前，微信公众号的流量主、微博签约自媒体、头条号的头条广告、百家号广告等，大多都采用该方式进行变现。对于公众平台而言，开通原创功能的公众账号如果达到1万关注用户，就可以开通流量主，未开通原创功能的公众账号达到2万关注用户也可以申请开通。流量主收入主要按照广告点击次数进行计费，粉丝活跃度越高、黏性越强，点击率才可能越大，所以优质原创用户营收能力相对更强。

- **文章赞赏**：文章赞赏是指来自粉丝的打赏，微信公众平台、微博、头条号、百家号等平台都拥有该功能。个人订阅号开通原创功能后，即有概率获得赞赏功能。拥有赞赏功能的公众号数量不多，一般文章对用户的帮助性越大，用户打赏才会越多，也就是说在某项技能、某个领域比较专业，更容易赢得打赏。

- **原生广告：** 原生广告可以理解为作为内容的一部分植入到实际页面设计中的广告形式，最常见的形式是软文广告、图文群发广告、文章底部广告、菜单入口广告、贴片广告等，但由于很多用户比较排斥强硬植入的广告，还容易影响阅读体验，转化率也不乐观，所以更多使用软文广告的形式，图9-3所示为植入推送文章中的广告。

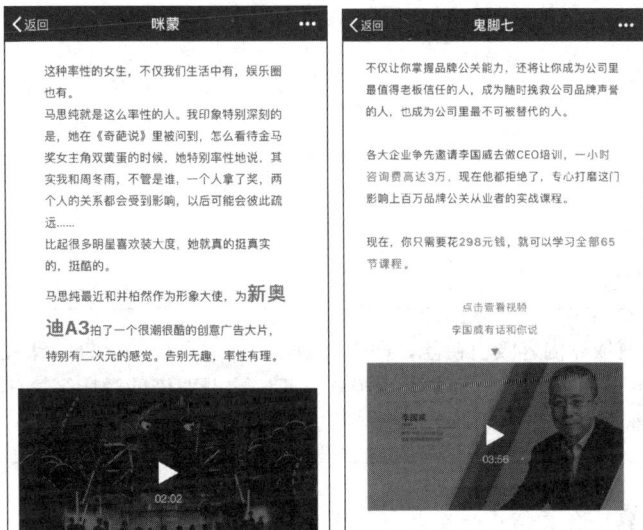

图9-3　软文广告

🎓 **专家指导**

原生广告是现在很多微信公众号主流的变现手段，通常是编辑一篇文字或一段视频，然后在最后引出需要推广的产品。

- **内容电商：** 内容电商是指在公众号中嫁接微店、有赞、微盟店铺等第三方微商城，将粉丝引流至商城，直接变成消费者。内容电商一般需要通过内容和活动运营来获取粉丝，也就是依靠打造内容涨粉，如帮助用户提升生活水平、帮助用户提高专业技能等内容，都可以作为销售出发点，引导用户购买产品，图9-4所示为内容电商公众号的功能设置，点击"小店""精品课""商城"等即可跳转到相关购买页面。

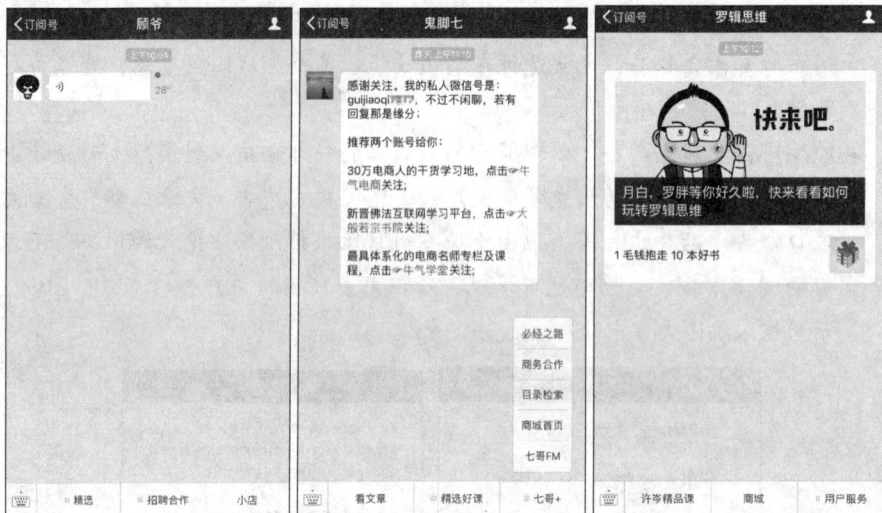

图9-4　第三方微商城

🎓 **专家指导**

内容电商依靠内容吸引粉丝，产生交易。除了实际商品之外，课程、培训、资料等产品也可以使用内容电商的变现模式，不一定非要借助微店等第三方平台，社群、网站等都可作为用户的付费渠道。

- **会员招募：** 会员招募一般是指基于公众号创建的社群，召集对某项内容有需求的会员，通过付费形式筛选出优质会员，并为其提供优质服务，让他们获取信息，或者解决社交需求。会员招募形式的营销变现比较注重服务项目的实用性，要求运营者在相关领域拥有较强的专业性，能为用户提供更高的价值，让用户可以提升或实现某些目的。

## 9.2.3　社群营销的变现模式

社群关系催生了社群经济，使社群营销成为一种新的商业模式，也吸引了大批社群创业者的加入，但是社群本身并不具备变现功能，需要对其进行商业化的运营和操作，才可以实现变现，常见的社群营销变现的方式如下。

### 1. 产品式变现

产品式变现是指社群拥有产品，主要针对产品进行营销，以出售产品的形式进行变现。产品式变现通常都是先有产品和消费者，再有社群，社群为产品服务，如秋叶PPT社群，以课程为基础打造社群。

## 2. 会员式变现

会员式变现是指通过会员的一些支付行为进行变现，会员式变现是非常常见的一种社群变现形式，其具体变现方式根据付费方式的不同而不同。

### （1）年费会员

年费会员是会员收费的主要形式，也就是说在加入社群时，缴纳相应的年费就可以享受相应的权益。会员收费的本质就是出售服务，通过好的服务将产品继续推广出去，吸引更多会员。

通常来说，不同的社群会制定不同的年费制度，比如收费标准随着时间或人数的变化而变化，李笑来的共同成长社群年费以1000元起步，每增加100人年费就会增加2000元，最高年费可涨至28000元；又如收费标准随着学员的表现而减免的，打卡满21天则学费半价；又如根据会员等级不同进行收费的，混沌研习社的在线社员年费600元，铁杆社员的年费3000元。

年费的制定需要考虑社群用户的实际支付能力，建议结合社群的实际情况进行综合考虑。

### （2）费用返还

部分社群在开展某些活动时，会要求参与会员缴纳一定的保证金，活动结束后根据会员的完成情况返还保证金，未完成会员则扣除一定的保证金，扣除保证金则用作社群的运营。

## 3. 电商式变现

电商式变现是指通过社群运营，将会员引入电商平台，实现电商形式的变现。很多社群运营者或核心人物的微信公众号都设置了跳转功能，可以引导用户直接跳转到电商平台进行购买。电商式变现对社群品牌和社群核心人物的影响力要求较高，社群成员对其忠诚度越高，越容易发生支付行为，同时，电商产品越优质，复购率越高。

## 4. 流量式变现

社群是拥有相同特征、相同爱好和相同价值观的人群的集合，对于很多企业或商家而言，社群就是精准用户的聚集地。精准往往意味着高转化率，因此社群流量变大之后也可与商家合作推出广告模式。

## 5. 服务式变现

服务式变现并非直接的变现形式，大多用于企业社群营销。服务式变现是指社群的主要作用是提供咨询和服务，通过咨询和服务引导用户购买产品，或者进行品牌的塑造。对于企业而言，社群为其提供了深度接触用户的途径，长期且有效的接触互动十分有利于维护用户关系，打造核心竞争力，促成更多短期或长期的交易可能。

### 6. 众筹式变现

众筹式变现是指利用社群进行募资，特别是很多需要资金支持的小众项目，可以聚集对项目感兴趣或支持项目的人群发起众筹。

**专家指导**

> 除了上述变现方式之外，社群还可以与其他企业、商家、社群等进行跨界合作，相互导流，共同获益。这些方式都是自建社群的主流变现方式，此外，也可以打入社群内部，通过与社群成员进行互动建立联系，获取更多目标客户，并促成交易。

## 9.2.4 视频和直播营销的变现模式

视频和直播营销与其他营销模式一样，占据了流量优势，就更容易占据市场优势，所以视频和直播营销变现的本质依然是基于流量，但在具体形式上又与其他变现方式略有一些不同。

### 1. 视频营销变现

因视频制作成本高、工序复杂，所以市面上的视频营销主要以短视频营销为主。短视频是现在很多网站的主要流量入口，对于进行短视频营销的创业者而言，其主要的变现方式包括平台补助、广告、电商和知识付费。

- **平台补助**：平台补助是指短视频平台为了鼓励视频创业者们产出更多优秀作品而给予的补助。现在国内主要的社会化内容平台头条号、企鹅号、大鱼号、百家号、秒拍等几乎都有相应的短视频补贴计划。

- **广告**：通过与其他产品或品牌进行合作，在视频中插入广告，获得广告主的报酬。这种视频变现方式十分常见，对视频主自身的影响力要求较高。

- **电商**：部分在各大视频网站发布视频的视频主会将观众引入电商平台，通过销售产品实现变现，比如在视频结尾放入网上店铺的相关信息，引导观众进行购买。

- **知识付费**：知识付费多出现于知识型视频，通过知识吸引有需求的用户，让用户为知识付费，从而实现变现。比如很多视频网站上的"教你怎么练一口标准的美式发音"视频，视频主在视频中对发音技巧进行简单的示范和介绍，引导观众加入相应的学习网站、社群等进行学习并付费。

**专家指导**

> 短视频的火爆吸引了大量创业者的加入，但竞争者的增加，愈加突出了流量和口碑的重要性，所以对于短视频创业者而言，视频质量永远是最基本的竞争力，只有视频有质量，才能吸引流量和粉丝，实现更有效的变现。

## 2. 直播营销变现

直播的本质就是视频社交，通过直播的形式对优质内容进行有效的传输，从企业的角度来说，可以为用户提供更加真实、立体的信息，提升用户的信任度与参与感，增强品牌黏性。从个人的角度来说，可以打造个人品牌的影响力，在积累粉丝的基础上实现有效的营销变现。直播营销变现的主要方式如下。

- **粉丝送礼物：** 几乎所有的直播平台都开通了粉丝送礼物给主播的功能，粉丝购买平台设置的虚拟礼物赠送给主播，主播收到礼物折现后与平台进行分成。这种方式常见于网红主播、游戏主播、生活主播、科技主播等。
- **广告：** 当主播拥有一定粉丝基础和热度后，可以与品牌或产品进行合作，在直播中对品牌和产品进行曝光，比如一个饮食主播在直播过程中对使用的餐具、调味、食品等进行广告。
- **电商：** 主播在直播过程中也可以将粉丝导入自己或他人的电商平台，比如很多主播会在直播结束后宣传自己的零食店、服装店等。还有一部分主播的直播内容就是产品的加工和制作过程，也就是说主播边直播边进行产品的销售。将粉丝导入电商平台的方式同时也被很多企业所采用，比如360公司通过直播现场挑战360Wi-Fi扩展器的功能，在2小时内就售出2万台。

### 专家指导

随着直播营销功能的逐步完善，很多直播平台开始在直播中直接导入商品购买通道。在直播中导入商品购买通道不仅可以即时提升消费者之间的互动积极性，还可以快速有效地实现营销变现。

# 9.2.5 任务实训及考核

根据介绍的相关知识，完成表9-3所示的实训任务。

表9-3 实训任务

| 序号 | 任务描述 | 任务要求 |
|---|---|---|
| 1 | 了解各种营销方式的主流变现形式 | 通过对各种不同的营销方式的变现方式进行分析，总结出网络营销变现的共同点 |
| 2 | 分析社群营销变现形式与其他营销变现形式的不同点 | 了解微信、微博、视频、直播等营销的变现形式，分析它们与社群营销变现的主要不同之处 |

填写表9-4所示的内容并上交，考查对本节知识的掌握程度。

表9-4　任务考核

| 序号 | 考核内容 | 分值（100分） | 说明 |
|---|---|---|---|
| 1 | 简单介绍微信营销变现的具体方式 | | |
| 2 | 简单介绍视频和直播营销变现的具体方式 | | |

## 拓展延伸

变现是网络营销的最终目的，不管是使用哪些营销方式和营销渠道，不管是企业还是个人，都必须思考营销变现的问题。下面将对网络营销主流营销变现的相关技巧进行介绍，帮助用户更好地了解和掌握营销变现。

### 一、与网络营销变现相比，传统的变现方式有哪些缺点？

传统变现过程中的买卖双方，往往都是借助传统的货币手段进行交易，与网络营销变现相比，存在很多方面的短板。

- **地域性：** 传统交易多表现为面对面的形式，地域性非常明显，通常距离越远，变现能力就会越差，但网络营销却可以突破这个限制。

- **信息不对称：** 买卖双方信息不对称是传统变现非常明显的一个特点。在传统变现模式下，商家明码标价，通过一对一的售卖行为销售产品或服务。在这种模式下，消费者缺乏获知其他商品信息的渠道，或者获取同类或相似产品信息的成本较高，这降低了消费者在某一个特定的时间和地点获取其他相似产品价格、质量等信息的可能性，商品定价的主动权一定程度地掌握在商家手中。网络营销信息的通畅度打破了传统变现信息不对称的情况，消费者可以通过网络直接获取同类产品信息，也可以通过社交平台与其他用户交流来获取产品信息。

- **成本：** 传统变现的交易手段效率低下，交易过程中可能产生人员费用、广告费用、文件处理费用、库存费用、店铺租金等多种成本，很多时候高成本却没有带来高转化，与之相比，网络营销变现在交易过程中需要投入的成本更低。

### 二、社群营销变现要想获得较高的变现转化率，必须具备哪些特质？

社群的商业运营过程中，活跃度并不是最核心的指标，转化率才是。如果社群的活跃度高，转化率低，则社群的运营成本很大，营收能力很差，社群的变现能力就十分不佳。一般来说，社群商业变现应该具备4个基础效应。

- **连接：**连接是社群最重要的特质之一，连接不仅是用户与用户、运营者与用户之间的连接，还包括产品与用户之间的连接。大部分人在面对陌生人的产品推广时，很容易产生质疑心理，而当社群将这些人聚集起来，建立起连接，对接好资源后，用户会主动需求产品。

- **信任：**科技的发展和社交媒体的成熟打破了人们信息获取在时间和空间上的限制，信息扩散速度的提升，让消费者拥有了越来越自主的辨别能力和选择权。广告、新闻、杂志都不再是消费者们选择产品的依据，特别是对年轻的消费者而言，信任成为他们选择商品的主要因素，所以基于情感认可产生消费行为的情况越来越多，社群只有具备基本的情感联系功能，才能提升成员之间的信任度，才更容易促成他们的消费行为。

- **标签：**标签不仅是社群的标志，也是社群成员的标志，一个口碑或影响力良好的个性标签可以成为品牌或产品的附加价值，比起产品或服务等功能性的价值，很多消费者更愿意给标签的附加价值付费。

- **从众：**当一部分社群成员产生并讨论自己的消费行为后，作为同一个圈子的其他成员，很容易被已购成员的思考和行为方式产生影响，跟随他们产生消费行为，在群体氛围下，社群成员之间很容易形成相互感染的购买效应。

## 三、网络红人有哪些变现模式？

目前比较主流的网红基本分为自媒体、脱口秀等内容创作类，美妆达人、搭配达人等电商类，视频平台的主播类等，这些主流网络红人的营销变现模式主要可以分为以下几类。

- **广告：**广告是网络红人最基本的盈利方式，特别是内容创作型的网络红人，他们有极强的内容驾驭能力，很容易吸引粉丝对其产生共鸣。现在网络红人的广告类型主要包括两种形式，一种是原创文章，另一种是原创小视频，通过在原创文章或视频中插入广告的方式进行营销。流量越高的文章和视频，通常可以获得的广告收益就越大，比如papi酱的视频贴片广告，就售出了2200万元的高价。

- **打赏：**很多平台都开通了打赏功能，一个网络红人创作的内容浏览量越高，打赏的可能性就越高，粉丝的忠诚度越高，打赏的人数就越多。

- **电商：**网络红人通常具有较好的粉丝基础，通过将粉丝引导到电商平台进行营销变现，特别是现在很多美妆达人、搭配达人、颜值高的网络红人等，大多数都有自己的网上店铺，且大部分网红店铺都能获得不错的收益。

- **代言：**当一个网络红人拥有足够的知名度和影响力，可以通过为企业或产品代言进行变现，特别是其粉丝群体特征与某企业目标用户特征相匹配的时候。代言不仅可以获得酬劳，也十分有利于继续提升网络红人自身的知名度，获得更多向其他方向发展的机会。

- **品牌炒作**：部分企业会利用网络红人的知名度和影响力进行品牌的曝光和炒作，通过打造话题获得更多关注度，这样的策划和炒作通常需要一个团队进行运营，且必须运营得当才能收获正面效果。
- **进入娱乐圈**：很多网络红人在拥有高知名度后，会利用自己的人气资源参与短剧、网剧的拍摄，或参与一些娱乐节目，或制作自己的音乐、MV等，进入更多人的视线。

## 📈 实战与提升 ●●●●●·····

通过本章知识的学习，对下列问题展开讨论与练习，在巩固所学知识的同时，拓展视野，进一步提高自己的能力。

（1）总结微信营销变现的方式，并思考除了主流的营销变现方式外，还有哪些方式和渠道也可以实现微信营销的变现。

（2）分别搜索微博、微信、社群、短视频和直播营销成功变现的案例，总结它们的变现方式，思考其过程中是否有共通点。